諡法【시법】

諡法 【시법】

諡號, 한 글자에 담긴 인물 評

초판 1쇄 인쇄 2005년 2월 20일
초판 1쇄 발행 2005년 2월 28일

지은이 이민홍
펴낸이 조윤숙
펴낸곳 문자향
신고번호 제300-2001-48호
주소 서울 서대문구 남가좌동 124-313 / 2층
전화 02-303-3491
팩스 02-303-3492
이메일 munjahyang@korea.com

값 15,000원
ISBN 89-90535-19-0 03990

諡法【시법】

諡號, 한 글자에 담긴 인물 評

이민홍 편역

圖書출판 月印

서문

　동서양을 막론하고 수천 년간 지속된 왕조 정치에서, 치란治亂과 정치적 공과를 평정하여 후세의 왕들에게 귀감이 되게 했던, 시법諡法에 대한 검토는 현재에도 여전히 필요하다. 지도자가 재임 기간 동안에 이룬 업적은 앞으로도 영원히 평가되고 기록되어야 한다. 평가와 기록에는 기준이 있어야 하는데, 중세의 평가 척도였던 시법을 폐기시킬 것이 아니라, 이를 발전적으로 되살려 국가 통치에 참고 자료로 삼을 필요가 있다. 시법은 왕에게만 국한되는 것이 아니고 공적을 쌓은 신료들에게도 적용되었다. 시법에 관한 자료는 너무나 호한하다. 시호를 받은 인물들은 모두를 검토하기가 불가능할 만큼 범박하다. 시법에 대한 내용 규정도 엄청난 자료가 산적해 있어서 이를 전부 검색하기도 현재로선 어렵다. 그러므로 우선 소순蘇洵의 『시법諡法』과 장수절張守節의 『사기정의史記正義』「시법해諡法解」을 중심으로 하고, 얼마간의 주변 자료를 참작하여 이 책을 엮었다. 시법의 빙산일각을 살펴본 것에 불과하지만, 『시법』과 『사기정의』「시법해」가 그런 대로 대강을 엿볼 수 있다고 판단하고 이를 번역한 뒤, 삼국시대 · 고려시대 · 조선시대에 걸친 왕들에 한정하여 이들 제왕이 받은 시호의 상황과 의미를 거칠게나마 검토했다.

시법에 나타난 한자가 워낙 짤막하고 난해한 문장이라서 오역도 있을 것으로 생각된다. 관심 있는 제가들의 질정을 바란다. 완벽하지 못함을 알면서도 이를 발간하는 까닭은 중세 예악禮樂의 중요한 분야인 시법을 배제하고는 해당 시기 왕들에 대한 정확한 평가가 불가능하다고 생각했기 때문이다. 후세 많은 독선적인 사가史家들에 의해 잘못 평가된 선왕先王들의 공적을 객관적으로 살펴보는 데 약간의 도움은 되리라 믿는다. 서기 1세기나 8세기, 10세기 또는 15세기 및 16세기와 18세기의 정치 현상에 대해, 오늘의 서구나 동구식 역사 인식을 기반으로 한 평결은 정당하지 못하다. 연구하고자 하는 그 시대로 돌아가 그 시대의 왕을 검증했을 때, 비로소 올바른 평가가 가능하다는 신념을 필자는 갖고 있다. 예컨대, '문무왕文武王'에 대한 평가는 연구자가 서기 7세기 신라 사회로 들어가서 검색해야만 어느 정도의 적의한 평가를 내릴 수 있는 것이다.

많은 오류와 문제점이 있을 것으로 예상되지만, 이 책이 우리 역대 왕들을 정당하고 객관적으로 평가하는 데 약간이라도 도움이 되었으면 하는 기대를 감히 가져본다. 끝으로 함께 공부했던 성균관대학교 대학원생들과 원고 정리를 맡은 이정원 군과 꼼꼼하게 교정을 보아준 성당제 박사에게 감사를 표한다. 그리고 이 책을 흔쾌히 출판해준 문자향의 조윤숙 사장과 남현희 편집장에게 진심으로 고마운 마음을 전한다.

단기 4338년 2월 일

毅卿書屋에서 李敏弘 識

謚法

一仝仝蘇洵一

신들이 삼가 살펴보니, 『시법』 4권은 송宋나라 때 소순蘇洵이 지은
것입니다. 소순은 자가 명윤明允이고, 미산眉山 사람이며, 관직은 비서
성[1] 교서랑이었습니다. 패주 문안현 주부로서 『태상인혁례太常因革禮』
를 찬수하였는데, 책이 완성되고 나서 죽었으며, 사적은 『송사宋史』 본
전에 실려 있습니다.

『주공시법周公諡法』 이후 역대로 시법에 대해 말한 것으로는, 유희劉
熙[2], 내오來奧[3], 심약沈約[4], 하침賀琛[5], 왕언위王彦威[6], 소면蘇冕[7], 호
몽扈蒙[8]의 책들이 있습니다. 그러나 모두 잡다하고 더 보태어져 표준
으로 삼을 수 없습니다. 그런데 소순이 조칙을 받들어 육가六家의 시
법[9]을 편정編定하였는데, 『주공시법』, 『춘추시법春秋諡法』[10], 『광시법
廣諡法』 및 여러 학자들의 책을 취하여, 산정하고 고증하여 이 책을 완
성하였습니다. 무릇 취한 바는 168시諡 311조인데, 새로 고친 것은 23
조이고, 새로 보충한 것은 17조입니다. 별도로 7~8종류가 있는데 옛
문헌에 있던 것을 삭제한 것이 매우 많습니다. 이 가운데 요堯, 순舜,
우禹, 탕湯, 걸桀, 주紂는 바로 옛 제왕의 이름으로, 모두 시호가 아닌데

도 이전의 잘못을 그대로 답습하여 일괄적으로 적어 넣었으니 또한 소홀했다는 잘못을 면치 못할 것입니다. 그러나 여러 학자의 범례와 비교해보건대 요점이 엄정합니다. 이후 정초鄭樵(1104~1162)의 『통지通志』「시략諡略」은 대체로 이 책을 따르면서 증보한 것입니다. 또한 분명히 버리고 취한 바가 있고, 선악에 일정한 논의가 있는 것은 실로 이전 사람들이 미치지 못한 것이라고 칭찬을 받습니다. 대개 손익을 잘 참작하고 글자의 뜻을 신중히 정하여 모두 확실한 근거가 있으니, 이 때문에 예가禮家에서 으뜸으로 여기는 것입니다. 비록 그 중간에 벽자僻字를 수록하여 지금은 간혹 모두 시행하는 것을 다 볼 수는 없지만, 역대로 전해지는 옛 전범이니 오히려 참고할 만합니다. 증공曾鞏(1019~1083)이 지은 소순의 묘지墓誌에는 이 책이 3권이라고 기재되어 있으나, 이 책은 실제로 4권이니 아마 뒷사람이 나눈 듯합니다.

건륭乾隆 46년(1781) 11월 삼가 교정하여 올립니다.

총찬관總纂官 기균紀昀, 육석웅陸錫熊, 손사의孫士毅.

총교관總校官 육비지陸費墀.

臣等謹案, 『諡法』四卷, 宋蘇洵撰. 洵字明允, 眉山人, 官秘書省校書郎. 以霸州文安縣主簿, 修『太常因革禮』, 書成而卒, 事迹具『宋史』本傳. 自『周公諡法』以後, 歷代言諡者, 有劉熙・來奧・沈約・賀琛・王彦威・蘇冕・扈蒙之書. 然皆雜糅附益, 不爲典要. 至洵奉詔編定六家諡法, 乃取『周公』『春秋』『廣諡』, 及諸家之本, 刪訂考證, 以成是書. 凡所取, 一百六十

八諡, 三百十一條, 新改者二十三條, 新補者十七條. 別有七

去八類, 於舊文所有者, 刊削甚多. 其間如堯‧舜‧禹‧湯‧

桀‧紂, 乃古帝王之名, 並非諡號, 而沿襲前訛, 槩行載入, 亦

不免疎失. 然較之諸家義例, 要爲嚴整. 後鄭樵『通志』「諡略」,

大都因此書而增補之. 且稱其斷然有所去取, 善惡有一定之

論, 實前人所不及. 蓋其斟酌損益, 審定字義, 皆確有根據, 故

爲禮家所宗. 雖其中間收僻字, 今或不能盡見諸施行, 而歷代

相傳之舊典, 猶可以備參考焉. 曾鞏作泃墓誌, 載此書作三卷,

而此本實四卷, 殆後人所分析歟.

乾隆四十六年十一月恭校上.

總纂官 臣紀昀 臣陸錫熊 臣孫士毅.

總校官 臣陸費墀

---

1) 비서성(秘書省): 도서圖書를 관장하는 관서.
2) 유희(劉熙): 동한東漢 때의 사람으로, 『시법諡法』(3권)을 저술하였음.
3) 내오(來奧): 승오乘奧라고도 함. 『제왕세기帝王世紀』 또는 『제왕본기帝王本紀』를
  지었는데, 그 가운데 한 편이 시법임.
4) 심약(沈約): 양梁나라 때의 사람으로, 『시례諡例』(10권)를 저술하였음.
5) 하침(賀琛): 양梁나라 때의 사람으로, 『시법諡法』(5권)을 저술하였음.

6) 왕언위(王彦威) : 당唐나라 때의 사람으로, 『속금고시법續今古諡法』(14권)을 저술
하였음.
7) 소면(蘇冕) : 당唐나라 때의 사람.
8) 호몽(扈蒙) : 송宋나라 때의 사람.
9) 육가(六家)의 시법 : 『주공시법』, 『춘추시법春秋諡法』, 『광시법廣諡法』, 『심약시법
沈約諡法』, 『하침시법賀琛諡法』, 『호몽시법扈蒙諡法』
10) 춘추시법(春秋諡法) : 두예杜預의 『춘추석례春秋釋例』를 말함.

神 신 [一]

○ 성스러우면서 알 수 없는 것을 '신神'이라 한다.

聖不可知曰, '神'.

〈새로 고침〉『맹자孟子』(「진심하盡心下」)에, "남들이 원할 만한 사람을 '선인善人'이라 이르고, 선善을 자신의 몸에 소유한 사람을 '신인信人'이라 이르고, 선이 가득 찬 사람을 '미인美人'이라 이르고, 선이 가득 차서 광채가 드러나는 사람을 '대인大人'이라 이르고, 대인이면서 절로 화化하는 사람을 '성인聖人'이라 이르고, 성스러워 알 수 없는 사람을 '신인神人'이라 이른다" 하였다. 옛 시법에 여러 학설이 비록 번다하지만 여기에서 벗어나지 않기 때문에 이것을 취하였다.

〈新改〉『孟子』曰, "可欲之謂'善', 有諸己之謂'信', 充實之謂'美', 充實而有光輝之謂'大', 大而化之之謂'聖', 聖而不可知之謂'神'." 舊法諸說雖多, 而不出於此, 故取之.

聖 성[二]

○ 도道를 행하여 백성을 감화시킨 것을 '성聖'이라 한다.

行道化民曰, '聖'.

〈새로 보충〉

〈新補〉

○ 이치를 궁구하고 본성本性을 다한 것을 '성聖'이라 한다.

窮理盡性曰, '聖'.

요堯가 능히 이치를 궁구하지 못하고 본성을 다하지 못했다면, 어찌 도를 행할 수 있었겠는가! 옛날에 이른바 도를 행한 사람은 요와 순舜뿐이다. 예컨대 공자는 이치를 궁구하고 본성을 다하였으나, 도를 행하지는 못한 사람이다. 그래서 두 사람을 거론한 것이다. 또 성聖이란 큰 명칭이다. 그런데도 옛 시법에는 '공경히 제사 지내고 제사를 예로써 한 것', '선을 드러내고 적을 도모한 것', '통달하여 먼저 안 것'을 여기에 해당시켰으나, 성이 되는 데 부족하기 때문에 모두 취하지 않았다.

夫堯不能窮理盡性, 安能行道! 古之所謂行道者, 堯舜而已.

如孔子則窮理盡性, 而道不行者也. 故兩著焉. 且聖者, 大名也. 而舊法, 以 '敬祀享禮', '揚善賊謀'*, '通達先知', 當之, 不足於聖, 故皆不取.

* 명明나라 곽량한郭良翰이 편찬한 『명시기휘편明諡紀彙編』에는 '揚善賦簡日星'으로 되어 있음.

賢 현[一]

○ 의를 행하여 도에 합치된 것을 '현賢'이라 한다.

　行義合道曰, '賢'.

〈새로 고침〉 현賢이란 남보다 뛰어남을 말한다. 그러므로 한 가지 행위만 가지고 여기에 해당시킬 수는 없다. 오직 일을 행한 것이 모두 도에 합치된 뒤라야만 '현'이라 할 수 있다. 만약 한 가지 행위를 가지고 '현'한 행위에 해당시킨다면 현자를 이루 다 거론할 수 없을 것이다. 옛 시법에는 '지혜롭고 일을 꾀하기 좋아한 것', '선을 드러내고 과실을 덮은 것' 등의 부류는 모두 다른 시諡에 귀속시키고 '현'으로 명명하지는 않았다.

　〈新改〉賢者, 賢於人之謂也. 故不可以一行當之, 惟其行事, 舉合於道而後, 可以爲賢也. 苟以一行, 當賢行, 賢者, 不可勝舉矣. 凡舊法, '智而好謀', '彰善掩過'之類, 皆歸之他諡, 而不以賢命之.

堯요[一]

○커서 이름하기 어려운 것을 '요堯'라 한다.

　　大而難名曰, '堯'.

〈새로 고침〉 옛 시법에 선善을 돕고 성聖을 전한 것을 '요堯'라 했
다. 전할 만한 아들이 있었고 당시 순舜이 없었다면, 요 임금은 요가
될 수 없었을 것이다. 이는 이미 그러한 행적으로 인하여 논한 것이니,
요를 사용할 수는 없다. 공자가 이르기를, "오직 하늘이 가장 크거늘,
오직 요 임금만이 이를 본받았도다. 공덕이 넓고 넓어 백성들이 이름
할 수가 없도다"(『논어』 「태백泰伯」) 하였다. 백성들은 '요'라 이름하는 이
유를 알지 못하고 다만 그 요요堯堯한(매우 높고 큰 모양) 것만 볼 수 있기
때문에, '요'라 이름한 것이다.

　　〈新改〉舊法, 翼善傳聖曰, '堯'. 有子可傳, 而時無舜, 則堯
　　不得爲堯矣. 此因已然之迹而論, 堯者, 不可用. 孔子曰, "惟
　　天爲大, 惟堯則之. 蕩蕩乎民無能名焉." 民不知所以名堯, 而
　　徒見其堯堯然者, 故曰, '堯'.

舜 순 [一]

○ 인仁과 성聖을 성대하게 밝힌 것을 '순舜'이라 한다.

仁聖盛明曰, '舜'.

순舜은 채움이다. 『예기禮記』에 이르기를, "순 임금은 묻기를 좋아하고 천근한 말을 살피기 좋아하되, 악을 숨겨주고 선을 드러내며, 그 양쪽 끝을 잡고서 그 중中을 백성들에게 썼다"(『예기』「중용中庸」) 하였다. 정현鄭玄*이 이르기를, "순은 채움이다" 하였으니, 대개 천하의 선을 취하여 자신의 몸에 채움을 말한 것이다.

舜, 充也. 『記』曰, "舜好問而好察邇言, 隱惡而揚善, 執其兩端, 用其中於民." 鄭康成曰, "舜之言, 充也." 蓋言取天下之善, 以充諸其身云爾.

* 정현鄭玄(127~200) : 후한後漢 말기의 학자. 자는 강성康成. 여러 경전의 주해註解를 썼음.

禹 우 [二]

○ 연원淵源이 통하여 흐른 것을 '우禹'라 한다.

淵原通流日, '禹'.

○ 선양禪讓을 받아 공을 이룬 것을 '우禹'라 한다.
受禪成功日, '禹'.

이 두 가지는 모두 우 임금의 공으로 인하여 뜻을 삼은 것이다.
此二者, 皆因禹之功, 以爲義也.

湯탕[二]

○ 구름이 흘러 비가 내린 것을 '탕湯'이라 한다.
雲行雨施日, '湯'.

○ 잔학을 제거한 것을 '탕湯'이라 한다.
除殘去虐日. '湯'.

'탕'이란 천하의 잔악함과 해독을 씻어낸 것을 칭하는 것이다.
湯者, 渧濯天下殘毒之稱也.

文 문[八]

○ 베풀되 이치에 들어맞은 것을 '문文'이라 한다.

施而中理曰, '文'.

〈새로 보충〉 옛 시법에 이르기를, "베푸는 것이 문文이요, 없애는 것이 무武이다" 하였다. '문'이란 '문리文理'를 이르는 것이니, 베풀되 이치에 들어맞지 않는다면 '문'이 될 수 없다. 대개 '문'의 뜻은 넓은데 옛날의 문왕文王을 바로 여기에 해당시킬 수 있으며, 오직 그 베풂이 이치에 들어맞지 않음이 없는 것을 말한다. 그 뒤로 공문자孔文子, 공숙문자公叔文子에 이르러 공자가 그들을 모두 '문'으로 인정하였으나*, 이들은 한 가지 절행節行이 이치에 맞은 사람이다. 그러므로 그 시호를 보고 그 시호가 쓰인 이유를 고찰해보면 '문'의 크기를 알 수 있다. 대개 행함이 이치에 들어맞아 '문'이라 할 수 있는 것은 실제 그 범위가 매우 넓다. 그래서 옛 시법에서 '문'이라 한 것 가운데 본뜻에 해롭지 않은 것을 취하여 기록하는 것이니, 후세의 군자 중에 만약 베풂에 이치에 맞는 자가 있다면 모두 시호를 '문'이라 할 수 있으니, 비록 법에는 미치지 못하더라도 괜찮다.

〈新補〉舊法曰, "施爲文, 除爲武." 文者, 文理之謂也, 施而不中理由, 未得爲文也. 盖文之爲義廣, 古之文王乃得當之, 惟其施而無不中理云耳. 下而至於孔文子·公叔文子, 仲尼皆

以文許之, 是一節中理者也. 故觀其諡而考其所以諡, 而文之
大小乃見. 盖行之中理, 而可以爲文者, 其實不可勝廣也. 故
取舊法之所謂文而不害於義者, 著之, 而後世之君子, 苟有施
而中於理者, 皆可以文諡之, 雖法之所不及, 可也.

* 공숙문자의 가신인 대부 선선僎이 공숙문자와 함께 공조公朝에 올랐다. 공자가 그것
을 듣고 말했다. "시호를 문文이라 할 만하다."(『논어』, 「헌문憲問」)

○ 천지를 경위經緯한 것을 '문文' 이라 한다.
　經緯天地曰, '文'.

　『국어國語』(권3)에 다음과 같은 말이 있다. "단자單子가 이르기를, '하
늘을 경영하고, 땅을 운용하니, 경위經緯가 어긋나지 않는 것이 문의
형상이다' 하였다." 진晉 대부도 이같이 말하였으니, '명明' 항목의 주注에 보인다.

　『國語』, "單子曰, '經之以天, 緯之以地, 經緯不爽, 文之象
也.' "晉大夫亦云, 見明注.

○ 명민明敏하면서 학문을 좋아한 것을 '문文' 이라 한다.
　敏而好學曰, '文'.

　『논어』(「공야장公冶長」)에 말하였다. "(자공子貢이) '공문자를 어찌하여
문이라 이르는 것입니까?' 하고 물으니, 공자가 이르기를 '명민明敏하
면서도 배우기를 좋아하였으며, 아랫사람에게 묻는 것을 부끄럽게 여

기지 않았다. 이 때문에 문이라 이르는 것이다' 하였다."

『語』云, "(子貢問曰,) '孔文子, 何以謂之文也?' 孔子曰, '敏而
好學, 不恥下問, 是以謂之文也.'"

○ 덕을 닦아 먼 곳의 사람을 오게 한 것을 '문文'이라 한다.

修德來遠曰, '文'.

공자가 이르기를, "먼 곳의 사람이 복종하지 않으면, 문덕文德을 닦
아서 오게 한다" 하였다.(『논어』 「계씨季氏」)

孔子曰, "遠人不服, 則修文德以來之."

○ 충忠과 신信을 근본으로 하고 예를 계승한 것을 '문文'이라
한다.

忠信接禮曰, '文'.

유희劉熙*가 말하기를, "충신으로 근본을 삼고, 예악을 계승한 것이
바로 문文이다" 하였다.

劉熙以爲, "本之以忠信, 繼之以禮樂, 斯爲文矣."

* 유희(劉熙) : 후한 때의 사람. 자는 성국成國. 같은 소리가 서로 조화하는 것을 추
론推論하여 『석명釋名』 8권을 지었음.

○ 도덕道德을 갖추고 학문이 넓은 것을 '문文'이라 한다.

道德博聞曰, '文'.

학문이 넓지만 덕이 없으면 참으로 '문'이 될 수는 없고, 도덕은 갖추었으나 학문이 넓지 못하면 또한 '덕德'이 될 수 있을 뿐이지 '문'이 될 수는 없다. 오직 도덕을 갖추고 학문이 넓은 이후에야 '문'이 된다.

博聞而無德, 固不得爲文, 有道德而聞不博, 亦徒可以爲德, 而未可以爲文也. 惟道德博聞而後文.

○ 강함과 유함이 서로 보완해준 것을 '문文'이라 한다.

剛柔相濟曰, '文'.

〈새로 고침〉 옛 시법에 이르기를, "너그럽되 소홀하지 않고, 청렴하되 각박하지 않은 것을 '문'이라 한다" 하였고, 또 이르기를, "너그럽되 소홀하지 않고, 굳세되 난폭하지 않은 것을 '문'이라 한다" 하였으니, 강함과 유함이 서로 잘 보완해주는 것을 말한다.

〈新改〉舊法曰, "寬而不慢, 廉而不劌曰, '文'." 又曰, "寬立*不慢, 堅強不暴曰, '文'." 能剛柔相濟之謂也.

* 립(立) : '이而' 자의 오자인 듯함.

○ 신분의 차례를 정비한 것을 '문文'이라 한다.

修治班制曰, '文'.

位衛나라 공손지公孫枝*가 죽자, 그의 아들 戍이 임금에게 시호를
청하였다. 임금이 이르기를, "옛날 위나라가 흉년으로 기근이 들자 부
자夫子는 죽을 쑤어 나라의 굶주리는 자에게 주었으니, 이 또한 '혜惠'
가 아니겠는가! 옛날 위나라가 어려움에 처하자 부자는 자기의 목숨
으로 과인을 호위하였으니, 또한 '정貞'이 아니겠는가! 부자는 위나라
의 정사를 맡아 신분의 차례를 정비하여 이웃 나라와 사귈 때 위나라
의 사직을 욕되게 하지 않았으니, 또한 '문文'이 아니겠는가! 그러므
로 부자를 '정혜문자貞惠文子'라 이르노라" 하였다.(『예기』 「단궁하檀弓下」)

衛公孫枝卒, 其子戍請諡于君. 君曰, "昔者, 衛國凶饑, 夫子
爲粥, 與國之餓者, 是不亦惠乎! 昔者, 衛國有難, 夫子以其死
衛寡人, 不亦貞乎! 夫子聽衛國之政, 修其班制, 以與四隣交,
衛國之社稷不辱, 不亦文乎! 故謂夫子'貞惠文子'."

* 공손지(公孫枝) : 춘추시대 위衛나라의 대부 공숙문자公叔文子를 가리키며, 공손발
公孫拔이라고도 함.

武 무[六]

○능히 화란을 평정한 것을 '무武'라 한다.

克定禍亂曰, '武'.

○ 대업을 보전하고 공을 안정시킨 것을 '무武'라 한다.

保大定功曰, '武'.

이미 무력으로 적을 이기고 나서 다시 그 대업을 보전하고 그 공을 안정시키는 것이 무武의 대성大成이다. 『춘추좌씨전』에서 초楚나라 장왕莊王이 무武를 행하는 자에게 일곱 가지 덕이 있다고 하였는데,* 이것이 그 가운데 두 가지이다.

既以武克敵, 又能保有其大, 安定其功, 此武之大成也. 『左傳』楚莊王, 爲武者有七德, 此其二也.

* 『춘추좌씨전』 선공宣公 12년에 나오며, 일곱 가지 덕은 '금포禁暴(흉포함을 금함), 즙병戢兵(전쟁을 그만둠), 보대保大(대업을 보전함), 정공定功(공을 안정시킴), 안민安民(백성을 편하게 함), 화중和衆(백성을 화합하게 함), 풍재豐財(재물을 풍족하게 함)'임.

○ 위엄 있고 굳세며 지혜로운 덕이 있는 것을 '무武'라 한다.

威彊叡德曰, '武'.

유희가 이르기를, "예叡는 지혜로움이다. 위엄이 있으면서 강건하고 과감한데다 지략이 있으므로 '무'라 한다" 하였다.

劉熙曰, "叡, 智也, 威而强果, 加之以謀, 故曰 '武'."

○ 강직하고 굳세며 순리로써 군중을 거느린 것을 '무武'라 한다.

剛强以順曰, '武'.

〈새로 고침〉 옛 시법에, "강직하고 굳세며 이치로써 곧게 한 것을 '무'라 한다" 하였고, "군중 거느리기를 순리로써 한 것을 '무'라 한다" 하였는데, 이것으로 두 가지를 아우른다.

〈新改〉 舊法, "剛强理直曰, '武'", "師衆以順曰, '武'", 并之以此.

○ 토지를 개척하고 국경을 넓힌 것을 '무武'라 한다.

闢土斥境曰, '武'.

○ 적의 침입을 물리쳐 수모를 막은 것을 '무武'라 한다.

折衝禦侮曰, '武'.

成 성[五]

○ 예禮와 악樂을 밝게 갖춘 것을 '성成'이라 한다.

禮樂明具曰, '成'.

〈새로 보충〉

〈新補〉

○ 형법으로 능히 복종시킨 것을 '성成'이라 한다.

刑名克服日, '成'.

유희가 이르기를, "법을 백성에게 시행하여 백성들이 복종하는 것은 덕으로 다스려야 이루어지기 때문에 '성'이라 한다" 하였다.

劉熙以爲, "以法加民而民服, 治德以成, 故曰成."

○ 가득함을 유지하고 충만함을 지킨 것을 '성成'이라 한다.

持盈守滿日, '成'.

시서詩序*에 이르기를, "「부예鳧鷖」는 '수성守成(이루어진 것을 지킴)'을 읊은 시이다"** 하였다. 태평한 때의 군자가 가득한 것을 유지하고 이루어진 것을 지킬 수 있음을 말하였으니, 이는 성왕成王(주나라 무왕의 아들)을 이른다.

詩序言曰, "鳧鷖, 守成也." 言太平之君子, 能持盈守成, 謂成王也.

* 시서(詩序) : 『시경』 각 편의 머리에 실린 서문.
** 「부예」(『시경』 「대아大雅」)의 시서는 다음과 같다. "「부예」는 수성을 읊은 시이다. 태평한 때의 군자가 가득한 것을 지키고 이루어진 것을 지키니, 하늘신과 땅신과 조상신이 편안히 여기고 즐거워한다.(鳧鷖, 守成也. 太平之君子, 能持盈守成, 神祇祖考, 安樂之也.)"

○ 사물의 아름다움을 이룬 것을 '성成'이라 한다.

遂物之美日, '成'.

○ 두루 통달하고 굳건하게 선 것을 '성成'이라 한다.*

通達强立曰, '成'.

* 「예기」「학기學記」에, "사물을 체계적으로 이해하여 두루 통달함으로써 강건하게
서서 외부 환경에 흔들리지 않게 되니, 이것을 '대성大成'이라 한다.(知類通達, 强
立而不反, 謂之'大成'.)" 함.

康강[二]

○ 백성들을 위무하여 안락하게 한 것을 '강康'이라 한다.

撫民安樂曰, '康'.

○ 온화하고 선량하여 좋아하고 즐거워할 만한 것을 '강康'이
라 한다.

溫良好樂曰, '康'.

　온화하고 선량하고 화락하여 처한 바를 가리지 않고 편안히 여기므
로 '강'이라 한다.

溫良愷悌, 不擇所處, 安之, 故曰, '康'.

獻 헌 [二]

○ 총명하고 예지가 있는 것을 '헌獻'이라 한다.
　聰明睿智曰, '獻'.

　헌獻은 현명함이다.
　獻, 賢也.

○ 덕으로 향하여 덕을 안에 갖춘 것을 '헌獻'이라 한다.
　嚮德內德曰, '獻'.

　『금문상서』에 이렇게 말하였다. 주석가들은 모두 이르기를, "은덕으로 향하는 것이 으뜸이다" 하였지만, 그 뜻이 잘 통하지 않아 『상서』를 따른다. 유희가 이르기를, "헌獻이란 높이 남들의 위에 있음을 일컫는 말이다. '내內'는 또한 '향嚮'과 같다. 사람이 능히 날마다 덕혜德惠로 향한다면 뭇 사람들의 추앙을 받아 높이 위에 있게 된다" 하였다.
　『今文尙書』云爾. 注家皆云, "嚮惠德元." 其義不當通, 以書爲信. 劉熙以爲, "獻者, 軒軒然在物上之稱也. 內, 亦嚮也. 人能日嚮於德惠, 則爲衆所推仰, 軒軒然在上矣."

懿의 [一]

○ 유柔로써 다스려 빛이 있는 것을 '의懿'라 한다.

柔克有光曰, '懿'.

『금문상서』에 이르기를, "유柔로써 다스리면 '의懿'라 하고, 강剛으로써 다스리면 '벌伐'이라 한다" 하였다.

『今文尙書』曰, "柔克曰 '懿', 剛克曰 '伐'."

元원 [三]

○ 인仁을 체행하여 백성의 우두머리가 된 것을 '원元'이라 한다.

體仁長民曰, '元'.

〈새로 보충〉『주역』(건괘乾卦, 문언전文言傳)에, "원元은 선의 으뜸이다. 군자가 인을 체행하여 남의 우두머리가 될 만하다" 하였다.

〈新補〉『易』曰, "元者, 善之長也. 君子體仁, 足以長人."

○ 나라의 도읍을 처음으로 건설한 것을 '원元'이라 한다.

始建國都曰, '元'.

유희가 이르기를, "이는 원수元首라 할 때의 원元이다" 하였다.
劉熙曰, "此元首之元也."

○ 사려가 뭇 사람의 의혹을 분변할 수 있는 것을 '원元' 이라
한다.
思能辯衆曰, '元'.

사려가 능히 뭇 사람이 의심하는 바를 분변할 수 있다면, 이는 그
요점을 아는 것이므로 '원' 이라 한다.
思慮能辯衆之所疑, 是識其要也, 曰 '元'.

章 장[三]

○ 법도가 밝고 큰 것을 '장章' 이라 한다.
法度明大曰, '章'.

○ 공경하고 삼가며 뜻이 높고 굳센 것을 '장章' 이라 한다.
敬愼高亢曰, '章'.

○ 말을 함에 조리가 있는 것을 '장_章' 이라 한다.

出言有文曰, '章'.

釐 희[二] (釐는 僖와 같음)

○ 바탕이 연못처럼 깊어 간언을 수용한 것을 '희_釐' 라 한다.

質淵受諫曰, '釐'.

○ 마음을 삼가서 두려워하고 꺼린 것을 '희_釐' 라 한다.

小心畏忌曰, '釐'.

'희_釐' 는 복이요, 즐거움이요, 넓음이다. 그 바탕이 연못 같아 겸허
하게 간언을 수용하는 경우와, 마음을 삼가서 두려워하고 꺼리는 경
우, 두 가지는 모두 깊이 스스로 누르고 덜어 지나침이 없게 되기를 구
하는 것이니, 이 때문에 복을 받는 것이다. 혹은 '희_僖' 자로 쓰기도 하는데 뜻
으로 보면 모두 같다.

釐, 福也樂也廣也. 其質如淵, 虛以受諫, 與小心畏忌, 二者,

皆深自抑損, 以求無過者, 此所以受福也. 或作僖, 以急*並同.

＊ 급(急) : '의義' 자의 오자인 듯함.

景경[二]

○ 강하게 뜻을 두어 크게 도모한 것을 '경景'이라 한다.

　耆意大圖曰, '景'.

○ 의를 펴서 강하게 실행한 것을 '경景'이라 한다.

　布義行剛曰, '景'.

　『금문상서』에서 "경景은 무武의 힘이다" 하였고, 또 "의를 말미암아 이룬 것을 경景이라 한다" 하였다.

　『今文尙書』曰, "景, 武之力也." 又曰, "猶義而濟曰, '景'."

宣선[三]

○ 베풂이 사사로운 데에 그치지 않은 것을 '선宣'이라 한다.

　施而不私曰, '宣'.

　베풂이 사사로운 바에 그친다면 넓지 못하다. 넓지 못하면 '선宣'이 아니다.

施止其所私, 則不廣. 不廣, 非宣矣.

○좋은 명성이 널리 이른 것을 '선宣'이라 한다.

善聞周達曰, '宣'.

○정성스러운 뜻이 밖으로 드러난 것을 '선宣'이라 한다.

誠意見外曰, '宣'.

〈새로 보충〉

〈新補〉

明 명[七]

○사방에 밝게 임한 것을 '명明'이라 한다.

照臨四方曰, '明'.

『시경』(「대아·문왕지십·황의皇矣」)에 이르기를, "이 왕계王季에게 상제
께서 그 마음을 법도에 맞도록 하시고 그 덕음을 청정하도록 하시니,
그 덕이 능히 밝아져서 능히 시비를 살피고 능히 선악을 분류하며 능

히 어른 노릇하고 능히 군주 노릇하시며 이 큰 나라에 왕 노릇하시어, 능히 순히 하고 능히 친히 하시더니, 문왕에 이르러 그 덕에 여한이 없으시네" 하였다. 진晉 대부 성전成鱄이, "마음으로 능히 의리에 맞게 재단할 수 있는 것을 '탁度'이라 하고, 덕이 방정하여 백성이 응하여 화답한 것을 '막莫'이라 하고, 사방에 밝게 임한 것을 '명明'이라 하고, 부지런히 은혜를 베풀되 사심을 갖지 않은 것을 '류類'라 하고, 가르쳐 깨우치기를 게을리 하지 않은 것을 '장長'이라 하고, 상으로 치하하고 위엄으로 벌한 것을 '군君'이라 하고, 자애롭고 온화한 것으로써 두루 감복시킨 것을 '순順'이라 하고, 선을 선택하여 따른 것을 '비比'라 하고, 천지를 경위한 것을 '문文'이라 한다" 하였는데(『춘추좌씨전』 소공 28년), 이것이 곧 이른바 '구덕九德'이라는 것이다.

『詩』云, "維此王季, 帝度其心, 貊其德音, 其德克明, 克明克類, 克長克君, 王此大邦, 克順克比, 比于文王, 其德靡悔." 晉大夫成鱄曰, "心能制義曰'度', 德正應和曰'莫', 照臨四方曰'明', 勤施無私曰'類', 敎誨不倦曰'長', 慶賞刑威曰'君', 慈和徧服曰'順', 擇善而從之曰'比', 經緯天地曰'文'." 此卽所謂'九德'者也.

○ 어진 이에게 맡겨 먼 데에 이른 것을 '명明'이라 한다.

任賢致遠曰, '明'.

○ 나와 다른 자를 모아 결집한 것을 '명明'이라 한다.

總集殊異曰, '明'.

나와 다른자를 의심하지 않고 합하여 모을 수 있는 일은 밝은 자가
아니면 할 수 없다.

與我異者, 能不疑而總集之, 非明者不能也.

○ 홀로 보고 먼저 안 것을 '명明'이라 한다.

獨見先識曰, '明'.

○ 참소가 행해지지 않은 것을 '명明'이라 한다.

譖愬不行曰, '明'.

자장이 밝음에 대해 묻자, 공자가 말했다. "서서히 젖어드는 참소와
피부로 받는 하소연이 행해지지 않는다면 '밝다'고 이를 만하다. 서서
히 젖어드는 참소와 피부로 받는 하소연이 행해지지 않는다면 '멀리
있는 일을 내다본다'고 이를 만하다."(「논어」「안연顏淵」)

子張問明, 子曰, "浸潤之譖, 膚受之愬, 不行焉, 可謂明也已
矣. 浸潤之譖, 膚受之愬, 不行焉, 可謂遠也已矣."

○ 치우치고 누추함을 드러낼 수 있는 것을 '명明'이라 한다.

能揚仄陋曰, '明'.

○ 얼굴빛을 살펴 마음을 본 것을 '명明'이라 한다.
察色見情日, '明'.

<새로 보충>

〈新補〉

昭 소[二]

○ 덕을 밝혀 공이 있는 것을 '소昭'라 한다.
明德有功日, '昭'.

유희는 "능히 밝은 덕을 밝히고서 맡겨둔다면 공이 있어 밝게 드러
날 것이다" 하였다.
劉熙爲 "能明明德而任之, 則有功而昭顯."

○ 성스러운 명성이 널리 이른 것을 '소昭'라 한다.
聖聞周達日, '昭'.

正

正정 [一]

○ 안과 밖에서 와서 복종한 것을 '정正'이라 한다.

內外賓服曰, '正'.

　정과 부정의 차이는 매우 큰데도 부정한 사람은 바로잡아주는 자에게 스스로 기꺼이 복종하려 하지 않으니, 이와 같아서는 사邪와 정正을 끝내 분변할 수 없다. 그러므로 그 공효를 들어, "뭇 사람들이 함께 복종한 것이 정正이다" 하는 것이다. 천하의 의론이란 많은 쪽이 가장 공변된 것이 되므로, 부정한 경우라면 비록 복종하는 자가 있더라도 안과 밖 모두를 복종시킬 수는 없다.

　正不正之相去, 甚遠, 然不正之人, 無有肯自服其正之者, 如此則邪正終不可辨也. 故擧其效曰, "惟衆人之所同服者, 正也." 天下之議, 惟衆爲最公, 苟其不正, 雖有服者, 不能服內外.

敬경[六]

○ 하늘을 두려워하고 백성을 사랑한 것을 '경敬'이라 한다.
畏天愛民曰, '敬'.

○ 삼가고 엄숙하며 치우치지 않고 바른 것을 '경敬'이라 한다.
齊莊中正曰, '敬'.

○ 이른 아침부터 늦은 밤까지 일한 것을 '경敬'이라 한다.
夙夜就事曰, '敬'.

○ 명을 받고 옮겨가지 않은 것을 '경敬'이라 한다.
受命不遷曰, '敬'.

○ 죽어도 임금을 잊지 않은 것을 '경敬'이라 한다.
死不忘君曰, '敬'.

○ 선한 것을 말하여 사심邪心을 막은 것을 '경敬'이라 한다.
陳善閉邪曰, '敬'.

맹자가 이르기를, "어려운 일을 군주에게 권하는 것을 '공恭'이라 이르고, 선한 것을 말하여 사심을 막는 것을 '경敬'이라 이르고, 우리 군주는 불가능하다 하는 것을 '적賊'이라 이른다" 하였다.(『맹자』「이루상 離婁上」)

孟子曰, "責難於君謂之恭, 陳善閉邪謂之敬, 吾君不能謂之賊."

恭공[五]

○스스로 낮추어 자기를 다스린 것을 '공恭'이라 한다.

卑以自牧曰, '恭'.

〈새로 보충〉 공恭이 경敬과 다른 것은, 공恭은 겸공謙恭이고 경敬은 공경恭敬이라는 점이다. 옛 시법에서는 분변하지 못하였기 때문에 특별히 이것을 드러냈다.

〈新補〉恭之所以異於敬者, 恭爲謙恭, 敬爲恭敬也. 舊法不知 辨, 故特著之.

○덕의 실천을 게을리 하지 않은 것을 '공恭'이라 한다.

不懈爲德曰, '恭'.

○나라 다스리는 법을 바꾸지 않은 것을 '공恭'이라 한다.

治典不易曰, '恭'.

○ 임금에게 어려운 일을 하도록 권한 것을 '공恭'이라 한다.

責難於君曰, '恭'.

맹자의 말이다. '경敬'항목(陳善閉邪曰敬)의 주注에 보인다.

孟子云. 見敬注.

○ 잘못을 한 뒤에 능히 고친 것을 '공恭'이라 한다.

旣過能改曰, '恭'.

초자楚子 심審이 죽을 무렵 대부를 불러 '영靈'과 '여厲'*의 시호를
청하였으니, 그것은 그가 일찍이 언鄢에서 군대를 잃었기 때문이다. 그
가 죽고 나서 시호에 대해 의논하였는데 대부가 말하기를, "임금의 명
이 있었습니다" 하였다. 자낭子囊이 말하기를, "임금께서 공경스럽게
명하셨으니 어떻게 폐하겠습니까? 혁혁한 초나라에 군림하여 만이蠻夷
를 어루만지고 남해南海를 정벌하였으며 제하諸夏를 복속시켰습니다.
그런데도 자신의 잘못을 알았으니 공恭이라 하지 않을 수 있겠습니
까?" 하였다. 시호를 청하자 대부들이 그 말을 따랐다.('춘추좌씨전」 양공
襄公 13년) 이 때문에 후세에 이것을 계기로 '잘못을 한 뒤에 능히 고친
것을 공恭'이라 하였다.

楚子審, 將卒, 召大夫而告之, 請諡爲靈若厲, 以其常(嘗)喪師于鄢也. 及卒, 謀諡, 大夫日, "君有命矣." 子囊日, "君命以恭, 若之何毁之? 赫赫楚國而君臨之, 撫有蠻夷, 奄征南海, 以屬諸夏而知其過, 可不謂恭乎?" 請諡之, 大夫從之. 故後世, 因以旣過能改日恭.

* '영靈' 과 '여厲' 는 좋지 않은 시호임. '영靈' 항목과 '여厲' 항목 참조.

莊장[三]

○ 엄숙과 공경으로써 백성에게 임한 것을 '장莊' 이라 한다.

嚴敬臨民日, '莊'.

○ 위엄이 있으나 사납지 않은 것을 '장莊' 이라 한다.

威而不猛日, '莊'.

○ 바름을 실천하고 화합에 뜻을 둔 것을 '장莊' 이라 한다.

履正志和日, '莊'.

肅 숙[三]

○ 굳센 덕으로 잘 성취한 것을 ‘숙肅’이라 한다.
　剛德克就曰, ‘肅’.

　유희劉熙가 말하기를, “굳셈으로 아랫사람을 부리면 사람들이 두려
워하여 명령을 밝게 따르기 때문에 ‘숙肅’이라 하는 것이다” 하였다.
　劉熙曰, “以剛禦下, 人畏而明令, 故肅.”

○ 마음을 다잡아 결단한 것을 ‘숙肅’이라 한다.
　執心決斷曰, ‘肅’.

○ 자기 자신을 바로잡은 뒤 아랫사람을 다스린 것을 ‘숙肅’이
　라 한다.
　正己攝下曰, ‘肅’.

穆 목[三]

○ 덕을 베풀고 의를 지킨 것을 ‘목穆’이라 한다.

布德執義曰, '穆'.

유희劉熙가 말하기를, "목穆은 조화이다. 덕과 의는 사람의 도 가운데 귀중한 것이니, 이를 널리 잘 시행하면 이것으로 옹화雍和의 조화를 이룰 수 있다. 이 때문에 '목穆'이라 한다" 하였다.

劉熙曰, "穆, 和也. 德義, 人道之貴, 能布行之, 以此, 致雍和之化. 故曰 '穆'."

○ 속마음이 외모에 나타난 것을 '목穆'이라 한다.

中情見貌曰, '穆'.

『시경』에, "심원深遠한 덕을 지니신 문왕이시어, 아! 경敬을 계속하여 밝히셨도다"(대아大雅 · 문왕지십文王之什 · 문왕文王) 하였고, 또 "심원深遠한 덕을 지니신 노후魯侯이시어, 삼가 그 덕을 밝히셨도다"(노송魯頌 · 반수泮水) 하였으니, 안에 있는 것이 밖으로 드러난 뒤에라야 목穆이 될 수 있는 것이다.

『詩』曰, "穆穆文王, 於緝熙敬止." 又曰, "穆穆魯侯, 敬明其德." 夫惟有於內而見於外而後, 可以爲穆也.

戴 대[二]

○ 예禮를 관장함에 잘못이 없는 것을 '대戴'라 한다.
　典禮不愆曰, '戴'.

　유희劉熙가 말하기를, "대戴는 백성들에게 추앙을 받는 것이다. '예
禮를 관장함에 잘못이 없음'이란, 『시경』에서 말한 '그 용모 변치 않으
며, 말을 함에 문장文章이 있다'(소아小雅·도인사지십都人士之什·도인사都人
士)는 구절을 이른 것이다" 하였다.
　劉熙以爲, "戴者, 爲民所瞻仰也. 典禮不愆, 此『詩』謂'其容
　不改, 出言有章'者也."

○ 백성을 사랑하고 정치를 잘한 것을 '대戴'라 한다.
　愛民好治曰, '戴'.

翼 익[一]

○ 사려가 심원한 것을 '익翼'이라 한다.
　思慮深遠曰, '翼'.

『시경』에, "조심하며 공경하고 공경한다"(대아大雅·문왕지십文王之什·

대명大明) 하였으니, 사려가 심원함을 이른 것이다.

　　『詩』曰, "小心翼翼", 思慮深遠之謂也.

襄 양[二]

○ 영토를 넓히고 덕이 있는 것을 '양襄'이라 한다.

　　闢土有德曰, '襄'.

　　유희劉熙가 말하기를, "양襄은 제거한다는 뜻이다. 사방의 이민족을
모조리 제거하고 그들의 영토를 획득했기 때문에 '양襄'이라 한다" 하
였다.

　　劉熙曰, "襄, 除也. 除殄四方夷狄, 得其土地, 故曰 '襄'."

○ 일을 통하여 공을 세운 것을 '양襄'이라 한다.

　　因事有功曰, '襄'.

烈 렬[二]

○ 백성을 안정시키고 공이 있는 것을 '렬烈'이라 한다.

安民有功曰, '烈'.

○ 덕을 간직하여 대업을 따른 것을 '렬烈'이라 한다.

秉德遵業曰, '烈'.

桓환[一]

○ 아주 빠르게 공을 이룬 것을 '환桓'이라 한다.

克亟成功曰, '桓'.

〈새로 고침〉 옛 시법에 이르기를, "아주 빠르게 백성을 동원한 것을 '환桓'이라 하고, 무력으로 사방을 안정시킨 것을 '환桓'이라 한다" 하였으니, '극극동민克亟動民'은 악행을 저지른 시호이고, '무정사방武定四方'은 선행을 행한 시호이다. 환桓은 강하고 용맹함이 매우 빨라 해가 되지 않은 칭호이나, 악을 행하였다고 할 수도 없고 또 선으로 인정할 수도 없다. 그러므로 합해서 "아주 빠르게 공을 이룬 것을 '환桓'이라 한다" 한 것이다. 제나라 환공桓公은 관중管仲의 형명술刑名術을 이용하여 천하의 패자가 되었는데, 시호를 '환桓'이라 하였으니 그것은 아주 빠르게 공을 이루었기 때문일 것이다.

〈新改〉舊法曰, "克亟動民曰'桓', 武定四方曰'桓'." 克亟動民, 行惡諡也, 武定四方, 行善諡也. 桓者, 剛勇亟切, 不害之稱也, 不可遂爲惡, 亦不可遂許其善. 故合之曰, "克亟成功曰桓." 齊桓用管仲刑名之術, 以伯天下, 而諡爲桓, 則克亟成功之故歟.

* 형명술(刑名術) : 전국시대에 신불해申不害를 대표로 하는 학파로, '순명책실循名責實'과 '신상명벌愼賞明罰'을 주장했다. '형명지학刑名之學' 또는 줄여서 '형명刑名'이라고도 함.

威 위[三]

○상을 주어 권면하고 형벌로써 성낸 것을 '위威'라 한다.

賞勸刑怒曰, '威'.

〈새로 보충〉

〈新補〉

○ 정벌로써 먼 지방을 복종시킨 것을 '위威'라 한다.
　　以刑服遠曰, '威'.

○ 강하고 굳셈으로 바름을 지킨 것을 '위威'라 한다.
　　强毅執正曰, '威'.

勇 용 [一]

○ 의義를 행하여 쓰임에 이바지한 것을 '용勇'이라 한다.
　　率義共用曰, '勇'.

　진晉나라 낭심狼暽*이 거우車右가 되었는데 선진先軫이 자기를 축출하자 낭심은 화가 났다. 그의 벗이 말하기를, "어찌하여 그를 죽이지 않는가? 내 자네와 함께 어려운 일을 하겠네" 하였다. 그러자 낭심이 말하기를, "『주지周志』에, '용감하다 하여 윗사람을 해치면 명당에 오르지 못한다'는 말이 있네. 국가의 쓰임에 이바지한 것을 '용勇'이라 하는데, 나는 용감함으로 거우가 되었네. 그런데도 죽어서 의롭지 못하다면 용勇이 아닐세" 하였다.
　晉狼暽, 爲右, 先軫黜之, 狼暽怒. 其友曰, "盍死之盍 吾與汝爲難." 暽曰, "『周志』有之 '勇則害上, 不登於明堂.' 共用之謂

‘勇’. 吾以勇爲右, 死而不義, 非勇也.”

* 낭심(狼瞫) : 춘추시대 진晉나라 대부. 낭심의 이 이야기는 『춘추좌씨전』 문공 2년 조에 보임.

强강[五]

○ 조화를 이루되 타락으로 흐르지 않은 것을 ‘강强’이라 한다.
和而不流日, ‘强’.

○ 중립을 지켜 치우치지 않은 것을 ‘강强’이라 한다.
中立不倚日, ‘强’.

○ 도를 지켜 변치 않은 것을 ‘강强’이라 한다.
守道不變日, ‘强’.

『예기』(「중용」)에 이르기를, “조화를 이루되 타락으로 흐르지 않으니 굳세고 꿋꿋하도다! 중립을 지켜 치우치지 않으니 굳세고 꿋꿋하도 다! 나라에 도가 있으면 옹색했을 때의 지조를 변치 않으니 굳세고 꿋 꿋하도다! 나라에 도가 없으면 죽음에 이르더라도 지조를 변치 않으 니 굳세고 꿋꿋하도다!” 하였다.

『記』曰, "和而不流, 强哉矯! 中立而不倚, 强哉矯! 國有道,
不變塞焉, 强哉矯! 國無道, 至死不變, 强哉矯!"

○ 죽어도 정情을 옮기지 않은 것을 '강强'이라 한다.

死不遷情曰, '强'.

진晉나라 태자 신생申生이 신성新城으로 달아나자, 그의 사부 두원관
杜原款이 그에게 말하기를, "죽어도 정情을 옮기지 않음은 강强이요, 정情
을 지켜 아비를 기쁘게 함은 효孝요, 자신을 죽여 뜻을 이룸은 인仁이요,
죽어도 임금을 잊지 않음은 공恭입니다" 하였다. 이 말에 신생은 곧바로
자살했다.(『춘추좌씨전』(희공 4년)과 『국어國語』(「진어晉語」)에 비슷한 내용이 보임.)

晉太子申生之奔新城, 其傅杜原款謂之曰, "死不遷情, 强也, 守
情說父, 孝也, 殺身以成志, 仁也, 死不忘君, 恭也."* 申生乃死.

* 『국어』에는 "死不遷情, 彊也. 守情說父, 孝也. 殺身以成志, 仁也. 死不忘君, 敬
也"로 되어 있음.

○ 스스로 자기의 사심을 이긴 것을 '강强'이라 한다.

自勝其心曰, '强'.

〈새로 보충〉『노자』(33장)에 이르기를, "남을 이기는 자는 힘이 있고,
자신을 이기는 자는 강하다" 하였다.

〈新補〉『老子』曰, "勝人者有力, 自勝者强."

毅 의[二]

○ 과감함을 다하여 적을 죽인 것을 '의毅'라 한다.

致果殺敵曰, '毅'.

○ 강하여 잘 결단한 것을 '의毅'라 한다.

强而能斷曰, '毅'.

剛 강[一]

○ 강하고 굳세면서 과감한 것을 '강剛'이라 한다.

强毅果敢曰, '剛'.

克 극[二]

○ 의를 지켜 강剛을 행한 것을 '극克'이라 한다.

秉義行剛曰, '克'.

『논어』(「헌문憲問」)에 '극克, 벌伐, 원怨, 욕欲'을 칭하였는데*, 이때의
극克은 남을 이기기를 좋아함을 이른다. 그리고 『서경』(「주서周書·홍범洪
範」)에 '강극剛克(강으로 다스림), 유극柔克(유로 다스림)'이란 말이 있는데, 이
때의 극克도 능하다는 뜻이다. 옛 시법이 이와 같으므로 우선 이것을
따른다.

> 『語』稱 '克伐怨欲', 則克者, 好勝人之謂也. 然『書』有 '剛克柔
> 克', 則克亦能也. 舊法如此, 故從之.

* "이기기를 좋아함, 자기 공로를 자랑함, 원망, 탐욕스러움을 행해지지 않게 한다면
  인仁이라 할 수 있습니까? 공자가 말하기를, '어렵다고는 할 수 있으나, 인仁인지는
  내 모르겠다' 하였다.(克伐怨欲, 不行焉, 可以爲仁矣? 子曰, '可以爲難矣, 仁則吾
  不知也.')"

○ 백성을 사랑하여 형벌을 제정한 것을 '극克'이라 한다.

> 愛民作刑曰, '克'.

壯장[-]

○ 적을 이겨서 난을 다스린 것을 '장壯'이라 한다.

> 勝敵克亂曰, '壯'.

○ 용감하지만 이루지 못한 것을 '장壯'이라 한다.

武而不遂曰, '壯'.

　유희가 말하기를, "뜻은 절의를 보존하고 있으나 사세가 궁핍하고 급박하여 공을 이루지 못한 자이다. 『춘추』의 의리는 본의本意를 추구하므로 시호를 '장壯'이라 한 것이다" 하였다.

　劉熙曰, "志存節義, 事有窘迫, 功不得成者也. 『春秋』原心, 故諡曰 '壯'."

果 과[一]

○ 힘을 좋아하여 용맹을 이룬 것을 '과果'라 한다.

　好力致勇曰, '果'.

圉 어[一]

○ 위엄과 덕이 있으며 강건하고 씩씩한 것을 '어圉(禦)'라 한다.

　威德剛武曰, '圉'.

혹은 '어禦' 라고도 쓴다.

或作禦.

魏 위 [一]

○ 매우 위엄스러우면서도 민첩하게 행한 것을 '위魏' 라 한다.

克威捷行曰, '魏'.

위엄스러우면서도 빨라 백성들이 헤아려서 보지 못하는 바이니 우뚝하게 높고도 크다. 그래서 '위魏' 라 한다.

能威而速, 民所不能測視之, 魏魏然高且大也. 故曰, '魏'.

安 안 [二]

○ 화합을 좋아하여 다투지 않은 것을 '안安' 이라 한다.

好和不爭曰, '安'.

○ 온 백성이 편안하게 의지한 것을 '안安' 이라 한다.

兆民寧賴曰, '安'.

定 정[五]

○ 백성들을 편안히 하려고 크게 생각한 것을 '정定'이라 한다.
　安民大慮曰, '定'.

　유희가 이르기를, "그 해됨을 크게 생각하고 그것을 막아 편안하게
하므로 '정定'이라 한다" 하였다.
　劉熙曰, "大慮其害, 而爲之防以安之, 故曰'定'."

○ 백성들을 편안하게 하고 옛것을 본받은 것을 '정定'이라 한다.
　安民法古曰, '定'.

○ 크게 생각하고 백성들을 사랑한 것을 '정定'이라 한다.
　大慮慈民曰, '定'.

　유희가 이르기를, "조그만 이익을 다투지 않고 온전하게 기르는 데
힘써 안정시키므로 '정定'이라 한다" 하였다.
　劉熙曰, "不爭小利, 務在養全, 以安定之, 故曰'定'."

○ 행실이 뛰어나면서 잘못되지 않은 것을 '정定' 이라 한다.

絕行不爽曰, '定'.

○ 이전의 허물을 좇아서 고친 것을 '정定' 이라 한다.

追補前過曰, '定'.

허물이 있지만 능히 고친다면, 군자는 그 허물을 실수로 여기고 그
가 능히 고친 것은 본성에서 나온 것이라 여긴다. 본성은 본디부터 정
해져 있는 까닭에 그 본성을 따른 것을 '정定' 이라 한 것이니, 이것이
바로 그 사람의 본질이라 여긴 것이다.

過而能改, 君子以其過爲誤, 而以其能改爲出於性也. 性固定
矣, 故從其性, 謂之定, 以爲此乃其人之實也.

簡 간[四]

○ 전법典法을 정비하여 죽이지 않은 것을 '간簡' 이라 한다.

治典不殺曰, '簡'.

그 전법典法을 정비하여 백성들로 하여금 범하지 않게 함으로써 죽
이지 않음에 이르니 간簡의 지극함이다.

治其典法, 使民不犯, 以至不殺, 簡之至也.

○ 정직하여 사악함이 없는 것을 '간簡'이라 한다.

正直無邪曰, '簡'.

정직하여 사악함이 없으면 일은 저절로 간략해지므로, 『기記』에서 "곧은 도는 반드시 간략하다" 하였다.

正直無邪, 則事自簡, 故『記』曰, "直道必簡."

○ 덕을 한결같이 하여 게으르지 않은 것을 '간簡'이라 한다.

一德不懈曰, '簡'.

○ 평이하게 하여 헐뜯지 않은 것을 '간簡'이라 한다.

平易不訾曰, '簡'.

유희가 말하기를, "군주가 평이하게 하여 헐뜯는 말을 믿지 않고 백성들로 하여금 쉽게 알도록 한다면 다스림이 또한 절로 간략해진다" 하였다.

劉熙以爲, "君能平易, 不信訾毀, 使民易知, 則治亦自簡."

貞 정[三]

○ 견고하고 절개가 있어 일의 근간이 된 것을 '정貞' 이라 한다.
固節幹事曰, '貞'.

『주역』(건괘乾卦)에 이르기를, "정고貞固함(곧고 견고함)이 일의 근간이
될 수 있다" 하였다.
『易』曰, "貞固足以幹事."

○ 나라를 위한 일에 죽음을 잊은 것을 '정貞' 이라 한다.
圖國忘死曰, '貞'.

○ 청렴결백하여 절개를 지킨 것을 '정貞' 이라 한다.
淸白守節曰, '貞'.

節 절[二]

○ 청렴을 좋아하여 자기를 이긴 것을 '절節' 이라 한다.
好廉自克曰, '節'.

○ 행실을 삼가고 절도가 있는 것을 '절節' 이라 한다.

謹行節度曰, '節'.

白 백[二]

○ 안과 밖이 바른 것을 '백白' 이라 한다.

內外貞復曰, '白'.

정복貞復은 반복反覆이라고도 하는데 모두 바르다는 뜻이다.

貞復謂反覆, 皆正也.

○ 검은 물을 들여도 검어지지 않은 것을 '백白' 이라 한다.

涅而不緇曰, '白'.

匡 광[二]

○ 마음을 곧게 하고 법도를 크게 한 것을 '광匡' 이라 한다.

貞心大度曰, '匡'.

○ 법으로 나라를 바르게 한 것을 '광匡'이라 한다.

以法正國曰, '匡'.

質 질[二]

○ 명실名實이 어긋나지 않은 것을 '질質'이라 한다.

名實不爽曰, '質'.

○ 중정中正하여 사악함이 없는 것을 '질質'이라 한다.

中正無邪曰, '質'.

靖 정[二]

○ 너그럽고 즐겁게 생을 잘 마감한 것을 '정靖'이라 한다.

寬樂令終曰, '靖'.

○ 공손하고 어질면서도 말이 적은 것을 '정靖'이라 한다.

恭仁鮮言曰, '靖'.

옛 시법에는 '정靜'이나 '정靚'으로 쓴 것도 있는데, '정靖'과 모두 같다.

舊有作靜及靚, 靖者竝同.

眞 진 [二]

○ 처음을 민첩하게 하고 시행한 일을 성취한 것을 '진眞'이라한다.

肇敏行成日, '眞'.

'진眞'은 진실하다는 뜻이다. 처음을 시작할 때는 민첩하고 시행하기를 마쳤을 때는 성취하니, 이는 진실로 능한 것이다. 그러므로 '진眞'이라 한다. 시작을 민첩하게 하고 시행한 것을 성취하지 못하면, 이것은 거짓이다.

眞, 誠也. 始肇之則敏, 終行之則成, 此誠能之者也, 故日 '眞'. 肇之敏而行之不成, 斯僞矣.

○ 숨기지 않고 가리지 않은 것을 '진眞'이라 한다.

不隱無屛日, '眞'.

여러 학자들이 모두 "숨기지 않고 가리지 않음을 '정貞'이라 한다"
하였는데 뜻이 통하지 않는다. 세간에 '사춘師春'이라 하는 책이 있는
데, 옛 시법諡法 100여 자를 싣고 있으며 여러 학자들이 말한 시호諡號
와 같다. 그 가운데 하나가 "숨기지 않고 감춤이 없는 것을 '진眞'이라
한다"는 것인데 뜻이 진실하므로 이를 취한다. '진眞'과 '정貞'은 서로
비슷하여 이로 말미암아 오류를 범한 것이다.

諸家皆云, "不隱無屛曰貞", 於義不通. 世有書號 '師春'者,
載古諡法百餘字, 與諸家名同. 其一曰, "不隱無藏曰眞", 於
義爲允, 故取之. 眞與貞相近, 自誤爾.

順 순[二]

○ 자애롭고 온화한 것으로써 두루 감복시킨 것을 '순順'이라
한다.

慈和徧服曰, '順'.

○ 이치에 화합하여 따른 것을 '순順'이라 한다.

和比於理曰, '順'.

商 상[一]

○ 공적을 밝혀 백성을 편안하게 한 것을 '상商'이라 한다.

昭功寧民曰, '商'.

상商은 헤아린다는 뜻이니, 공이 있는자를 헤아려 상을 주어서 백성을 편안하게 한다는 것이다. 유희가 이르기를, "한漢나라 고제高帝가 정공丁公*을 죽이고 옹치雍齒**에게 상을 주었다" 하였는데, 그 사리로 보면 혹 그럴 법도 하다.

商, 商度也, 度有功者而賞之, 以寧民也. 劉熙以爲, "漢高帝誅丁公而賞雍齒." 卽其事理, 或然歟.

* 정공(丁公) : 항우項羽의 부하 장수로서 팽성彭城 전투에서 유방劉邦를 추격할 때 유방의 형세가 매우 위급하였다. 그때 유방이 사정하자 정공은 유방이 벗어날 수 있도록 하였다. 그 뒤 정공은 항우를 패망시키고 황제가 된 유방을 찾아갔다. 그러나 유방은 정공이 항우의 신하로서 자신을 눈감아준 것은 불충不忠이라 하여 죽였음.
** 옹치(雍齒) : 한나라 때의 사람. 유방을 따라 병사를 일으켰다가 배신하였으나 나중에 다시 귀의한다. 장량張良의 건의에 따라 제후에 봉해짐.

原 원[一]

○ 사려가 어긋나지 않은 것을 '원原'이라 한다.

思慮不爽曰, '原'.

사려가 마음속에 뿌리를 두는 것은 마치 샘물의 근원과 같다.

思慮根於中, 如泉源也.

夷이[—]

○ 백성을 안정시켜 편안함을 좋아한 것을 '이夷'라 한다.

安民好靖曰, '夷'.

思사[三]

○ 이전의 허물을 돌이켜 뉘우친 것을 '사思'라 한다.

追悔前過曰, '思'.

○ 꾀하여 생각하되 참람하지 않은 것을 '사思'라 한다.

謀慮不僭曰, '思'.

○ 마침을 생각하기를 처음과 같이한 것을 '사思'라 한다.

念終如始曰, '思'.

考 고 [一]

○ 크게 생각하고 방정하게 행동한 것을 '고考'라 한다.

大慮方行曰, '考'.

고考는 살핀다는 뜻이다. 그 일을 살핀 이후에 그것을 행하면 이루어지기 때문에 '고考'라 하는 것이다.

考, 稽也. 稽考其事, 而後行之, 則成, 故曰, '考'.

胡 호 [二]

○ 백성들을 보호하는 데 두려워하고 삼간 것을 '호胡'라 한다.

保民畏愼曰, '胡'.

호胡는 노인을 공경한다는 뜻이다. 백성들과 함께 서로 보호하여 종신토록 두려워하고 삼가는 까닭에 '호_胡'라 하는 것이다.

胡, 老也. 與民相保, 終老畏愼, 故曰, '胡'.

○ 인간의 수명에 맞추어 오래 산 것을 '호_胡'라 한다.

稱年壽考曰, '胡'.

이것은 오래 살아서 사람들이 편안해 하고 즐거워하는 것이다. 사람들이 그 장수함를 즐거워하는 까닭에 그 장수함을 따라 시호하여 '호_胡'라 하는 것이다.

此壽考而人安樂之者也. 人樂其壽, 故從其壽, 而諡之曰, '胡'.

鬲 호[一]

○ 법을 잘 다스린 것을 '호_鬲'라 한다.

綜善典法曰, '鬲'.

호_鬲는 밝다는 뜻이다.

鬲, 明也.

使 사[一]

○ 백성을 다스림에 극진한 것을 '사使'라 한다.

　治民克盡曰, '使'.

　이것은 백성들의 힘을 다할 수 있게 하는 것이다.

　　此能盡民力者也.

顯 현[一]

○ 행동이 안팎으로 드러난 것을 '현顯'이라 한다.

　行見中外曰, '顯'.

和 화[四]

○ 멀리 있는 자를 회유懷柔하고 가까이 있는 자를 길들인 것을 '화和'라 한다.

柔遠能邇曰, '和'.

○ 호령하여 백성을 기쁘게 한 것을 '화和'라 한다.

號令悅民曰, '和'.

○ 강하지도 않고 유하지도 않은 것을 '화和'라 한다.

不剛不柔曰, '和'.

○ 어진 사람을 추천하고 능력 있는 사람에게 양보한 것을 '화
和'라 한다.

推賢讓能曰, '和'.

玄 현[−]

○ 온화한 기운을 간직하고 욕심이 없는 것을 '현玄'이라 한다.

含和無欲曰, '玄'.

高고[一]

○ 덕이 만물을 덮은 것을 '고高'라 한다.

德覆萬物曰, '高'.

光광[三]

○ 공이 상하에 이른 것을 '광光'이라 한다.

功格上下曰, '光'.

○ 능히 전업前業을 계승한 것을 '광光'이라 한다.

能紹前業曰, '光'.

○ 윗자리에 있으면서 능히 겸손한 것을 '광光'이라 한다.

居上能謙曰, '光'.

〈새로 고침〉『주역』(겸괘謙卦)에 이르기를, "겸謙은 높고 빛나며 낮아도 넘을 수 없다" 하였다.

〈新改〉『易』曰, "謙尊而光, 卑而不可踰."

大 대[-]

○ 하늘을 본받고 요堯 임금을 법으로 삼는 것을 '대大'라 한다.

則天法堯日, '大'.

英 영[一]

○종류 중에서 뛰어나고 모임 속에서 **빼어난** 것을 '영英' 이라
한다.

出類拔萃曰, '英'.

〈새로 고침〉 옛 시법에 이르기를, "덕德이 방정하여 백성이 응하여
화답한 것을 '영英' 이라 한다" 하고, 또 말하기를, "도덕道德이 외물外
物에 감응하는 것을 '영英' 이라 한다" 하였다. 『춘추좌씨전』(소공昭公 28
년)에 "덕이 바르기 때문에 타인이 응하여 감화되는 것을 '막莫' 이라
한다" 하는 말이 있는데, 영英과 막莫의 자형字形이 서로 비슷하니 아
마도 오류인 듯하다. "도덕이 외물에 감응한다"는 것은 아마도 뒷사람
이 실수한 것인 듯하다. 『시경』(「위풍魏風 · 분저여汾沮洳」)에 말하기를, "저
그 사람이여 아름답기가 꽃과 같도다" 했는데, 모언毛彦이 이르기를,
"만인萬人이 꽃이라 여긴다" 하니, 행실이 꽃과 같다는 것은 매우 뛰어
남이 있다는 말이다. 그래서 맹자가 공자에 대해 논한, "그 종류 중에

서 뛰어나며 그 모임 속에서 빼어났다"(『맹자』「공손추상公孫丑上」)는 말에
서 취하여 해당시켰다.

〈新改〉舊法曰, "德正應和曰英." 又曰, "道德應物曰英." 『左
傳』有"德正應和曰莫", 英·莫字相類, 盖誤耳. "道德應物",
盖後人因誤所爲之也. 『詩』曰, "彼其之子, 美如英." 毛彦云,
"萬人爲英", 行英者, 有大過之詞也. 故取孟子論孔子, "出乎
(於)其類, 拔乎其萃", 以充之.

睿예[一]

○ 성스러움이 될 수 있는 것을 '예睿'라 한다.

可以作聖曰, '睿'.

〈새로 고침〉옛 시법에, "집이 반듯하고 지붕이 평평한 것을 '예睿'
라 한다" 하였다. 위衛나라에 예성무공睿聖武公이 있는데 시법에 보이
는 것은 이뿐이다. 시법에, "무리가 방정하고 더욱 공평한 것을 '경儆'
이라 한다"는 것이 있는데, 중衆 자는 가家 자와 비슷하고 익益 자는 개
蓋 자와 비슷하나, 경儆이 왜 예睿가 되는지는 모를 일이다. '집이 반듯
하고 지붕이 평평하다'는 말은 예睿 자의 뜻에도 통하지 않는다. 예睿
는 성聖이 될 수는 있어도 성聖이라 하는 것은 옳지 않다. 『서경』「홍범

洪範」*에 '모貌 · 언言 · 시視 · 청聽 · 사思'가 나오는데, 이 다섯 가지는 지니고 있지 않은 사람이 없다. 사람이 지니고 있지 않음이 없는 것은 '성性'이다. '공恭 · 종從 · 명明 · 총聰 · 예睿'이 다섯 가지는 성현聖賢이라면 지니고 있지만, 성현 이후에 지닌 사람은 재주가 있는 사람이다. '숙肅 · 예乂 · 철哲 · 모謀 · 성聖'이 다섯 가지는 각각 그 재주로 인하여 이른 것이니 덕이 크게 성취된 것이다. 그러므로 "성스러움이 될 수 있음을 '예睿'라 한다" 하는 것이다.

〈新改〉舊法曰, "家方蓋平曰睿." 衛有睿聖武公, 而見於諡法者, 惟此. 諡法有"衆方益平曰儆", 衆似家, 益似蓋, 但不知儆何由爲睿耳. 家方蓋平, 於睿義亦不通. 睿者, 可以爲聖, 而謂之聖則不可. 「洪範」有 '貌 · 言 · 視 · 聽 · 思', 此五者, 人莫不有, 人莫不有者, 性也. '恭 · 從 · 明 · 聰 · 睿', 此五者, 聖賢則有之. 聖賢而後有者才也. '肅 · 乂 · 哲 · 謀 · 聖', 此五者, 各因其才而至焉, 德之大成也. 故曰, "可以作聖曰睿."

* 『서경』 「홍범洪範」에, "오사五事는 첫 번째는 모습이고, 두 번째는 말이고, 세 번째는 봄이고, 네 번째는 들음이고, 다섯 번째는 생각함이다. 모습은 공손하고, 말은 순종하고, 봄은 밝고, 들음은 귀밝고, 생각함은 지혜롭다. 공손함은 엄숙함을 만들고, 순종함은 다스림을 만들고, 밝음은 지혜를 만들고, 귀밝음은 헤아림을 만들고, 지혜로움은 성스러움을 만든다.(五事, 一曰貌, 二曰言, 三曰視, 四曰聽, 五曰思. 貌曰恭, 言曰從, 視曰明, 聽曰聰, 思曰睿. 恭作肅, 從作乂, 明作哲, 聽作謀, 睿作聖.)"하였음.

博 박[一]

○ 많이 듣고 잘 기억하는 것을 '박博'이라 한다.

多聞强識曰, '博'.

憲 헌[三]

○ 착한 일에는 상을 주고 나쁜 일에는 벌을 주는 것을 '헌憲'이라 한다.

賞善罰惡曰, '憲'.

○ 널리 듣고 재능이 많은 것을 '헌憲'이라 한다.

博聞多能曰, '憲'.

○ 선을 행하여 기록할 만한 것을 '헌憲'이라 한다.

行善可記曰, '憲'.

『예기』(「내칙內則」)에 말하기를, "무릇 양로養老의 예를 행함에 오제五帝의 시대에는 그들의 덕행을 법으로 삼았고, 삼왕三王의 시대에는 선한 말을 비는 절차가 있었다" 하였으니, '헌憲'이란 그 선한 말을 기록하여 법으로 삼음을 말한 것이다.

『記』曰, "凡養老, 五帝憲, 三王有乞言", 憲者, 記其善言以爲法也.

世세[一]

○ 명을 이어받아 바꾸지 않은 것을 '세世'라 한다.

承命不遷曰, '世'

바꾸지 않으면 오래도록 지속될 수 있어서 오래도록 세상에 행해진다.

不遷則能久, 久行世.

軍군[一]

○ 군법을 정비하여 죽이지 않은 것을 '군軍'이라 한다.

治典不殺曰, '軍'.

군대의 법을 정비하여 천하의 사람으로 하여금 두려워 감히 난리를
일으키지 못하게 함으로써 죽이지 않는 데 이르는 것이 옛날 군대를
운용하던 본뜻이다.

治其師旅之法, 使天下畏而不敢爲亂, 以至於不殺者, 是古者,
爲軍之本意.

堅견[-]

○ 갈아도 얇아지지 않는 것*을 '견堅'이라 한다.

磨而不磷曰, '堅'.

* 『논어』 「양화陽貨」에, "단단하다고 하지 않겠는가? 갈아도 얇아지지 않으니. 희다고
하지 않겠는가? 검은 물을 들여도 검어지지 않으니.(不曰堅乎, 磨而不磷. 不曰白
乎, 涅而不緇.)" 하는 구절이 나오는데, 이 구절은 남의 불선不善이 나를 더럽힐 수
없다는 말임.

趕 필[-]

○ 뜻이 깊고 사려가 먼 것을 '필趕'이라 한다.

意深慮遠曰, '趕'.

필趰은 경계한 뒤에 행동하는 것을 취함이니, 매우 삼가는 것을 이
른 것이다. '필趰'은 '필畢'로 쓰기도 한다.

趰者, 取其警而後行, 深愼之稱也. 趰或作畢.

孝 효[六]

○ 자상하고 은혜로우며 어버이를 사랑한 것을 '효孝'라 한다.

慈惠愛親曰, '孝'.

유희가 말하기를, "자기의 사랑하고 은혜로운 마음을 미루어 어버
이를 섬기는 것이 효도의 지극함이다" 하였다.

劉熙曰, "以己所慈所惠之心, 推以事親, 孝之至也."

○ 잘 봉양하고 잘 공경하는 것을 '효孝'라 한다.

能養能恭曰, '孝'.

〈새로 보충〉 자하子夏가 효도에 대해 묻자 공자가 말하기를, "얼굴
빛을 온화하게 하는 게 어려우니, 부형父兄에게 일이 있을 때 제자弟子
가 그 수고로움을 대신하고, 술과 밥이 있을 때 선생(부형)을 드시게 하
는 것을 가지고 효라 할 수 있겠느냐!"(「논어」「위정爲政」) 하였다. 자유子

游가 효도에 대해서 묻자 공자가 말하기를, "지금의 효라는 것은 물질적으로 잘 봉양하는 것을 이르는데, 개나 말조차도 모두 잘 길러줌이 있으니 공경하지 않으면 무엇으로 구별하겠느냐!"(『논어』「위정爲政」) 하였다.

〈新補〉子夏問孝, 子曰, "色難, 有事, 弟子服其勞, 有酒食, 先生饌, 曾是以爲孝乎." 子游問孝, 子曰, "今之孝者, 是謂能養, 至於犬馬, 皆能有養, 不敬, 何以別乎."

○ 뜻을 계승하여 일을 이룬 것을 '효孝'라 한다.

繼志成事曰, '孝'.

공자가 말하기를, "무왕武王과 주공周公은 누구나 그 효孝를 인정한다. 효라는 것은 사람(부모)의 뜻을 잘 계승하며, 사람의 일을 잘 전술傳述하는 것이다"(『중용』) 하였다.

孔子曰, "武王·周公, 其達孝矣乎. 夫孝也者, 善繼人之志, 善述人之事者也."

○ 때에 맞추어 비로소 제향祭享한 것을 '효孝'라 한다.

協時肇享曰, '孝'.

○ 아버지의 일을 주관하여 칭찬받은 것을 '효孝'라 한다.

幹蠱用譽曰, '孝'.

〈새로 보충〉『주역』(「고괘蠱卦」육오六五)에 말하기를, "아버지의 일을 주관함이니 칭찬을 받으리라" 했는데, 상象에 말하기를, "아버지의 일을 주관하여 칭찬을 받음은 뜻이 아버지의 일을 이으려고 해서이다"* 했으니, 뜻을 받들 뿐이고 옳지 못한 일이 있으면 따르지 않는다.

〈新補〉『易』曰, "幹父之蠱, 用譽", 象曰, "幹父用譽, 意承考也", 以意承之而已, 其事有不可者, 亦不從也.

* 『주역』「고괘」육오六五의 상象은, "아버지의 일을 주관하여 칭찬을 받음은 덕德으로써 받들기 때문이다(幹父用譽, 承以德也)"로 되어 있다. '의승고야意承考也'는 초육初六의 상象으로, "아버지의 일을 주관함은 뜻이 아버지의 일을 이으려고 해서이다(幹父之蠱, 意承考也.)" 하였다.

○ 덕을 간직하여 어그러지지 않은 것을 '효孝'라 한다.

秉德不回曰, '孝'.

사람들 중에는 그 어버이에게 효도하고 덕을 간직하여 어그러지지 않았으나 환란에 빠져서 그 봉양을 마치지 못하는 자가 있는데, 세상 사람들은 이를 '불효不孝'라 한다. 군자君子가 이를 가엾게 여겨, "이것 역시 효이다" 하였다. 그러므로 『예기』(「제의祭義」)에서는 '전쟁에 나아가 용맹이 없는 것은 효가 아니다'* 했으니, 그것은 무엇 때문인가? 아마도 의롭지 못한 행동으로 어버이를 욕되게 하기 때문일 것이다. 진晉나라 주처周處**가 적과 싸우다가 죽었을 때 그에게는 노모老母가 있었는데도 하순賀循***이 그의 시호를 '효孝'라 하니, 군자가 이를 옳다고 여겼다. 그래서 사람은 반드시 먼저 효孝와 덕德을 지녀야 하고, 그런 뒤에 덕을 간직하여 어그러지지 않아야 '효孝'라 할 수 있다.
만일 "덕을 간직하여 어그러지지 않는다"고만 한다면, 이것은 '정貞'
이지 '효孝'는 아니다.

人有孝於其親, 而秉德不回, 以陷於患難, 不終其養者, 世以
爲不孝, 君子閔之日, "是亦孝也." 故『記』以戰陣無勇爲非孝,
何者? 恐以不義辱親也. 晉周處與賊戰而死, 有老母在, 賀循
諡之日, '孝', 君子韙之. 然而人必先有孝德也, 而後秉德不
回, 乃得爲孝. 如徒日"秉德不回"者, 是爲貞也, 非孝也.

* 참고로 『예기』 「제의」에는 다음과 같은 다섯 가지 불효에 대한 언급이 나온다. "거
처가 엄숙하지 않으면 효가 아니고, 임금을 섬김에 충성스럽지 않으면 효가 아니고,
관직에 임해 공경하지 않으면 효가 아니고, 벗과의 사귐에 믿음이 없으면 효가 아니
고, 전쟁에 나아가 용맹이 없으면 효가 아니다.(居處不莊, 非孝也. 事君不忠, 非孝
也. 涖官不敬, 非孝也. 朋友不信, 非孝也. 戰陣無勇, 非孝也.)"
* 주처(周處) : 진晉나라 때의 장군. 자는 자은子隱.
** 하순(賀循) : 260~319. 자는 언선彦先. 서진西晉 말기에 은둔해 있었는데, 원제
元帝가 진晉나라 왕이 되었을 때 군자좨주軍諮祭酒가 되었다. 건무建武 초에 태상
太常을 역임했음.

忠충[四]

○ 성盛하고 쇠衰함에 순수하고 굳은 것을 '충忠'이라 한다.

盛衰*純固日, '忠'.

＊ 명明나라 곽량한郭良翰이 편찬한 『명시기휘편明諡紀彙編』을 참조하여 교감
(襄→衰).

○ 환란에 임하여 나라를 잊지 않은 것을 '충忠'이라 한다.

　臨患不忘國曰, '忠'.

○ 어진 사람을 추천하고 정성을 다한 것을 '충忠'이라 한다.

　推賢盡誠曰, '忠'.

○ 청렴하고 공정하며 반듯하고 바른 것을 '충忠'이라 한다.

　廉公方正曰, '忠'.

惠 혜[一]

○ 백성을 사랑하여 베풀기 좋아한 것을 '혜惠'라 한다.

　愛民好與曰, '惠'.

　공자는 자산을 '은혜로운 사람'이라 했으나＊, 맹자는 다시 그가 '은
혜로우나 정치하는 요체를 모른다'＊＊고 나무랐다. 그렇다면 '혜惠'라
는 것은 사람들에게 사랑을 맺어주지만 예禮는 알지 못하는 것이다.

　孔子以子産爲惠人, 而孟子亦譏其惠而不知爲政. 然則惠者,結愛於人, 而不知禮者也.

* 『논어』「헌문憲問」에 나온다. "어떤 사람이 자산에 대해 묻자, 공자가 대답했다.
'은혜로운 사람이다.'(或問子産, 子曰 '惠人也.')"
** 『맹자』「이루하離婁下」에 나온다. "자산이 정나라의 정사를 다스릴 때, 자기가 타는
수레를 가지고 진수와 유수에서 사람들을 건네주었다. 맹자가 말했다. '은혜로우나
정치하는 요체를 모르는구나. 11월에 사람 다니는 다리가 완성되고, 12월에 수레 다
니는 다리가 완성되면, 백성들이 물 건너는 것을 괴롭게 여기지 않는다. 군자가 정
사를 공평히 한다면 출행할 때 사람들을 벽제하여도 괜찮으니, 어찌 사람마다 모두
건네줄 수 있는가. 그러므로 위정자가 매양 사람마다 마음을 기쁘게 해주려 한다면
날마다 하여도 부족할 것이다.'(子産聽鄭國之政, 以其乘輿로濟人於溱洧. 孟子曰,
'惠而不知爲政. 歲十一月徒杠成, 十二月輿梁成, 民未病涉也. 君子平其政, 行辟
人可也, 焉得人人而濟之. 故爲政者, 每人而悅之, 日亦不足矣.)"

仁인[六]

○ 의義를 쌓고 공功을 풍성하게 한 것을 '인仁' 이라 한다.

　蓄義豐功曰, '仁'.

　공자는 인仁으로 남을 인정하는 것을 신중히 했다. 그러나 남에게
취하여 인仁으로 여긴 것은 매우 넓다. 상商나라 삼인三仁(기자箕子, 미자
微子, 비간比干)*은 거취去就와 사생死生이 가지런하지 않으나 모두 인
仁을 행할 수 있었으니, 인仁의 뜻이 넓다고 하겠다. 그러므로 의를 쌓
고 공을 풍성하게 하는 것은 앞에서 인용하여 뒤와 구별했으니, 대개
두루 거론할 수 없었기 때문이다.

孔子, 重以仁與人. 然其取於人, 以爲仁者, 甚廣. 商之三仁,

去就死生不齊, 而皆得爲仁, 則仁之爲義廣矣. 故其蓄義豐功,

於前而引, 其別於後, 盖亦不能徧擧也.

* 삼인(三仁) : 『논어』 「미자微子」에, "미자는 떠나가고 기자는 종이 되고 비간은 간
하다가 죽었다. 공자가 말했다. '은나라에 세 인자仁者가 있었다.'(微子去之, 箕子
爲之奴, 比干諫而死. 孔子曰, '殷有三仁焉.')" 하는 구절이 있음.

○ 백성을 사랑하고 외물을 아껴준 것을 '인仁' 이라 한다.

慈民愛物曰, '仁'.

〈새로 보충〉

〈新補〉

○ 자기의 사욕을 이겨 예禮를 회복한 것을 '인仁' 이라 한다.

克己復禮曰, '仁'.

안연이 인仁에 대해 묻자 공자가 말하기를, "자기의 사욕을 이겨 예

를 회복함이 인仁이다" 하였다. "그 조목을 알려주십시오" 하니, 공자

가 말하기를, "예가 아니면 보지 말고, 예가 아니면 듣지 말고, 예가 아

니면 말하지 말고, 예가 아니면 움직이지 말라" 하였다.(『논어』 「안연顏淵」)

顏淵問仁, 子曰, "克己復禮爲仁." "請問其目." 子曰, "非禮

勿視, 非禮勿聽, 非禮勿言, 非禮勿動."

○ 어진 사람를 귀하게 여기고 친지를 친애한 것을 '인仁' 이라
한다.

　貴賢親親曰, '仁'.

○ 자신의 목숨을 바쳐 남을 이루어준 것을 '인仁' 이라 한다.*

　殺身成人曰, '仁'.

　* 『논어』 「위령공衛靈公」에, "공자가 말했다. '지사와 인인은 삶을 구하여 인仁을 해
　침이 없고, 몸을 죽여 인을 이루는 경우는 있다.' (子曰, '志士仁人, 無求生以害仁,
　有殺身以成仁.')" 하는 구절이 있음.

○ 능히 나라를 사양한 것을 '인仁' 이라 한다.

　能以國讓曰, '仁'.

智 지[六]

○ 밝은 덕을 지닌 사람을 높이 받들어서 근심을 이겨낸 것을
'지智' 라 한다.

　尊明勝患曰, '智'.

　정나라 대부 숙첨叔詹*이 말하기를, "밝은 이를 높이 받들어서 근심
을 이겨내는 것이 지智이고, 자신을 희생함으로써 나라를 구하는 것이

충忠이다" 했으니(『국어』「진어晉語」), 밝은 덕을 지닌 이를 높이 받들어서 근심을 이겨낸다는 말이다.*

鄭大夫叔詹曰, "尊明勝患, 智也. 殺身贖國, 忠也." 言尊有明德者, 以勝患也.

* 숙첨(叔詹) : 춘추시대 정鄭나라의 대부로 도숙堵叔, 사숙師叔과 함께 삼량三良으로 불렸음.

○ 묵묵히 행하고 말이 합당한 것을 '지智'라 한다.

默行言當曰, '智'.

○ 예봉銳鋒을 꺾은 것을 '지智'라 한다.

摧芒折廉曰, '智'.

○ 일에 임하여 미혹되지 않은 것을 '지智'라 한다.

臨事不惑曰, '智'.

○ 말을 살펴 사람을 아는 것을 '지智'라 한다.

察言知人曰, '智'.

○ 맡은 일을 선택하여 나아간 것을 '지智'라 한다.

擇任而往曰, '智'.

慎신[二]

○ 공경하기를 민첩하게 한 것을 '신愼'이라 한다.
　敏以敬曰, '愼'.

○ 침착하고 조용하며 말이 적은 것을 '신愼'이라 한다.
　沈靜寡言曰, '愼'.

禮례 [二]

○ 의를 받들고 법칙을 따른 것을 '예禮'라 한다.
　奉義順則曰, '禮'.

○ 공손하고 검소하며 장중하고 공경한 것을 '예禮'라 한다.
　恭儉莊敬曰, '禮'.

義 의[五]

○ 일을 합당하게 처리한 것을 '의義'라 한다.

制事合宜曰, '義'.

○ 이익을 보고도 잘 마친 것을 '의義'라 한다.

見利能終曰, '義'.

〈새로 보충〉『주역』(「건괘乾卦」)에 이르기를, "이를 데를 알아 이르므로 함께 기미를 알 수 있고, 마칠 데를 알아 마치므로 함께 의리를 보존할 수 있다" 하였다. 왕필王弼*이 말하기를, "사물의 시초를 통하게 하는 것은 의義가 이利만 못하고, 사물의 끝을 이루는 것은 이利가 의義만 못하다"** 하였다. 그렇다면 의義를 귀하게 여기는 까닭은 의義가 이利에 부림을 당하지 않고 중시되는 바가 있음을 취하기 때문이다.

〈新補〉『易』曰, "知至至之, 可與幾也, 知終終之, 可與存義也." 王弼曰, "通物之始者, 義不若利, 成物之終者, 利不若義." 然則所貴乎義者, 取其不役於利而有所重爲也.

---

* 왕필(王弼) : 226~249. 중국 위魏나라의 학자. 자는 보사輔嗣. 뛰어난 재능에 유복한 환경에서 성장하여 일찍 학계에 두각을 나타냈다. 하안何晏과 함께 위진魏晉 현학玄學의 시조로 일컬어진다. 저서로 『노자주老子註』와 『주역주周易註』가 있다.

** 왕필王弼의 『주역주』에 보인다. "대저 사물을 빨리 나아가게 하는 것은 의가 이만 못하고, 사물의 마침을 보존하는 것은 이가 의에 미치지 못한다. 그러므로 처음이

없는 경우는 없으나 마침은 드문 것이다.(夫進物之速者, 義不若利, 存物之終者, 利不及義, 故靡不有初, 尠克有終.)"

○ 천지天地의 해로움을 제거한 것을 '의義'라 한다.

　除去天地之害曰, '義'.

○ 임금을 먼저하고 자기를 뒤로한 것을 '의義'라 한다.

　先君後己曰, '義'.

〈새로 보충〉 맹자가 말하기를, "인仁하고서 그 어버이를 버리는 사람은 없으며, 의義롭고서 그 임금을 뒤로하는 사람은 없다"(『맹자』「양혜왕상梁惠王上』) 하였다.

〈新補〉孟子曰, "未有仁而遺其親者也, 未有義而後其君者也."

○ 취하되 탐하지 않은 것을 '의義'라 한다.

　取而不貪曰, '義'.

周 주[二]

○ 행실이 충忠과 신信으로 돌아간 것을 '주周'라 한다.

行歸忠信日, '周'.

『시경』(「소아小雅 · 도인사지십都人士之什 · 도인사都人士」)에 이르기를, "행실이 주周로 돌아감이여, 만민이 바라는 바이구나" 하였는데, 주周는 충忠과 신信이다.

『詩』日, "行歸于周, 萬民所望", 周忠信也.

○ 임금을 섬김에 편당 짓지 않은 것을 '주周'라 한다.

事君不黨日, '周'.

敏 민[一]

○ 일에 임해 공이 있는 것을 '민敏'이라 한다.

應事有功日, '敏'.

信 신[二]

○ 임금의 명을 지켜 때에 맞추어 이바지한 것을 '신信'이라 한다.

守命共時曰, '信'.

정나라 태자 화華가 제나라 환공에게 말하기를, "정나라로 제나라
의 내신內臣이 되고자 합니다" 하였다. 환공이 관중에게 물어보니 관
중이 대답하기를*, "자식이 아버지의 명을 범하지 않는 것을 '예禮'라
하고, 임금의 명을 지켜 때에 맞추어 이바지하는 것을 '신信'이라 합
니다" 하니, 허락하지 않았다. 자화는 이 때문에 정나라에서 죄를 얻
게 되었다.**

鄭太子華, 言於齊桓, "欲以鄭爲內臣." 訪於管仲, 管仲曰,
"父子***不奸之謂禮, 守命共時之謂信", 乃不許. 子華由是得
罪於鄭.

* 『춘추좌씨전』을 보면 관중이 환공에게 한 말로 나옴.
* 『춘추좌씨전』 희공僖公 7년에 이 내용이 나옴.
** 『춘추좌씨전』에는 '父子'가 '子父'로 되어 있음.

○ 말을 함에 실천할 수 있는 것을 '신信'이라 한다.

出言可復曰, '信'.

유자가 이르기를, "믿음이 의義에 가까우면 말을 실천할 수 있다"
하였다.(『논어』 「학이學而」)

有子曰, "信近於義, 言可復也."

達 달[二]

○ 질박하면서 정직하고 의를 좋아한 것을 '달達'이라 한다.

　質直而好義曰, '達'.

　자장이 묻기를, "선비가 어떠하여야 달達이라 이를 수 있겠습니까?" 하였다. 공자가 말하기를, "무엇이더냐? 네가 말하는 달達이란 것이" 하니, 자장이 대답하기를, "나라에 있어도 반드시 소문이 나고, 집안에 있어도 반드시 소문이 나는 것입니다" 하였다. 공자가 말하기를, "이것은 문聞이지 달達이 아니다. 무릇 달達이란, 질박하면서 정직하고 의를 좋아하며, 남의 말을 살피고 얼굴빛을 관찰하며, 생각하여 남에게 낮추는 것이니, 나라에 있어서도 반드시 달達이 되며, 집안에 있어서도 반드시 달達이 되느니라. 대저 문聞이란, 얼굴빛은 어진 척하나 행동은 도에 어긋나며, 그대로 머물면서 의심하지 않는 것이니, 나라에 있어도 반드시 소문이 나며, 집안에 있어도 반드시 소문이 나느니라" 하였다.(『논어』, 「안연顏淵」)

　子張問, "如之何斯, 可謂之達者?" 曰, "在家必聞, 在邦必聞."
　* 子曰, "是聞也, 非達也. 夫達也者, 質直而好義, 察言而觀色, 慮以下人, 在邦必達, 在家必達. 夫聞也者, 色取仁而行違, 居之不疑, 在邦必聞, 在家必聞."

* 이 구절까지 『논어』에 "子張問, 士何如, 斯可謂之達矣? 子曰, 何哉? 爾所謂達者. 子張對日, 在邦必聞, 在家必聞"으로 되어 있으므로 『논어』의 내용을 번역문에 반영함.

○ 트이고 통하여 이치에 들어맞은 것을 '달達' 이라 한다.

疏通中理曰, '達'.

寬관[一]

○ 지덕至德을 품어 인심人心을 얻은 것을 '관寬' 이라 한다.

含光得衆曰, '寬'.

理리[一]

○ 재주와 사고가 정밀한 것을 '리理' 라 한다.

才理審諦曰, '理'.

凱 개 [一]

○마음이 화락하고 편안한 것을 '개凱'라 한다.

　　中心樂易日, '凱'.

淸 청 [一]

○불의를 피하여 멀리한 것을 '청淸'이라 한다.

　　避遠不義日, '淸'.

　　〈새로 고침〉 백이는 향인鄕人과 서 있다가 그 관冠이 바르지 않자 망

망연히 떠나갔는데(『맹자』 「공손추상公孫丑上」), 맹자는 이를 '청淸'이라 여

겼기 때문에 말한 것이다.

　　〈新改〉伯夷與其鄕人立, 其冠不正, 望望然去之, 而孟子以爲

　　淸故云.

　＊『맹자』 「만장하萬章下」에, "백이는 성인聖人의 청淸한 자이다(伯夷聖之淸者也)"

　　라 함.

直 직 [二]

○ 어지러움을 다스리고 바름을 지킨 것을 '직直'이라 한다.

　治亂守正曰, '直'.

　〈새로 고침〉 공자가 말하기를, "곧도다, 사어여! 나라에 도가 있을

때도 화살처럼 곧으며, 나라에 도가 없을 때도 화살처럼 곧구나. 군자

로다, 거백옥이여! 나라에 도가 있으면 벼슬하고, 나라에 도가 없으면

거두어 속에 감추어두는구나" 하였으니(『논어』「위령공衛靈公」), 대개 사어

가 지나치다 여긴 것이다.

　〈新改〉孔子曰, "直哉, 史魚, 邦有道如矢, 邦無道如矢. 君子

　哉, 蘧伯玉. 邦有道則仕, 邦無道則可卷而懷之", 蓋以史魚爲

　過矣.

○ 친한 이를 숨겨주지 않은 것을 '직直'이라 한다.

　不隱其親曰, '直'.

　〈새로 고침〉 숙향叔向이 옥사를 다스리다가 자기 아우 숙어叔魚를

죽이자, 공자가 말하기를, "숙향은 옛날의 직直이 남아 있는 사람이다.

나라를 다스리고 형벌을 집행함에 친한 이에 대해서도 숨겨주지 않는

것을 '의義'라 한다" 하였으니(『춘추좌씨전』 소공昭公 14년), 대저 또한 지나

치다 여긴 것이다.

〈新改〉叔向議獄, 而尸其弟叔魚, 孔子曰, "叔向古之遺直也.
治國制刑, 不隱於親曰義也." 夫蓋亦以爲過矣.

欽 흠[一]

○ 일을 공경하고 쓰는 것을 절제한 것을 '흠欽'이라 한다.

敬事節用曰, '欽'.

益 익[二]

○ 선善으로 옮겨가고 잘못을 고친 것을 '익益'이라 한다.

遷善改過曰, '益'.

『주역』 익괘益卦의 상전象傳에 이르기를, "(바람과 우레가 익益이니) 군자

가 보고서 선善을 보면 옮겨가고 허물이 있으면 고친다" 하였다.

『易』益之象曰, "(風雷益), 君子以, 見善則遷, 有過則改."

○ 남에게서 취하여 선善을 행한 것을 '익益'이라 한다.

　取於人以爲善曰, '益'.

〈새로 고침〉 맹자가 순 임금을 칭찬하여 말하기를, "밭 갈고 농사 짓고 질그릇 빚고 고기 잡을 때로부터 천하를 소유할 때까지 남에게서 취하지 않은 것이 없었다. 남에게서 취하여 선善을 행하는 것은 남이 선을 하도록 도와주는 것이다" 하였다(『맹자』, 「공손추상公孫丑上」). 공자가 말하기를, "유익한 벗이 셋이요, 손해 되는 벗이 셋이니, 벗이 바르고 벗이 진실하고 벗이 견문見聞이 많으면 유익하고, 벗이 편벽하고 벗이 아첨을 잘하고 벗이 말을 잘하면 손해가 된다" 하였다(『논어』, 「계씨季氏」). 또 말하기를, "유익한 좋아함이 세 가지요, 손해가 되는 좋아함이 세 가지니, 예악禮樂 따르기를 좋아하고 사람의 선善을 말하기 좋아하고 어진 벗이 많음을 좋아하는 것은 유익하고, 교만과 방종을 좋아하고 편안히 노는 것을 좋아하고 향락을 좋아하면 손해가 된다" 하였다(『논어』, 「계씨」). 무릇 '익益'이라 하는 것은, 모두 남에게서 취하여 선을 행함을 이른 것이다.

　〈新改〉孟子之稱舜曰, "自耕稼陶漁, 以有天下, 莫非取於人者. 取人以爲善, 是與人爲善也."* 孔子曰, "益者三友, 損者三友, 友直, 友諒, 友多聞, 益矣, 友便辟, 友善柔, 友便佞, 損矣." 又曰, "益者三樂, 損者三樂, 樂節禮樂, 樂道人之善, 樂多賢友, 益矣, 樂驕樂, 樂佚遊, 樂宴樂, 損矣." 凡所謂益者, 皆取於人以爲善之謂也.

* 『맹자』의 원문은 "自耕稼陶漁, 以至爲帝, 無非取於人者. 取諸人以爲善, 是與人
爲善者也. 故君子, 莫大乎與人爲善"이다.

良 량[一]

○ 조심하여 일을 신중하게 한 것을 '량良'이라 한다.

　小心敬事曰, '良'.

度 탁[一]

○ 마음으로 능히 의로움에 맞게 제어한 것을 '탁度'이라 한다.

　心能制義曰, '度'.

　『춘추좌씨전』에 실려 있는 성전의 말이다. '명明'항목(照臨四方曰明)

의 주에 보인다.

　『左傳』成鱄云. 見明注.

類 류[─]

○ 부지런히 베풀고 사사로움이 없는 것을 '류類'라 한다.

勤施無私曰, '類'

基 기[─]

○ 덕성이 온순하고 공손한 것을 '기基'라 한다.

德性溫恭曰, '基'.

『시경』(「대아大雅·탕지십蕩之什·억抑」)에 이르기를, "온순하고 온순한 공인恭人이여, 덕의 기틀이로다" 하였다.

『詩』曰, "溫溫恭人, 惟(維)德之基."

慈 자[─]

○ 백성을 자식처럼 여긴 것을 '자慈'라 한다.

視民如子曰, '慈'.

鼎 정 [一]

○지난 허물을 좇아 고친 것을 '정鼎'이라 한다.

追改前過曰, '鼎'.

『주역』(「잡괘전雜卦傳」)에 이르기를, "혁革은 옛 것을 버림이고, 정鼎은
새 것을 취함이다" 하였다.

『易』曰, "革, 去故, 鼎, 取新."

齊 제 [二]

○올바름을 지켜 능히 엄숙한 것을 '제齊'라 한다.

執正克莊曰, '齊'.

○민첩하면서도 공손하게 일을 이룬 것을 '제齊'라 한다.

輕輴恭就曰, '齊'.

유희가 이르기를, "유輮 또한 경輕이니, 행함이 민첩하고 공손하여 일을 이루는 것이 빨라 공업이 나란해지도록 하기 때문에 '제齊'라 한다" 하였다.

劉熙曰, "輮, 亦輕, 行輕恭以就事速疾, 使功齊等, 故曰, '齊'."

深심[一]

○마음가짐이 착실하고 깊은 것*을 '심深'이라 한다.

秉心塞淵曰, '深'.

* 『시경』「국풍國風·용풍鄘風·정지방중定之方中」에 나옴.

溫온[一]

○덕성이 너그럽고 온화한 것을 '온溫'이라 한다.

德性寬和曰, '溫'.

讓 양[一]

○ 공功을 받들고 선善을 높인 것을 '양讓' 이라 한다.

推功尙善曰, '讓' .

密 밀[一]

○ 지난 허물을 좇아서 고친 것을 '밀密' 이라 한다.

追補前過曰, '密' .

莫 막[-]

○ 덕이 방정하여 백성이 응하여 화답한 것을 '막莫'이라 한다.

德正應和曰, '莫'.

적막하면서 온화하고 편안한 것을 일컫는 것이다. 『춘추좌씨전』에
실려 있는 성전의 말이다. '명明'항목(照臨四方曰明)의 주에 보인다.

莫然和靖之稱也. 『左傳』成鱄云. 見明注.

介 개[-]

○ 전일하게 지키며 옮기지 않은 것을 '개介'라 한다.

執一不遷曰, '介'.

〈새로 고침〉

〈新改〉

厚 후[-]

○ 강하고 굳세면서 돈독하고 순박한 것을 '후厚'라 한다.

強毅敦樸曰, '厚'.

〈새로 고침〉

〈新改〉

純 순[-]

치우치지 않고 바르며 정밀하고 순수한 것을 '순純'이라 한다.

中正精粹曰, '純'.

〈새로 고침〉

〈新改〉

敵 적[−]

○ 행실이 안과 밖으로 드러난 것을 '적敵'이라 한다.

　行見中外曰, '敵'.

　적敵은 같다는 뜻으로 안과 밖이 한결같음을 이르는 것이다. 또한
곡穀이라고도 쓰니 곡은 착하다는 뜻이다.

　敵, 等也, 中外如一之謂也. 亦作穀, 穀, 善也.

素 소[−]

○ 예禮에는 통달하였으나, 악樂에는 통달하지 못한 것을 '소素'
　라 한다.

　達禮不達樂曰, '素'.

　『예기』(「중니연거仲尼燕居」)에 이르기를, "예禮에는 통달하였으나 악樂
에는 통달하지 못한 것을 '소素'라 하며, 악에는 통달하였으나 예에는
통달하지 못한 것을 '편偏'이라 한다" 하였다.

　『記』曰, "達於禮而不達於樂, 謂之素, 達於樂而不達於禮, 謂

之偏."

勤근[一]

○그 벼슬을 능히 잘 수행한 것을 '근勤'이라 한다.

能修其官曰, '勤'.

謙겸[一]

○낮아도 그 덕德이 높고 빛나서 넘을 수 없는 것을 '겸謙'이라
한다.

卑而不可踰*曰, '謙'.

* 『주역』 겸괘謙卦에, "겸謙은 높고 빛나며 낮아도 넘을 수 없으니, 군자의 끝마침이
다(謙, 尊而光, 卑而不可踰, 君子之終也)"했다.

友 우[一]

○ 형제간에 화목한 것을 '우友'라 한다.

睦於兄弟曰, '友'.

〈새로 고침〉 옛 법에 효孝는 있고 우友는 없었다. 하침賀琛은 우友를
붕우朋友의 우友라 하였는데, 그것을 바꾸어 말한 것이다.

〈新改〉舊法有孝而無友. 賀琛以友爲朋友之友, 易之云耳.

震 진[一]

○ 전법을 정비하여 죽이지 않은 것을 '진震'이라 한다.

治典不殺*曰, '震'

＊간簡, 군軍, 진震이 모두 '치전불살治典不殺'임.

그 전법을 정비하면 비록 죽이지 않더라도 사람들이 저절로 두려워
떨게 된다.

治其典法, 雖不殺而人自震恐.

祁 기[一]

○ 다스림이 안정되고 기울지 않은 것을 '기祁'라 한다.

　治定不陂曰, '祁'.

　기祁는 크다는 뜻이다.

　祁, 大也.

儆 경[一]

○ 여러 방위가 더욱 평안한 것을 '경儆'이라 한다.

　衆方益平曰, '儆'.

　편안히 살면서 경계를 잘하는 것이 사방이 더욱 평안하게 되는 방
법이다.

　居安能戒, 此四方所以益平也.

攝 섭 [一]

○ 이전의 허물을 좇아서 고친 것을 '섭攝'이라 한다.
追補前過*曰, '攝'.

* 정정, 밀密, 섭攝이 모두 '추보전과追補前過' 임.

섭攝이란 스스로를 잘 단속한다는 뜻이다.
攝者, 能自檢攝也.

廣 광 [二]

○ 아름다운 교화가 멀리까지 미친 것을 '광廣'이라 한다.
美化及遠曰, '廣'.

○ 들은 바를 능히 행한 것을 '광廣'이라 한다.
所聞能行曰, '廣'.

『대대례기』에 이르기를, "들은 바를 행하는 것이 광廣이다" 하였다.
『大戴禮』曰, "行其所聞則廣也."

淑 숙 [-]

○ 말과 행동이 어그러지지 않은 것을 '숙淑' 이라 한다.

言行不回曰, '淑'.

『시경』(『국풍國風 · 조풍曹風 · 시구『鳲鳩』)에 이르기를, "숙인군자여, 그 위
의威儀가 한결같도다" 하였다.

『詩』曰, "淑人君子, 其儀一兮."

革 혁 [-]

○ 현명한 백성이 행동을 일으킨 것을 '혁革' 이라 한다.

獻民成行曰, '革'.

平 평 [-]

○ 다스림에 허물이 없는 것을 '평平' 이라 한다.

治而無眚曰, '平'.

생생眚은 재앙이고 죄이다. 다스리는 데 큰 허물이 없는 것일 뿐, 잘 다스리는 것은 아니다. 이는 평정平正(공평무사함)의 평平이 아니라, 평상 平常의 평平이다. 주周의 평왕平王, 진晉의 평공平公, 한漢의 평제平帝는 지금의 관점에서 보면 모두 평정의 뜻을 취한 것이 아니니, 옛사람들은 평平의 시호를 평상의 평으로 여겼을 뿐이다. 오직 안평중晏平仲*만이 평정의 뜻을 취한 사람이다. 그러나 사람들의 마음에 또한 평정한 사람을 평이라는 시호로 삼으려 하지 않았다. 이 때문에 취하지 않은 것이다.

眚, 災也, 罪也. 治而無大咎耳, 非甚治也. 此非平正之平, 乃平常之平也. 周平王, 晉平公, 漢平帝, 以今觀之, 皆非取其平正, 則古人以平諡爲平常之平耳. 惟晏平仲, 若取其平正者. 然人之情, 亦有不肯諡平正之人爲平矣. 故不取.

* 안평중(晏平仲) : 춘추시대 제齊나라 대부. 이름은 영嬰.

懷회[二]

○ 행실은 자애로우나 일찍 죽은 것을 '회懷'라 한다.

慈行短折曰, '懷'.

○ 지위를 잃고 죽은 것을 '회懷'라 한다.

失位而死曰, '懷'.

〈새로 고침〉 옛날에 진회공晉懷公 어圉*, 난회자欒懷子 영盈**, 초회
왕楚懷王 괴槐***는 모두 나라를 잃었는데 백성들이 슬퍼하였기 때문
에 시호를 '회懷'라 한 것이다. 회유하여 오게 한다는 회래懷來의 뜻으
로 회라고 시호한 사람은 없으니, 주관하는 사람이 회懷의 시호를 회懷
의 여러 뜻 가운데 사회思懷의 회懷로 삼은 것이다.

〈新改〉古有晉懷公圉, 欒懷子盈, 楚懷王槐, 皆以失國, 而其
民悲之, 故諡曰'懷'. 未有以能懷來, 而諡曰'懷'者, 則主人
以懷諡爲懷之思懷也.

* 진회공(晉懷公) : ?~B.C. 637. 이름은 자어子圉.
* 난영(欒盈) : 춘추시대 진晉나라 사람.
** 초회왕(楚懷王) : ?~B.C. 296. 이름은 웅괴熊槐. 초나라 위왕威王의 뒤를 이어
   왕이 됨.

悼도[三]

○ 중년이 안 되어 요절한 것을 '도悼'라 한다.

未中身夭曰, '悼'.

○ 방자하게 행동하고 수고롭게 제사 지낸 것을 '도悼'라 한다.

　　肆行勞祀曰, '悼'.

　방자하게 행동하고도 반성하지 않고 제사에 부지런히 하여 복을 구한들 신이 흠향하지 않아서 요절에 이를 것이다. 군자는 그 지식으로 재앙을 피하려 하나 남에게 손상당함을 면하지 못하므로 '도悼'라 하는 것이다. (다음 항목의) '공구사처恐懼徙處'의 뜻과 같다.

　　肆行不顧, 而勤於祭祀, 以求福, 神不顧享, 以至夭隕. 君子以
　　其知欲避禍, 而不免爲人所傷, 故曰 '悼'. 恐懼徙處義同.

○ 두려워 처소를 옮긴 것을 '도悼'라 한다.

　　恐懼徙處曰, '悼'.

　유희가 말하기를, "재앙을 만나 덕은 닦지 않고 두려워 처소를 옮겼다가 죽었기 때문에 '도悼'라 하는 것이다" 하였다.

　　劉熙曰, "遇災不能脩德, 恐懼徙處以死, 故曰 '悼'."

　愍 민[一]

○ 나라 안에서 재난을 만난 것을 '민愍'이라 한다.

在國逢難曰, '愍'.

민閔으로도 쓴다. 『사기』에 노민공魯閔公과 송민공宋愍公 등이 모두
민湣으로 되어 있는데 뜻은 같다.

或作閔. 『史記』魯閔公・宋愍公之類, 皆作湣, 義同.

哀애[二]

○ 공손하고 어질지만 일찍 죽은 것을 '애哀'라 한다.

恭仁短折曰, '哀'.

○ 어려서 아버지를 잃고 일찍 죽은 것을 '애哀'라 한다.

早孤短折曰, '哀'.

애哀 역시 도悼(슬퍼하다)이다. 그러나 도悼는 불행을 슬퍼하는 것일
뿐이고, 애哀는 마음속에 품은 슬픔이 깊고 간절한 것을 일컫는 말이
다. 그러므로 중년이 안 되어 요절한 것을 '도'라 하고, 공손하고 어질
지만 일찍 죽은 것을 '애'라 한다. 어려서 아버지를 잃고 일찍 죽은 것
을 '애'라 하는 까닭은 불행이 거듭되었기 때문이다. 회懷의 뜻 또한
같다.

哀, 亦悼爾. 然悼者, 悼其不幸而已, 哀者, 有所懷思深切之稱
也. 故未中身夭曰'悼', 恭仁短折曰'哀'. 早孤短折, 所以爲
'哀'者, 以其重不幸也. 懷義亦同.

o諡
法
권
4

隱

隱 은[三]

○ 어긋나게 되어 뜻을 이루지 못한 것을 '은隱' 이라 한다.
違拂不成曰, '隱'.

유희가 말하기를, "예컨대 노은공魯隱公은 양讓의 뜻을 궁구하지 못
하고 참소에 어긋나게 되어 그 아름다움을 이루지 못하였으므로 '은'
이라 한다" 하였다.
劉熙曰, "若魯隱公, 讓志未究, 而爲讒所拂違, 使不得成其
美, 故曰'隱'."

○ 드러나지 않게 나라를 다스린 것을 '은隱' 이라 한다.
不顯尸國曰, '隱'.

○ 품고 있는 마음을 다하지 않은 것을 '은隱' 이라 한다.
懷情不盡曰, '隱'.

易 역[一]

○ 옛 것을 고치기 좋아한 것을 '역易'이라 한다.

好更故舊曰, '易'.

懼 구[一]

○ 허물을 생각함이 심원한 것을 '구懼'라 한다.

思愆深遠曰, '懼'.

聲 성[一]

○ 임금이 나라를 주관하지 못한 것을 '성聲'이라 한다.

不主其國曰, '聲'.

권력이 막강한 신하가 국정을 전단하니 임금의 권력은 없어져서,
임금의 이름은 있으나 임금의 실상이 없으므로 '성聲'이라 한다.

強臣專國, 君權已去, 有君之名, 無君之實, 故曰 '聲'.

息식 [一]

○ 도모한 계책을 이루지 못한 것을 '식息' 이라 한다.

謀慮不成曰, '息'.

뜻으로는 하고자 하나 계책을 이루지 못하고 그만두므로 '식息' 이
라 한다.

意欲爲之, 而謀不成以止, 故曰 '息'.

丁정 [一]

○ 뜻을 진술하나 이루지 못한 것을 '정丁' 이라 한다.

述義不克曰, '丁'.

정丁은 당하다는 뜻이니, 뜻을 진술하나 이루지 못하는 것은 그 시
기가 좋지 않은 때를 만나서이다.

丁, 當也, 述義而不克者, 適丁其時之不臧也.

紹 소[一]

○ 소원疏遠한 이가 지위를 계승한 것을 '소紹'라 한다.

疎遠繼位曰, '紹'.

유희가 말하기를, "이는 다른 덕이 없어 그 세족世族으로써 마땅히 선조의 뒤를 계승해야 된다는 것이니, 이를테면 한나라가 소하蕭何*의 후사를 세워준 것과 같다."

劉熙曰, "此無它德, 以世族, 當繼先祖之後者, 如漢立蕭何後 之類也."

* 소하(蕭何) : ?~B.C. 193. 전한前漢 때의 재상. 한신韓信·장량張良·조참曹參과 함께 한나라의 개국공신이며, 고조는 그 중에서도 소하를 가장 으뜸이라 하였다. 『사기』「소상국세가蕭相國世家」에, "상국 소하가 죽자 시호를 문종후文終侯라 했 다. 그의 후손이 죄를 지어 제후의 봉호를 잃은 것이 4대였고 매번 계승할 사람이 끊어졌다. 천자는 그때마다 소하의 후손을 다시 찾아 계속하여 찬후酇侯로 봉하였 다" 하였다.

舒서[-]

○ 일을 처리함이 더딘 것을 '서舒'라 한다.

舉事而遲曰, '舒'.

沖충[-]

○ 어린 나이로 일찍 죽은 것을 '충沖'이라 한다.

幼少短折曰, '沖'.

野야[二]

○ 본바탕이 화려한 겉모습을 이긴 것을 '야野'라 한다.

質勝其文曰, '野'.

공자가 말하기를, "본바탕(질質)이 화려한 겉모습(문文)을 이기면 촌
스럽고(야野), 화려한 겉모습이 본바탕을 이기면 겉치레만 잘하게(사史)

되니, 화려한 겉모습과 본바탕이 적절히 조화된 뒤라야 군자이다" 하
였다.(『논어』「옹야雍也」)

孔子曰, "質勝文則野, 文勝質則史, 文質彬彬然後君子."

○ 공경이 예에 맞지 않은 것을 '야野' 라 한다.

敬不中禮曰, '野'.

儉검[一]

○ 검소하면서 예禮를 폐한 것을 '검儉' 이라 한다.

菲薄廢禮曰, '儉'.

〈새로 고침〉 하침賀琛은 예전에 검儉을 좋은 시호라 여겼는데, 대저
검소하면서 예禮에 맞는 것을 '검儉' 이라 하지는 않는다. 오직 검소하
면서도 예에 맞지 않은 것을 '검' 이라 한다.

〈新改〉賀琛舊以儉爲善諡, 夫儉而中禮, 則不曰 '儉' 矣. 惟儉
而不中禮, 乃得爲儉.

夸과[一]

○ 말은 화려하지만 알맹이가 없는 것을 '과夸'라 한다.

華言無實曰, '夸'.

攜휴[一]

○ 정사政事는 게을리한 채 외교만 하는 것을 '휴攜'라 한다.

怠政外交曰, '攜'.

躁조[二]

○ 변화를 좋아하여 백성을 동원한 것을 '조躁'라 한다.

好變動民曰, '躁'.

○ 이르기 전에 움직인 것을 '조躁'라 한다.

未及而動曰, '躁'.

伐 벌 [一]

○ 굳셈으로 다스려 이기기를 좋아한 것을 '벌伐' 이라 한다.

剛克好勝曰, '伐'.

靈 령 [三]

○ 혼란한데도 혼란을 줄이지 못한 것을 '령靈' 이라 한다.

亂而不損曰, '靈'.

○ 귀신에게 제사 지내기 좋아한 것을 '령靈' 이라 한다.

好祭鬼神曰, '靈'.

○ 죽어서 뜻을 이룬 것을 '령靈' 이라 한다.

死而志成曰, '靈'.

幽 유[二]

○ 막혀서 통하지 않은 것을 '유幽'라 한다.
　　壅遏不達曰, '幽'.

　　임금은 약하고 신하는 강하여 위아래가 막혀서 스스로 소통하지 못
하기 때문에 '유幽'라 한다.
　　君劣臣强, 壅遏上下, 不能自達, 故曰 '幽'.

○ 행동거지가 인륜의 떳떳한 도리를 어지럽힌 것을 '유幽'라
　　한다.
　　動靜亂常曰, '幽'.

―――――――――――――――――――――――――――――

厲 려[二]

○ 포악하고 거만하여 예가 없는 것을 '려厲'라 한다.
　　暴慢無禮曰, '厲'.

○ 간언을 물리치고 반대하여 허물을 지은 것을 '려厲'라 한다.

愎狠遂過曰, '厲'.

荒 황[二]

○ 방종하게 즐기면서 법도가 없는 것을 '황荒'이라 한다.

縱樂無度曰, '荒'.

○ 기강과 법도를 혼란스럽게 한 것을 '황荒'이라 한다.

昏亂紀度曰, '荒'.

桀 걸[一]

○ 사람을 해치고 많이 죽인 것을 '걸桀'이라 한다.

賊人多殺曰, '桀'.

紂 주[-]

○ 의인義人을 죽이고 선인善人을 손상하게 한 것을 '주紂'라
한다.
殘義損善曰, '紂'.

煬 양[三]

○ 하늘을 거스르고 백성을 학대한 것을 '양煬'이라 한다.
逆天虐民曰, '煬'.

○ 예禮를 멀리하고 정도正道를 멀리하는 것을 '양煬'이라 한다.
遠禮遠正曰, '煬'.

○ 여색을 탐하고 정사政事에 게으른 것을 '양煬'이라 한다.
好內怠政曰, '煬'.

戾 려[一]

○이전의 잘못을 뉘우치지 않은 것을 '려戾'라 한다.

不悔前過曰, '戾'.

剌 자[二]

○사납고 오만하여 친한 이가 없는 것을 '자剌'라 한다.

暴慢無親曰, '剌'.

○(아첨을) 망령되이 좋아한 것을 '자剌'라 한다.

妄愛曰, '剌'.

유희가 말하기를, "현인賢人을 생각하지 않고, 간사하게 아첨하는
것을 망령되이 좋아하는 것이다" 하였다.

劉熙曰, "不思賢人, 妄愛奸佞也."

愛 애 [一]

○ 은혜로 베푸는 데 인색한 것을 '애愛' 라 한다.

    嗇於恩予曰, '愛'.

虛 허 [一]

○ 덕德이 얕고 예禮가 박한 것을 '허虛' 라 한다.

    凉德薄禮曰, '虛'.

榮 영 [二]

○ 총애와 녹봉이 빛나고 큰 것을 '영榮' 이라 한다.

    寵祿光大曰, '榮'.

○ 이익을 먼저하고 의를 뒤로한 것을 '영榮' 이라 한다.

    先利後義曰, '榮'.

蕩탕 [三]

○ 여색을 탐하고 예를 멀리한 것을 '탕蕩'이라 한다.

好內遠禮曰, '蕩'.

○ 지혜만 좋아하고 배우기를 좋아하지 않은 것을 '탕蕩'이라
한다.

好智不好學曰, '蕩'.

공자가 말하기를, "지혜만 좋아하고 배우기를 좋아하지 않으면 그
폐단은 방자하게(탕蕩) 되는 것이다" 하였다.(『논어』 「양화陽貨」)

孔子曰, "好智不好學, 其蔽也蕩."

○ 품은 뜻이 크지만 근거가 없는 것을 '탕蕩'이라 한다.

狂而無據曰, '蕩'.

공자가 말하기를, "옛날의 광狂은 작은 일에 구애되지 않았으나, 지
금의 광狂은 방자하다" 하였다.(『논어』 「양화陽貨」)

孔子曰, "古之狂也, 肆, 今之狂也, 蕩."

聞 문[一]

○ 얼굴빛은 어진 척해도 행동이 도에 어긋난 것을 '문聞'이라
한다.

色取仁而行違曰, '聞'.

공자의 말이다. '달達' 항목(質直而好義曰達)의 주에 보인다.

孔子云. 見達註.

墨 묵[一]

○ 탐욕으로 직무를 망친 것을 '묵墨'이라 한다.

貪以敗官曰, '墨'.

진나라 대부 숙향叔向이 말하기를, "이미 악해지고 나서 아름다움을
빼앗은 것을 '혼昏'이라 하고, 탐욕으로 직무를 망친 것을 '묵墨'이라
하고, 사람을 죽이고도 거리낌이 없는 것을 '적賊'이라 한다" 하였
다.(『춘추좌씨전』 소공昭公 14년)

晉大夫叔向曰, "已惡而掠美爲'昏', 貪以敗官爲'墨', 殺人不

忌曰 '賊'."

僭 참[二]

○ 말과 행동이 서로 어긋난 것을 '참僭'이라 한다.
　言行相違曰, '僭'.

　참僭은 믿지 않는다는 뜻이다. 옛 시법에는 체替로 된 것이 있으니,
양梁나라 진릉晉陵 태수 지황후止黃侯 소엽蕭曄 또한 시호가 체替인데,
그 설명에 이르기를, "말과 행동이 서로 어긋난 것이다" 하였다. 대개
참僭이 오류로 체替로 된 것이 오래되었다. 말과 행동이 어긋나는 것
은 그 뜻이 체替가 아니므로 바로잡았다.
　僭, 不信也. 舊法有作替者, 梁晉陵太守, 止黃侯蕭曄亦諡替,
　其說亦曰, "言行相違." 盖僭之誤爲替久矣. 言行違, 其義非
　替, 故正之.

○ 아랫사람이 윗사람에게 무례한 것을 '참僭'이라 한다.
　自下陵上曰, '僭'.

頃경[三]

○ 사직社稷을 무너뜨린 것을 '경頃'이라 한다.

墮覆社稷日, '頃'.

○ 떨면서 지나치게 두려워한 것을 '경頃'이라 한다.

震動過懼日, '頃'.

유희가 말하기를, "경혹頃惑(미혹됨)의 경頃이다. 진부점陳不占* 같은
자가 여기에 해당한다" 하였다.

劉熙日, "頃惑之頃也. 若陳不占者也."

* 진부점(陳不占) : 춘추시대 제齊나라 사람. 제나라 최저崔杼가 장공莊公을 시해했
을 때 진부점은 그 소식을 듣고 두려운 마음을 품고 있었지만, "임금을 위해 죽는
것은 의義요, 용기 없는 것은 사사로움이다" 하면서 궁으로 갔다. 그러나 전투 소리
에 그만 놀라 죽고 말았다.

○ 몰래 안정시키되 도모하는 것이 많은 것을 '경頃'이라 한다.

陰靖多謀日, '頃'.

옛 시법에 이르기를, "자비롭고 인자하며 화목하고 민첩한 것을
'경頃'이라 한다" 하였다. 그 설명에 의하면, "백성이 경도되어 나아가
는 것이다" 하였다. 민첩하면서도 공경하고 삼가는 것을 '경頃'이라

하니, 몸소 남을 섬기는 것이다. 예로부터 선한 사람으로서 경頃의 시
호를 받은 자가 없었으니, 진 경공晉頃公·제 경공齊頃公은 모두 선하
지 않은 사람이다. 그렇다면 예로부터 경頃을 나쁜 시호로 여겼던 것
이다.

舊法曰, "慈仁和敏曰 '頃'." 其說曰, "民頃而就之也." 敏而
敬愼曰 '頃', 己以事人也. 古未有善人而諡頃者, 晉頃公·齊
頃公, 皆不善人也. 則古以頃爲惡諡耳.

亢 항[二]

○ 높으나 백성이 없는 것을 '항亢'이라 한다.

高而無民曰, '亢'.

○ 존립할 줄만 알고 망할 줄은 모르는 것을 '항亢'이라 한다.

知存而不知亡曰, '亢'.

『주역』의 건괘乾卦 상구上九 문언文言에 이르기를, "신분이 귀하나
지위가 없으며, 지위가 높으나 백성이 없으며, 현인賢人이 아랫자리에
있어서 도와주는 이가 없다" 하였다. 또한 이르기를, "항亢이란 말은
나아가는 것만 알고 물러설 줄은 모르며, 존립할 줄로만 알고 망할 줄

을 모르며, 얻는 것만 알고 잃는 것을 모르는 것이다" 하였다.(『주역』 건
괘乾卦)

『易』乾上九文言曰, "貴而无位, 高而无民, 賢人在下位而无
輔." 又曰, "亢之爲言也, 知進而不知退, 知存而不知亡, 知得
而不知喪."

干간[一]

○ 국가의 기강을 범한 것을 '간干'이라 한다.

犯國之紀曰, '干'.

褊편[一]

○ 마음이 좁아서 수용하지 못한 것을 '편褊'이라 한다.

心隘不容曰, '褊'.

專 전[一]

○ 명命을 거스르고 제멋대로 처리한 것을 '전專'이라 한다.

違命自用曰, '專'.

比 비[一]

○ 임금을 섬기는 데 편당 지은 것을 '비比'라 한다.

事君有黨曰, '比'.

〈새로 고침〉 공자가 말하기를, "군자는 두루 미치되 편당 짓지 않고, 소인은 편당 짓되 두루 미치지 않는다" 했으니(『논어』 「위정爲政」), 좋은 시호가 아니다.

〈新改〉 孔子曰, "君子, 周而不比, 小人, 比而不周", 非善謚也.

輕 경[一]

○ 덕이 박하고 의지가 약한 것을 '경輕' 이라 한다.

薄德弱志曰, '輕'.

荷 하[一]

○ 괴롭고 혹독하게 백성을 해친 것을 '하荷' 라 한다.

煩酷傷民曰, '荷'.

愿 원[一]

○ 나약하여 뜻을 세우지 못한 것을 '원愿' 이라 한다.

弱無立志曰, '愿'.

要 요[−]

○ 권세로 임금을 부른 것을 '요要'라 한다.

以勢致君曰, '要'.

〈새로 고침〉치致는 설명하자면, "'용병을 잘하는 사람은 적을 불러
들이되 적에게 나아가지 않는다'의 치致이다" 할 것이다.

〈新改〉致讀曰, "'善用兵者, 致人而不致於人'*之致."

*『손자병법』「허실편虛實篇」에 나옴(善戰者, 致人而不致於人).

潔 결[−]

○ 불의를 더럽게 여기지 않은 것을 '결潔'이라 한다.

不汙不義曰, '潔'.

설명하자면, "맹자가 말한 '불결한 것을 달갑게 여기지 않는다(不屑
不潔)'(『맹자』「진심하盡心下」)의 결潔이다" 하겠다. 이는 불의不義를 더럽게
여기지 않은 것이니 나쁜 시호이다. 심약沈約의 『시법諡法』에만 이것이
있을 뿐인데, 뒷사람이 잘못하여 청결淸潔의 결潔로 여겨 함부로 추가

한 것이니, 잘못이다.

讀作, "孟子所謂'不屑不潔'之潔." 此謂不以不義爲汙者, 惡
諡也. 沈潔法中, 惟有此而已, 後人誤以爲淸潔之潔, 而妄增
之, 非也.

謚法解

『史記正義』 ─ 장수절 張守節 ─

주공周公 단旦과 태공망太公望이 왕업을 이어 목야牧野에서 공을 세웠는
데, 죽어 장사 지내려 할 때 시법을 제정하고 이어 시법을 기록하였다.
'시諡'란 행동의 자취이고, '호號'란 공을 드러낸 것이며, - 옛날에는 큰 공
이 있으면 좋은 호를 내려주어 칭송하였다. - '거복車服'*은 지위를 표시한 것이
다. 이렇기 때문에 큰 행적에는 큰 이름을 받고, 작은 행적에는 작은 이름
을 받았다. 행동은 자신에게서 나오지만 이름은 남에게서 생긴다. - '이름'
은 시호를 말하는 것이다.

> 惟周公旦 · 太公望, 開嗣王業, 建功于牧野, 終將葬, 乃制諡,
> 遂叙諡法. 諡者, 行之迹, 號者, 功之表, - 古者有大功, 則賜之善
> 號, 以爲稱也. - 車服者, 位之章也. 是以, 大行受大名, 細行受細
> 名. 行出於己, 名生於人. - 名謂號諡.

* 거복(車服) : 수레와 의복. 임금이 공신에게 내리던 물건.

백성이 능히 이름할 수 없는 것을 '신神'이라 한다.

한 가지 선善으로 이름할 수 없는 것이다.

民無能名曰, '神'. 不名一善.

백성을 안정시키고 모범이 된 것을 '황皇'이라 한다.

정靖은 안安의 뜻이다.

靖民則法曰, '皇'. 靖安.

덕이 천지를 본받은 것을 '제帝'라 한다.

천지와 같은 것이다.

德象天地曰, '帝'. 同於天地.

인의가 가는 바의 것을 '왕王'이라 한다.

백성이 가서 귀의하는 것이다.

仁義所往曰, '王'. 民往歸之.

뜻을 세운 것이 대중에게 미친 것을 '공公'이라 한다.

뜻에 사사로움이 없는 것이다.

立志及衆曰, '公'. 志無私也.

집행함이 팔방에 호응된 것을 '후侯'라 한다.

집행한 바를 팔방이 호응한 것이다.

執應八方曰, '侯'. 所執行, 八方應之.

상賞 · 경慶 · 형刑 · 위威를 능히 행한 것을 '군君'이라 한다.

능히 네 가지를 행한 것이다.

賞慶刑威曰, '君'. 能行四者.

따르는 자가 많은 것을 '군君'이라 한다.

백성이 따른 것이다.

從之成群曰, '君'. 民從之.

많은 사람들이 어떤 사람을 추어올려 선하다고 하는 바에서 실상實相을 얻고, 많은 사람들이 선하다고 널리 퍼뜨리는 바에서 간택簡擇함을 얻은 것을 성聖이라 한다.

많은 사람들이 어떤 사람을 추어올리는 바에서 인재를 얻고, 선하다고 하는 바에서 실상을 얻으며, 선하다고 널리 퍼뜨리는 바에서 간택함을 얻은 것이다.

揚善賦簡曰, '聖'. 所稱得人, 所善得實, 所賦得簡.

빈賓을 공경하고 예를 후하게 한 것을 '성聖'이라 한다.

예를 후하게 한 것이다.

敬賓厚禮曰, '聖'. 厚於禮.

사방에 밝게 임한 것을 '명明'이라 한다.

밝게 비춘 것이다.

照臨四方曰, '明'. 以明照之.

참소가 행해지지 않은 것을 '명明'이라 한다.

미리 알기 때문에 행해지지 않는다.

譖訴不行曰, '明'. 逆知之, 故不行.

천지를 경위經緯한 것을 '문文'이라 한다.

그 도를 이룬 것이다.

經緯天地曰, '文'. 成其道.

도덕道德을 갖추고 학문이 넓은 것을 '문文'이라 한다.

모르는 게 없는 것이다.

道德博聞曰, '文'. 無不知.

배우기를 부지런히 하고 묻기를 좋아한 것을 '문文'이라 한다.

아랫사람에게 묻는 것을 부끄러워하지 않는 것이다.

學勤好問曰, '文'. 不恥下問.

자혜로움으로 백성을 사랑한 것을 '문文'이라 한다.

은혜로 정사政事를 이룬 것이다.

慈惠愛民曰, '文'. 惠以成政.

백성을 걱정하여 은혜를 베풀되 예에 맞은 것을 '문文'이라 한다.

은혜롭되 예가 있는 것이다.

愍民惠禮曰, '文'. 惠而有禮.

백성에게 작위를 내려준 것을 '문文'이라 한다.

다른 사람을 천거하여 함께 벼슬에 오른 것이다.

賜民爵位曰, '文'. 與同升.

사민士民을 편안하게 하고 화평하게 한 것을 '덕德'이라 한다.

백성들은 주거생활로 편안히 하고, 사士는 일로써 편안히 한다.

綏柔士民曰, '德'. 安民以居, 安士以事.

간쟁諫爭에 위엄을 보이지 않은 것을 '덕德'이라 한다.

위엄으로 간쟁을 막지 않는 것이다.

諫爭不威曰, '德'. 不以威拒諫.

강직剛直하고 강彊하여 도리로써 곧게 한 것을 '무武'라 한다.

강직하여 욕심이 없고, 강강하여 굽히지 않으니, 충서忠恕를 품고 곡직曲
直을 바로잡는 것이다.

剛彊直理曰, '武'. 剛無欲, 强不屈. 懷忠恕, 正曲直

위엄이 있고 강하며 덕이 있는 자와 대등한 것을 '무武'라 한다.

덕이 있는 자와 대등한 것이다.

威彊敵德曰, '武'. 與有德者敵.

능히 화란을 평정한 것을 '무武'라 한다.

군대로 정벌하므로 진정시킬 수 있다.

克定禍亂曰, '武'. 以兵征, 故能定.

백성에게 형법을 시행하여 능히 복종시킨 것을 '무武'라 한다.

법으로 백성을 바로잡아 능히 복종하도록 한다.

刑民克服曰, '武'. 法以正民, 能使服.

뜻을 크게 품어 추구한 바가 많은 것을 '무武'라 한다.

큰 뜻으로 군대를 동원하고 끝까지 궁구한 바가 많은 것이다.

夸志多窮曰, '武'. 大志行兵, 多所窮極.

백성을 안정시키고 정사를 확립한 것을 '성成'이라 한다.

정사로써 안정시킨다.

安民立政曰, '成'. 政以安定.

연원이 통하여 흐른 것을 '강康'이라 한다.

성품이 꺼림이 없는 것이다.

淵源流通曰, '康'. 性無忌.

온화하고 부드러우며 좋아하고 즐거워한 것을 '강康'이라 한다.

풍년을 좋아하고 백성의 일에 부지런히 하는 것이다.

溫柔好樂曰, '康'. 好豊年, 勤民事.

평안하고 즐거우며 백성들을 위무한 것을 '강康'이라 한다.

사방의 근심이 없다.

安樂撫民曰, '康'. 無四方之虞.

백성들을 평안하고 즐겁게 한 것을 '강康'이라 한다.

부유하게 하고 교육하는 것이다.

令*民安樂曰, '康'. 富而敎之.

* 령(令): 『일주서逸周書』 「시법해諡法解」에 따라 '합合' 자를 '령令' 자로 고침.

덕을 베풀고 의를 지킨 것을 '목穆'이라 한다.

그러므로 목목穆穆(온화하고 아름다움)한 것이다.

布德執義曰, '穆'. 故穆穆.

속마음이 외모에 나타난 것을 '목穆'이라 한다.

성품이 겉으로 드러난 것이다.

中情見貌曰, '穆'. 性公露.

모습과 태도가 공손하고 아름다운 것을 '소昭'라 한다.

위의가 있어 본받을 만하고, 행동이 공손하여 아름답게 여길 만한 것이다.

容儀恭美曰, '昭'. 有儀可象, 行恭可美.

덕을 밝혀 공로가 있는 것을 '소昭'라 한다.

능히 공로가 있으면서 겸손한 것이다.

昭德有勞曰, '昭'. 能勞謙.

성스러운 명성이 널리 이른 것을 '소昭'라 한다.

성스럽고 성스러워 널리 합하는 것이다.

聖聞周達曰, '昭'. 聖聖通合.

다스려져 재앙이 없는 것을 '평平'이라 한다.

재앙과 죄가 없는 것이다.

治而無眚曰, '平'. 無災罪也.

일을 집행함에 제도를 따른 것을 '평平'이라 한다.

마음대로 하지 않는 것이다.

執事有制曰, '平'. 不任意.

기강을 펴고 다스린 것을 '평平'이라 한다.

정사에 시행하는 것이다.

布綱治紀曰, '平'. 施之政事.

의를 말미암아 이룬 것을 '경景'이라 한다.

의로써 이루는 것이다.

由義而濟曰, '景'.　用義而成.

강하게 뜻을 두어 크게 생각한 것을 '경景'이라 한다.

기耆는 강함이다.

耆意大慮曰, '景'.　耆, 强也.

의를 펴서 굳세게 행한 것을 '경景'이라 한다.

굳셈으로써 의를 행한 것이다.

布義行剛曰, '景'.　以剛行義.

청렴결백하여 절개를 지킨 것을 '정貞'이라 한다.

행실이 청렴결백하여, 뜻을 지킴이 견고한 것이다.

清白守節曰, '貞'.　行清白, 執志固.

크게 생각하여 능히 이룬 것을 '정貞'이라 한다.

능히 크게 생각하는 것을 바름이 아니면 어찌할 수 있겠는가?

大慮克就曰, '貞'.　能大慮, 非正而何.

숨기지 않고 굽히지 않은 것을 '정貞'이라 한다.

평탄하여 사사로움이 없는 것이다.

不隱無屈曰, '貞'. 坦然無私.

토지를 개척하고 먼 곳의 사람을 복종시킨 것을 '환桓'이라 한다.

무력으로 바로잡고 안정시킨 것이다.

辟土服遠曰, '桓'. 以武正定.

능히 공경함으로 백성을 동원한 것을 '환桓'이라 한다.

공경으로 부린 것이다.

克敬動民曰, '桓'. 敬以使之.

토지를 개척하고 나라를 겸병한 것을 '환桓'이라 한다.

사람들을 병합하였으므로 토지를 개척한 것이다.

辟土兼國曰, '桓'. 兼人, 故啓土.

능히 생각하여 뭇 사람을 분별할 수 있는 것을 '원元'이라 한다.

분별하여 각각 차서가 있도록 한 것이다.

能思辯衆曰, '元'. 別之使各有次.

의를 행하여 백성을 기쁘게 한 것을 '元'이라 한다.

백성들이 그 의를 기뻐하는 것이다.

行義說民曰, '元'. 民說其義.

나라의 도읍을 처음으로 건설한 것을 '원元'이라 한다.

선善의 으뜸이 아니라면 무엇으로 시작하겠는가?

始建國都曰, '元'. 非善之長, 何以始之.

의를 주로 하여 덕을 행한 것을 '원元'이라 한다.

의를 주로 하여 덕정德政을 행한 것이다.

主義行德曰, '元'. 以義爲主, 行德政.

총명하고 어짊이 두루 알려진 것을 '선宣'이라 한다.

문聞이란, 선한 일을 듣는 것을 말한다.

聖善周聞曰, '宣'. 聞, 謂所聞善事也.

전쟁을 자주 일으킨 것을 '장莊'이라 한다.

자주 정벌하는 것을 위엄으로 삼는 것이다.

兵甲亟作曰, '莊'. 以數征爲嚴.

변방의 일에 통달하여 능히 복종시킨 것을 '장莊'이라 한다.

변방에 통달하여 그들을 복종시키는 것이다.

叡圉克服曰, '莊'. 通邊圉, 使能服.

적과 승부함에 의지가 강건한 것을 '장莊'이라 한다.

흔들리지 않기 때문에 이긴 것이다.

勝敵志强曰, '莊'. 不撓, 故勝.

들판에서 죽은 것을 '장莊'이라 한다.

위엄이 아니면 어떻게 나라의 위난에서 죽겠는가.

死於原野曰, '莊'. 非嚴, 何以死難.

자주 공격하여 죽이고 벤 것을 '장莊'이라 한다.

엄하게 다스린 것이다.

屢征殺伐曰, '莊'. 以嚴蒞之.

용감하지만 이루지 못한 것을 '장莊'이라 한다.

무공을 이루지 못한 것이다.

武而不遂曰, '莊'. 武功不成.

본바탕이 유순하고 백성을 사랑한 것을 '혜惠'라 한다.

그 본성을 아는 것이다.

柔質慈民曰, '惠'. 知其性.

백성을 사랑하여 베풀기 좋아한 것을 '혜惠'라 한다.

여與는 베푸는 것을 말한다.

愛民好與曰, '惠'. 與謂施.

아침 일찍부터 밤 늦게까지 경계하는 것을 '경敬' 이라 한다.

몸을 삼가고 경계하기를 생각하는 것이다.

夙夜警戒曰, '敬'. 敬身思戒.

선에 부합되게 법을 다스린 것을 '경敬' 이라 한다.

공경이 아니면 어떻게 선하게 할 수 있겠는가.

合善典法曰, '敬'. 非敬, 何以善之.

굳건한 덕으로 능히 이룬 것을 '숙肅' 이라 한다.

경敬을 이루어 끝마치도록 한 것이다.

剛德克就曰, '肅'. 成其敬, 使爲終.

마음을 다잡아 결단한 것을 '숙肅' 이라 한다.

엄하고 과단성이 있음을 말한다.

執心決斷曰, '肅'. 言嚴果

자기 나라에서 태어나지 않은 것을 '성聲' 이라 한다.

외가에서 태어난 것이다.

不生其國曰, '聲'. 生於外家.

백성을 사랑하고 정치를 잘한 것을 '대戴' 라 한다.

백성을 잘 다스리는 것이다.

愛民好治日, '戴'. 好民治.

예禮를 관장함에 잘못이 없는 것을 '대戴'라 한다.

잘못이 없는 것이다.

典禮不愆日, '戴'. 無過.

장가들지 못하고 요절한 것을 '상傷'이라 한다.

미가未家는 장가들지 못했다는 말이다.

未家短折日, '傷'. 未家, 未娶.

요절하여 이루지 못한 것을 '상殤'이라 한다.

지혜는 있었으나 일찍 죽은 것이다.

短折不成日, '殤'. 有知而夭殤.

숨기고 어긋나 이루지 못한 것을 '은隱'이라 한다.

은괄隱括(굽은 것을 바로잡는 기구)로 자기의 성품을 고치지 못하는 것이다.

隱拂不成日, '隱'. 不以隱括改其性.

드러나지 않게 나라를 다스린 것을 '은隱'이라 한다.

조용하게 나라를 다스리는 것이다.

不顯尸國日, '隱'. 以閒主國.

153

아름다움을 보고 장점을 굳건히 한 것을 '은隱'이라 한다.

아름다움이 그 좋은 점을 지나치는 것이다.

見美堅長日, '隱'. 美過其令.

벼슬아치가 실직實職에 상응한 것을 '지知'라 한다.

유능한 벼슬아치이다.

官人應實日, '知'. 能官人.

방자하게 행동하고서 수고롭게 제사 지낸 것을 '도悼'라 한다.

마음을 방종하게 하고 음사淫祀(부정한 신을 제사 지내는 것)에 힘쓴 것이니,

덕을 닦지 않는다는 말이다.

肆行勞祀日, '悼'. 放心勞於淫祀, 言不修德.

나이가 어렸을 때 죽은 것을 '도悼'라 한다.

나이가 15세가 되지 못한 것이다.

年中早夭日, '悼'. 年不稱志.

험하고 허물어진 곳을 두려워한 것을 '도悼'라 한다.

종처從處는 험하고 허물어진 곳을 말한다.

恐懼從處日, '悼'. 從處, 言險圮.

흉년이 들어 곡식이 없는 것을 '황荒'이라 한다.

밭갈이와 씨뿌리기에 힘쓰지 않은 것이다.

凶年無穀曰,‘荒’. 不務耕稼.

안팎으로 난이 생긴 것을 '황荒'이라 한다.

집이 다스려지지 않고, 관청도 다스려지지 않은 것이다.

外內從亂曰,‘荒’. 家不治, 官不治.

음악을 좋아하여 정사에 게으른 것을 '황荒'이라 한다.

음악에 빠져 정사를 게을리 한 것이다.

好樂怠政曰,‘荒’. 淫於聲樂, 怠於政事.

나라 안에서 근심을 만난 것을 '민愍'이라 한다.

연이어 대상大喪(국상國喪)을 당한 것이다.

在國遭憂曰,‘愍’. 仍多大喪.

나라 안에 있으면서 재난을 만난 것을 '민愍'이라 한다.

외적이 쳐들어온 일이다.

在國逢囏曰,‘愍’. 兵寇之事.

화란이 사방에서 일어난 것을 '민愍'이라 한다.

나라가 다스려지지 않아 걸핏하면 긴 혼란이 일어난 것이다.

禍亂方作曰,‘愍’. 國無政, 動長亂.

백성을 비통하게 하고 해친 것을 '민愍'이라 한다.

가혹한 정치로 백성을 해친 것이다.

使民悲傷日, '愍'. 苛政賊害.

마음이 곧고 도량이 큰 것을 '광匡'이라 한다.

마음은 바르지만 살피는 것을 적게 한다는 뜻이다.

貞心大度日, '匡'. 心正而用察少.

덕이 방정하여 백성이 응하여 화답한 것을 '막莫'이라 한다.

그 덕德을 바르게 하여 그에 응하여 화답한다는 뜻이다.

德正應和日, '莫'. 正其德. 應其和.

베풀기를 부지런히 하되 사심이 없는 것을 '류類'라 한다.

사심이 없이 오직 의로움만이 있다는 것이다

施勤無私日, '類'. 無私, 唯義所在.

사려思慮가 과감하고 원대한 것을 '명明'이라 한다.

자임自任이 많아 전단專斷함에 가깝다는 것이다.

思慮果遠日, '明'. 自任多, 近於專.

내려주는 것에 인색한 것을 '애愛'라 한다.

탐욕스럽고 인색하다는 말이다.

嗇於賜與曰, '愛'.   言貪恡.

자신을 위태롭게 하면서 윗사람을 받든 것을 '충忠'이라 한다.

험난한 상황에서도 어려움을 마다하지 않은 것이다.

危身奉上曰, '忠'.   險不辭難.

매우 위엄스러우면서도 민첩하게 행한 것을 '위魏'라 한다.

위엄이 있으면서도 민첩하게 행한 것이다.

克威捷行曰, '魏'.   有威而敏行.

매우 위엄스러우면서도 은혜를 베풀고 예禮를 지킨 것을 '위魏'라 한다.

비록 위엄이 있다 해도 예를 거슬리지 않은 것이다.

克威惠禮曰, '魏'.   雖威不逆禮.

가르치기를 게을리하지 않은 것을 '장長'이라 한다.

도道로써 가르친다는 것이다.

教誨不倦曰, '長'.   以道教之.

처음을 민첩하게 하고 시행한 일을 성취한 것을 '직直'이라 한다.

처음부터 민첩하게 행을 이룬다는 것은 깊지 않다는 말이다.

肇敏行成曰, '直'.   始疾行成, 言不深.

소원疏遠한 자가 지위를 계승한 것을 '소紹'라 한다.

자기의 차례가 아닌데 우연히 얻은 것이다.

疏遠繼位曰, '紹'. 非其弟, 偶*得之.

* 우(偶) : 『일주서逸周書』 「시법해諡法解」에 따라 '과過' 자를 '우偶' 자로 고침.

청렴을 좋아하여 자신을 이긴 것을 '절節'이라 한다.

스스로 그 정욕情欲을 이긴 것이다.

好廉自克曰, '節'. 自勝其情欲.

고치는 것을 좋아하여 옛것을 바꾼 것을 '역易'이라 한다.

옛것을 바꾸고 정해진 것을 고친 것이다.

好更改舊曰, '易'. 變故改常.

백성을 사랑함에 법으로 다스린 것을 '극克'이라 한다.

정치로 인도하고, 법으로 다스린 것이다.

愛民在刑曰, '克'. 道之以政, 齊之以法.

잔학을 제거한 것을 '탕湯'이라 한다.

除殘去虐曰, '湯'.

덕을 한결같이 하여 게으르지 않은 것을 '간簡'이라 한다.

한결같이 하여 굽히지 않은 것이다.

一德不懈曰, '簡'. 一不委曲.

평이하게 하여 헐뜯지 않은 것을 '간簡'이라 한다.

헐뜯음을 믿지 않은 것이다.

平易不訾曰, '簡'. 不信訾毀.

어진 이를 존중하고 의로운 이를 귀하게 여긴 것을 '공恭'이라 한다.

현인賢人을 존경하여 받들고, 의사義士를 총애하고 귀하게 여긴 것이다.

尊賢貴義曰, '恭'. 尊事賢人, 寵貴義士.

일을 신중하게 처리하여 윗사람을 섬긴 것을 '공恭'이라 한다.

공은 섬긴다는 뜻이다.

敬事供上曰, '恭'. 供, 事也.

어진 이를 존중하며 공경하고 양보한 것을 '공恭'이라 한다.

덕이 있는 이를 공경하고, 공이 있는 이에게 양보한 것이다.

尊賢敬讓曰, '恭'. 敬有德, 讓有功.

잘못을 한 뒤에 능히 고친 것을 '공恭'이라 한다.

스스로 알아차린다는 말이다.

旣過能改曰, '恭'. 言自知.

일을 집행하는 것이 견고한 것을 '공恭'이라 한다.

바름을 지켜 변치 않은 것이다.

執事堅固曰, '恭'. 守正不移.

백성을 사랑하며 어른을 공경하고 어린 사람을 사랑한 것을
'공恭'이라 한다.

윗사람에게 순종하고 아랫사람을 대우해준 것이다.

愛民長弟曰, '恭'. 順長接弟.

예를 갖추어 손님을 맞이한 것을 '공恭'이라 한다.

손님을 맞이하여 접대한다는 것이다.

執禮御賓曰, '恭'. 迎待賓也.

친한 이의 부족함을 감싸주어 보호한 것을 '공恭'이라 한다.

덕을 쌓아 덮어주는 것이다.

芘親之闕曰, '恭'. 修德以蓋之.

어진 이를 존중하고 선인善人에게 양보한 것을 '공恭'이라 한다.

자기의 선善만을 주장하지 않고, 남의 선을 존중한다는 것이다.

尊賢讓善曰, '恭'. 不專己善, 推於人.

위엄 있는 용모와 행동을 모두 갖춘 것을 '흠欽'이라 한다.

위엄 있는 용모가 있으면 존경할 만하고, 위엄 있는 행동이 있으면 본받을 만하다는 것이다.

威儀悉備曰, '欽'. 威則可長, 儀則可象.

크게 생각하여 백성을 안정시킨 것을 '정定'이라 한다.

은혜를 베풀 것을 생각한다는 것이다.

大慮靜民曰, '定'. 思樹惠.

행동거지를 순일하게 하여 어그러지지 않은 것을 '정定'이라 한다.

행동거지가 한결같아 손상되지 않은 것이다.

純行不爽曰, '定'. 行一不傷.

백성을 편안히 하려고 크게 생각한 것을 '정定'이라 한다.

생각으로 백성을 안정시킨 것이다.

安民大慮曰, '定'. 以慮安民.

백성을 편안히 하려고 옛것을 본받은 것을 '정定'이라 한다.

옛 뜻을 잃지 않은 것이다.

安民法古曰, '定'. 不失舊意.

영토를 넓히고 덕이 있는 것을 '양襄'이라 한다.

의義로 취한 것이다.

辟地有德日, '襄'. 取之以義.

군대로 정벌하여 수고로움이 있는 것을 '양襄'이라 한다.

자주 정벌한다는 것이다.

甲冑有勞日, '襄'. 亟征伐.

마음을 삼가서 두려워하고 꺼린 것을 '희僖'라 한다.

생각에 마땅히 꺼리는 바가 있는 것이다.

小心畏忌日, '僖'. 思所當忌.

바탕이 연못처럼 깊어 간언을 수용한 것을 '희釐'라 한다.

깊기 때문에 받아들일 수 있는 것이다.

質淵受諫日, '釐'. 深故能受.

벌이 있어 돌아간 것을 '희釐'라 한다.

어려움을 알아 물러난 것이다.

有罰而還日, '釐'. 知難而退.

온순하고 부드럽고 어질고 선한 것을 '의懿'라 한다.

성품이 순수하고 맑은 것이다.

溫柔賢善日, '懿'. 性純淑.

마음으로 능히 의로움에 맞게 제어한 것을 '탁度'이라 한다.

일을 제어함에 마땅함을 얻은 것이다.

心能制義曰, '度'. 制事得宜.

총명하고 예지가 있는 것을 '헌獻'이라 한다.

통달하여 아는 총명함이 있는 것이다.

聰明叡哲曰, '獻'. 有通知之聰.

바탕을 아는 데 성스러움이 있는 것을 '헌獻'이라 한다.

통하는 바가 있어 가림이 없는 것이다.

知質有聖曰, '獻'. 有所通而無蔽.

오세五世의 종통宗統을 편안히 한 것을 '효孝'라 한다.

오세五世의 종통이다.

五宗安之曰, '孝'. 五世之宗.

자상하고 은혜로우며 어버이를 사랑한 것을 '효孝'라 한다.

족친을 두루 사랑한 것이다.

慈惠愛親曰, '孝'. 周愛族親.

덕을 간직하여 어그러지지 않은 것을 '효孝'라 한다.

덕을 따르고 어기지 않은 것이다.

秉德不回曰, '孝'. 順於德而不違.

때에 맞추어 비로소 제향祭享한 것을 '효孝'라 한다.

협協은 '합당하다'는 뜻이고, 조肇는 '비로소'의 뜻이다.

協時肇享曰, '孝'. 協合, 肇始.

마음을 다잡아 매우 장엄한 것을 '제齊'라 한다.

능히 스스로 장엄한 것이다.

執心克莊曰, '齊'. 能自嚴.

도움을 받아서 함께 이룬 것을 '제齊'라 한다.

보좌하는 것을 힘입어 함께 이룬 것이다.

資輔共就曰, '齊'. 資輔佐而共成.

조심스러워 걸핏하면 두려워한 것을 '경頃'이라 한다.

견甄은 자세하다는 뜻이다.

甄心動懼曰, '頃'. 甄精.

공경하고 삼가기를 민첩하게 한 것을 '경頃'이라 한다.

삼가고 공경한 바에 빠른 것이다.

敏以敬慎曰, '頃'. 疾於所慎敬.

덕을 부드럽게 하여 대중들을 편안히 한 것을 '정靖'이라 한다.

대중을 이루고 이들을 편안하게 한 것이다.

柔德安衆曰, '靖'. 成衆使安.

자신을 공손히 하고 말이 적은 것을 '정靖'이라 한다.

자기를 공손히 하여 몸을 바르게 하고, 말을 적게 하더라도 이치에 맞게

하는 것이다.

恭己鮮言曰, '靖'. 恭己正身, 少言而中.

편안하고 즐겁게 생을 잘 마감한 것을 '정靖'이라 한다.

성품이 너그럽고 즐겁고 정의로워서 스스로 잘 마친 것이다.

寬樂令終曰, '靖'. 性寬樂義, 以善自終.

위엄과 덕이 있으며 강직하고 씩씩한 것을 '어圉'라 한다.

환란을 막은 것이다.

威德剛武曰, '圉'. 禦亂患.

나이가 많도록 오래 산 것을 '호胡'라 한다.

'오래'라는 뜻이다.

彌年壽考曰, '胡'. 久也.

백성을 보호하고 오래 산 것을 '호胡'라 한다.

나이 60을 '기耆'라 하고, 70을 '애艾'라 한다.

保民耆艾曰, '胡'. 六十曰'耆', 七十曰'艾'.

이전의 허물을 좇아서 고친 것을 '강剛'이라 한다.

선행에 힘써서 허물을 고친 것이다.

追補前過曰, '剛'. 勤善以補過.

사납게 하되 강직하고 과감한 것을 '위威'라 한다.

사나우면 너그러움이 적다. 과果는 과감하게 행한다는 뜻이다.

猛以剛果曰, '威'. 猛則少寬. 果, 敢行.

사납게 하되 강건하고 과감한 것을 '위威'라 한다.

강건하기가 강剛보다 심한 것이다.

猛以彊果曰, '威'. 彊甚於剛.

의로움을 굳건히 하고 바름을 지킨 것을 '위威'라 한다.

묻는 것이 바르고, 말에 간사함이 없는 것이다.

彊義執正曰, '威'. 問正, 言無邪.

전법을 정비하고 죽이지 않은 것을 '기祁'라 한다.

상도常道를 지켜 쇠하지 않는다.

治典不殺曰, '祁'. 秉常不衰.

크게 생각하고 행동에 절개가 있는 것을 '고考'라 한다.

그 절개를 이룸을 말한다.

大慮行節曰, '考'. 言成其節.

백성을 다스림에 극진하게 한 것을 '사使'라 한다.

극진하나 은혜가 없는 것이다.

治民克盡曰, '使'. 克盡無恩惠.

화합을 좋아하여 다투지 않은 것을 '안安'이라 한다.

천성이 결단이 부족한 것이다.

好和不爭曰, '安'. 生而少斷.

도덕이 순수하고 한결같은 것을 '사思'라 한다.

도가 커서 덕이 한결같다는 것이다.

道德純一曰, '思'. 道大而德一.

온 백성을 크게 살핀 것을 '사思'라 한다.

크게 백성을 친히 여겨 죽이지 않는 것이다.

大省兆民曰, '思'. 大親民而不殺.

안팎으로 깊이 생각하고 탐구한 것을 '사思'라 한다.

선善을 구한다는 말이다.

外內思索曰, '思'. 言求善.

이전의 허물을 돌이켜 뉘우친 것을 '사思'라 한다.

생각하여 능히 고친 것이다.

追悔前過曰, '思'. 思而能改.

행동이 안팎으로 드러난 것을 '각愨'이라 한다.

안과 밖이 한결같다는 것이다.

行見中外曰, '愨'. 表裏如一.

옛것을 진술하고 새것을 표현한 것을 '예譽'라 한다.

입언立言을 지칭한다.

狀古述今曰, '譽'. 立言之稱.

공적을 밝혀 백성을 편안하게 한 것을 '상商'이라 한다.

공이 있는 자를 밝히는 것이다.

昭功寧民曰, '商'. 明有功者.

죽여서 정권을 잡은 것을 '이夷'라 한다.

정권을 잡고 현인賢人에게 맡기지 않는다.

克殺秉政曰, '夷'. 秉政不任賢.

마음을 안정시키고 고요함을 좋아한 것을 '이夷'라 한다.

정사가 어그러지지 않은 것이다.

安心好靜曰, '夷'. 不爽政.

정의를 지키고 선을 드러낸 것을 '회懷'라 한다.

사람의 선함을 칭찬한 것이다.

執義揚善曰, '懷'. 稱人之善.

자애롭고 인자하지만 일찍 죽은 것을 '회懷'라 한다.

단短은 60세가 못된 것이고, 절折은 30세가 못된 것이다.

慈仁短折曰, '懷'. 短未六十, 折未三十.

의를 좇지만 이루지 못한 것을 '정丁'이라 한다.

의를 이루지 못한 것이다.

述義不克曰, '丁'. 不能成義.

공이 있어 백성을 편안하게 한 것을 '렬烈'이라 한다.

무력으로 공을 세운 것이다.

有功安民曰, '烈'. 以武立功.

덕을 간직하고 업業을 높인 것을 '렬烈'이라 한다.

秉德尊業曰, '烈'.

강직함으로 다스려 공을 세운 것을 '익翼'이라 한다.

벌伐은 공功이다.

剛克爲伐曰, '翼'. 伐, 功也.

사려가 심원한 것을 '익翼'이라 한다.

조심하고 공경하는 것이다.

思慮深遠曰, '翼'. 小心翼翼.

안과 밖이 바른 것을 '백白'이라 한다.

바르고 반복함이 시종 한결같은 것이다.

外內貞復曰, '白'. 正而復, 終始一.

부지런하지 않고서 명성을 이룬 것을 '령靈'이라 한다.

본성에 맡기고, 어진 이의 행동을 보고 그와 같아지려 하지 않는 것이다.

不勤成名曰, '靈'. 任本性, 不見賢思齊.

죽어서 뜻을 이룬 것을 '령靈'이라 한다.

일에 뜻을 두어 목숨을 아끼지 않은 것이다.

死而志成曰, '靈'. 志事不吝命.

죽어서도 신능神能을 보인 것을 '령靈'이라 한다.

귀신이 되기도 하지만 여귀厲鬼가 되지는 않은 것이다.

死見神能曰, '靈'. 有鬼不爲厲.

혼란한데도 혼란을 줄이지 못한 것을 '령靈'이라 한다.

능히 다스려도 혼란을 줄이지 못한 것이다.

亂而不損曰, '靈'. 不能以治損亂.

괴이한 귀신에 제사하기 좋아한 것을 '령靈'이라 한다.

귀신을 더럽혀서 원대함을 이루지 못한 것이다.

好祭鬼怪曰, '靈'. 瀆鬼神, 不致遠.

귀신을 아주 잘 아는 것을 '령靈'이라 한다.

그 지혜와 능력이 총명하고 밝은 것이다.

極知鬼神曰, '靈'. 其智能聰徹.

무고한 이를 죽인 것을 '려厲'라 한다.

殺戮無辜曰, '厲'.

간언을 물리치고 반대하여 허물을 지은 것을 '자刺'라 한다.

간언을 물리치는 것을 '퍅愎'이라 하고, 간언을 반대하는 것을 '흔很'이라 한다.

愎很遂過曰, '刺'. 去諫曰愎, 反是曰很.

아껴주던 이를 잊고 생각하지 않은 것을 '자剌'라 한다.

자신을 아껴주던 이를 잊은 것이다.

不思忘愛曰, '剌'. 忘其愛己者.

어려서 아버지를 잃고 일찍 죽은 것을 '애哀'라 한다.

어려서 인사人事를 알지 못하는 것이다.

蚤孤短折曰, '哀'. 早未知人事.

공손하고 어질지만 일찍 죽은 것을 '애哀'라 한다.

체모가 공손하고 바탕이 어질지만, 그 공덕功德을 베풀지 못한 것이다.

恭仁短折曰, '哀'. 體恭質仁, 功未施.

변화를 좋아하여 백성들을 움직인 것을 '조躁'라 한다.

자주 옮기는 것이다.

好變動民曰, '躁'. 數移徙.

이전의 잘못을 뉘우치지 않은 것을 '려戾'라 한다.

알면서도 고치지 않는 것이다.

不悔前過曰, '戾'. 知而不改.

위세를 믿고 방자하게 행동한 것을 '추醜'라 한다.

방자하게 생각하고 위세를 부리는 것이다.

怙威肆行曰, '醜'.　肆意行威.

가로막아 제지하여 통하지 못한 것을 '유幽'라 한다.

약하고 훼손되어 넘어가지 못한 것이다.

壅遏不通曰, '幽'.　弱損不凌.

어려서 아버지를 잃고 즉위한 뒤에 죽은 것을 '유幽'라 한다.

포위鋪位는 즉위한 뒤에 죽는 것이다.

蚤孤鋪位曰, '幽'.　鋪位, 卽位而卒.

제사를 변동하고 상도常道를 어지럽힌 것을 '유幽'라 한다.

신神의 반열을 바꾸는 것이다.

動祭亂常曰, '幽'.　易神之班.

너그러운 품성으로 간언을 받아들인 것을 '혜慧'라 한다.

마음을 비우고 남의 의견을 받아들인 것이다.

柔質受諫曰, '慧'.　以虛受人.

명실名實이 어긋나지 않은 것을 '질質'이라 한다.

말이 어긋나지 않고 서로 호응하는 것이다.

名實不爽曰, '質'.　不爽言相應.

온화하고 선량하여 좋아하고 즐거워할 만한 것을 '량良'이라 한다.

사람됨이 좋게 여길 만하고 즐거워할 만한 것을 말한다.

溫良好樂曰, '良'. 言其人可好可樂.

자애롭고 온화한 것으로써 두루 감복시킨 것을 '순順'이라 한다.

사람들로 하여금 모두 그 자애롭고 온화함에 복종하게 할 수 있는 것이다.

慈和徧服曰, '順'. 能使人皆服其慈和.

널리 듣고 재능이 많은 것을 '헌憲'이라 한다.

비록 재능은 많으나, 대도大道에 이르지는 못한 것이다.

博聞多能曰, '憲'. 雖多能, 不至於大道.

뜻이 가득하나 곤궁함이 많은 것을 '혹惑'이라 한다.

스스로 만족하는 사람은 반드시 미혹되지 않는다.

滿志多窮曰, '惑'. 自足者, 必不惑.

사려가 어긋나지 않은 것을 '후厚'라 한다.

생각하는 바가 차질이 없어 얻는 것이다.

思慮不爽曰, '厚'. 不差所思而得.

여색을 탐하고 예를 멀리한 것을 '양煬'이라 한다.

집 안에서 무리 지어 음란한 짓을 하고, 예를 따르지 않는 것이다.

好內遠禮日, '煬'. 朋淫於家, 不率禮.

예를 버리고 백성을 멀리한 것을 '양煬' 이라 한다.

예를 따르지 않고, 어른을 친애하지 않은 것이다.

去禮遠衆日, '煬'. 不率禮, 不親長.

안과 밖에서 와서 복종한 것을 '정正' 이라 한다.

정도로서 복종하게 하는 것을 말한다.

內外賓服日, '正'. 言以正服之.

의로움을 밝혀서 허물을 덮어준 것을 '견堅' 이라 한다.

의로움을 밝혀 이전의 허물을 덮어주는 것이다.

彰義揜過日 '堅'. 明義以蓋前過.

말은 화려하지만 알맹이가 없는 것을 '과夸' 라 한다.

허황되고 터무니가 없는 것이다.

華言無實日, '夸'. 恢誕.

하늘을 거스르고 백성을 학대한 것을 '항抗' 이라 한다.

높고 위대함을 저버리고 거역한 것이다.

逆天虐民日, '抗'. 背尊大而逆之.

명분과 실제가 어긋난 것을 '류繆'라 한다.

명분은 아름다우나 실상이 손상된 것을 말한 것이다.

名與實爽曰, '繆'. 言名美而實傷.

선善을 선택하여 따른 것을 '비比'라 한다.

비比는 선을 향하여 따르는 것이다.

擇善而從曰, '比'. 比方善以從之.

은隱은 '슬프다'는 뜻이다. (隱, 哀也)

경景은 '굳세다'는 뜻이다. (景, 武也)

덕을 베푼 것을 '문文'이라 한다. (施德爲文)

악을 제거한 것을 '무武'라 한다. (除惡爲武)

토지를 개척한 것을 '양襄'이라 한다. (辟地爲襄)

멀리 있는 사람을 복종시킨 것을 '환桓'이라 한다. (服遠爲桓)

강직으로 다스린 것을 '희僖'라 한다. (剛克爲僖)

시행하였으나 이루지 못한 것을 '선宣'이라 한다. (施而不成爲宣)

은혜를 베풀었으나 마음속에 갖춘 덕이 없는 것을 '평平'이라 한다. (惠無

內德爲平)

혼란한데도 혼란을 줄이지 못한 것을 '령靈'이라 한다. (亂而不損爲靈)

의를 말미암아 이룬 것을 '경景'이라 한다. (由義而濟爲景)

나머지는 모두 그 사업이나 행실을 표현한 것이다. (餘皆象也)

* 그 시호를 삼은 바로써, 그 사업과 행실을 본뜬 것이다. (以其所爲謚, 象其事行)

화和는 '회합하다' 는 뜻이다. (和, 會也)

근勤은 '수고롭다' 는 뜻이다. (勤, 勞也)

준遵은 '따르다' 는 뜻이다. (遵, 循也)

상爽은 '손상되다' 는 뜻이다. (爽, 傷也)

조肇는 '시작하다' 는 뜻이다. (肇, 始也)

호怙는 '믿는다' 는 뜻이다. (怙, 恃也)

향享은 '제사 지낸다' 는 뜻이다. (享, 祀也)

호胡는 '크다' 는 뜻이다. (胡, 大也)

병秉는 '따르다' 는 뜻이다. (秉, 順也)

취就는 '회합하다' 는 뜻이다. (就, 會也)

석錫은 '주다' 는 뜻이다. (錫, 與也)

전典은 '항상된 법도' 의 뜻이다. (典, 常也)

사肆는 '방자하다' 는 뜻이다. (肆, 放也)

강康은 '겸허하다' 는 뜻이다. (康, 虛也)

예叡는 '성스럽다' 는 뜻이다. (叡, 聖也)

혜惠는 '가엾다, 사랑한다' 는 뜻이다. (惠, 愛也)

수綏는 '편안하다' 는 뜻이다. (綏, 安也)

견堅은 '길다' 는 뜻이다. (堅, 長也)

기耆는 '강하다' 는 뜻이다. (耆, 彊也)

고考는 '이루다' 는 뜻이다. (考, 成也)

주周는 '이르다' 는 뜻이다. (周, 至也)

회懷는 '생각하다' 는 뜻이다. (懷, 思也)

식式은 '법' 의 뜻이다. (式, 法也)

포布는 '베풀다' 는 뜻이다. (布, 施也)

민敏은 '빠르다' '신속하다' 는 뜻이다. (敏, 疾也, 速也)

재載는 '일' 의 뜻이다. (載, 事也)

미彌는 '유구하다' 는 뜻이다. (彌, 久也)

* 이전의 『주서周書』 「시법諡法」은 주나라의 군왕들이 모두 취하여 시호를 지은 것이
  므로, 전부 한 편으로 지어서 후학들에게 전한다. (以前『周書』「諡法」, 周代君王
  並取作諡, 故全寫一篇, 以傳後學)

한국 역대 왕의 시호 기사

고구려·백제·신라 왕의 시호
– 『삼국사기三國史記』

【고구려】

(시조동명성왕始祖東明聖王)

(유리명왕琉璃明王)

(대무신왕大武神王)

(민중왕閔中王)

(모본왕慕本王)

(태조왕太祖王)

(차대왕次大王)

(신대왕新大王)

(고국천왕故國川王)

(산상왕山上王)

(동천왕東川王)

(중천왕中川王)

(서천왕西川王)

(봉상왕烽上王)

(미천왕美川王)

(고국원왕故國原王)

(소수림왕小獸林王)

(고국양왕故國壤王)

(광개토왕廣開土王)

장수왕長壽王 79년(491)

12월에 왕이 훙薨하니, 나이 98세였으며, 왕호를 '장수왕'이라 하였다. 위나라(북위) 효문제孝文帝가 이것을 듣고, 흰 위모관委貌冠과 베 심의深衣를 지어 입고 동쪽 교외에서 애도를 표했으며, 알자복야謁者僕射 이안상李安上을 보내 거기대장군 태부 요동군 개국공 고구려왕으로 책명해 추증하고, 시호를 '강康'이라 하였다.

> 冬十二月, 王薨, 年九十八歲, 號'長壽王'. 魏孝文聞之, 制素委貌布深衣, 擧哀於東郊, 遣謁者僕射李安上, 策贈車騎大將軍太傅遼東郡開國公高句麗王, 諡曰, '康'.

(문자명왕文咨明王)

(안장왕安臧王)

(안원왕安原王)

(양원왕陽原王)

(평원왕平原王)

(영양왕嬰陽王)

(영류왕榮留王)

보장왕寶臧王 원년(642)

보장왕은 이름이 장臧(혹은 보장寶臧이라고도 함)이고, 나라를 잃었으므로 시호
가 없다.

　寶臧王諱臧, 或云 寶臧, 以失國故, 無諡.

【백제】

(시조온조왕始祖溫祚王)

(다루왕多婁王)

(기루왕己婁王)

(개루왕蓋婁王)

(초고왕肖古王)

(구수왕仇首王)

(사반왕沙伴王)

(고이왕古爾王)

(책계왕責稽王)

(분서왕汾西王)

(비류왕比流王)

(계왕契王)

(근초고왕近肖古王)

(근구수왕近仇首王)

(침류왕枕流王)

(진사왕辰斯王)

(아신왕阿莘王)

(전지왕腆支王)

(구이신왕久尒辛王)

(비유왕毗有王)

(개로왕蓋鹵王)

(문주왕文周王)

(삼근왕三斤王)

동성왕東城王 23년(501)

11월에 웅천熊川의 북쪽 벌판에서 사냥을 하였고, 또 사비의 서쪽 벌판에서 사냥을 하였는데, 큰 눈에 막혀 마포촌馬浦村에서 묵었다. 이보다 앞서 왕이 백가로 가림성을 지키게 하였는데, 백가는 가지 않으려고 병을 핑계 삼아 사양하였으나 왕이 허락하지 않았다. 이로 말미암아 왕을 원망하였는데 이때에 사람을 시켜 왕을 칼로 찔렀다. 12월에 이르러 왕이 훙하니, 시호를 '동성왕東城王'이라 하였다.

> 十一月, 獵於熊川北原, 又田於泗沘西原, 阻大雪, 宿於馬浦
> 村. 初王以苩加鎭加林城, 加不欲往辭以疾, 王不許. 是以怨
> 王, 至是使人刺王. 至十二月, 乃薨, 諡曰, '東城王'.

무령왕武寧王 23년(523)

5월에 왕이 훙하니, 시호를 '무령武寧'이라 하였다.

> 夏五月, 王薨, 諡曰, '武寧'.

성왕聖王 32년(554)

7월에 왕이 신라를 습격하고자 친히 보병과 기병 50명을 거느리고 밤에 구천狗川에 이르렀을 때, 신라의 복병伏兵이 나타나 맞붙어 싸웠으나 난병亂

兵에게 해침을 당하여 훙하였다. 시호를 '성聖' 이라 하였다.

秋七月, 王欲襲新羅, 親帥步騎五十, 夜至狗川, 新羅伏兵發
與戰, 爲亂兵所害薨. 諡曰, '聖'.

위덕왕威德王 45년(598)

12월에 왕이 훙하니, 여러 신하들이 시호를 의논하여 '위덕威德' 이라 하였다.

冬十二月, 王薨, 群臣議諡曰, '威德'.

혜왕惠王 2년(599)

2년에 왕이 훙하니, 시호를 '혜惠' 라 하였다.

二年, 王薨, 諡曰, '惠'.

법왕法王 2년(600)

5월에 왕이 훙하니, 시호를 올려 '법法' 이라 하였다.

夏五月, 薨, 上諡曰, '法'.

무왕武王 42년(641)

3월에 왕이 훙하니, 시호를 '무武' 라 하였다.

春三月, 王薨, 諡曰, '武'.

【신라】

(시조혁거세거서간始祖赫居世居西干)

(남해차차웅南解次次雄)

(유리이사금儒理尼師今)

(탈해이사금脫解尼師今)

(파사이사금婆娑尼師今)

(지마이사금祗摩尼師今)

(일성이사금逸聖尼師今)

(아달라이사금阿達羅尼師今)

(벌휴이사금伐休尼師今)

(내해이사금奈解尼師今)

(조분이사금助賁尼師今)

(첨해이사금沾解尼師今)

(미추이사금味鄒尼師今)

(유례이사금儒禮尼師今)

(기림이사금基臨尼師今)

(흘해이사금訖解尼師今)

(내물마립간奈勿尼師今)

(실성마립간實聖尼師今)

(눌지마립간訥祗麻立干)

(자비마립간慈悲麻立干)

(소지마립간炤知麻立干)

지증마립간智證麻立干 15년(514)

왕이 훙하니 시호를 '지증智證'이라 하였다. 신라의 시법諡法은 여기서 시작되었다.

> 王薨, 諡曰, '智證'. 新羅諡法, 始於此.

법흥왕法興王 27년(540)

7월에 왕이 훙하니, 시호를 '법흥法興'이라 하였다.

> 秋七月, 王薨, 諡曰, '法興'.

진흥왕眞興王 37년(576)

8월에 왕이 훙하니 시호를 '진흥眞興'이라 하였다.

> 秋八月, 王薨, 諡曰, '眞興'.

진지왕眞智王 4년(579)

7월 17일에 왕이 훙하니, 시호를 '진지眞智'라 하였다.

> 秋七月十七日, 王薨, 諡曰, '眞智'.

진평왕眞平王 54년(632)

정월에 왕이 훙하니, 시호를 '진평眞平'이라 하였다.

> 春正月, 王薨, 諡曰, '眞平'.

선덕왕善德王 16년(647)

(정월) 8일에 왕이 훙하니, 시호를 '선덕善德'이라 하였다.

　八日, 王薨, 諡曰, '善德'.

진덕왕眞德王 8년(654)

3월에 왕이 훙하니, 시호를 '진덕眞德'이라 하였다.

　春三月, 王薨, 諡曰, '眞德'.

태종무열왕太宗武烈王 8년(661)

(6월) 왕이 훙하니 시호를 '무열武烈'이라 하고, 영경사永敬寺 북쪽에 장사 지냈으며, 묘호廟號를 올려 '태종太宗'이라 하였다.

　王薨, 諡曰, '武烈', 葬永敬寺北, 上號'太宗'.

문무왕文武王 21년(681)

7월 1일에 왕이 훙하니, 시호를 '문무文武'라 하였다.

　秋七月一日, 王薨, 諡曰, '文武'.

신문왕神文王 12년(692)

7월에 왕이 훙하니, 시호를 '신문神文'이라 하였다.

　秋七月, 王薨, 諡曰, '神文'.

효소왕孝昭王 11년(702)

7월에 왕이 훙하니, 시호를 '효소孝昭'라 하였다.

　　秋七月, 王薨, 諡曰, '孝昭'.

성덕왕聖德王 36년(737)

(2월) 왕이 훙하니, 시호를 '성덕聖德'이라 하였다.

　　王薨, 諡曰, '聖德'.

효성왕孝成王 6년(742)

(5월) 왕이 훙하니, 시호를 '효성孝成'이라 하였다.

　　王薨, 諡曰, '孝成'.

경덕왕景德王 24년(765)

이 달(6월)에 왕이 훙하니, 시호를 '경덕景德'이라 하였다.

　　是月, 王薨, 諡曰, '景德'.

혜공왕惠恭王 16년(780)

4월에 상대등 김양상金良相이 이찬 김경신金敬信과 함께 군사를 일으켜 김
지정金志貞 등을 토벌하였으나, 왕과 후비는 난병亂兵에게 해를 입었다. 양
상 등은 왕의 시호를 '혜공惠恭'이라 하였다.

　　夏四月, 上大等金良相與伊飡敬信擧兵, 誅志貞等, 王與后妃,
　　爲亂兵所害. 良相等, 諡王爲 '惠恭' 王.

선덕왕宣德王 6년(785)

(정월) 13일에 왕이 훙하니, 시호를 '선덕宣德' 이라 하였다.

> 至十三日, 薨, 諡曰, '宣德'.

원성왕元聖王 14년(798)

12월 29일에 왕이 훙하니, 시호를 '원성元聖' 이라 하였다.

> 冬十二月二十九日, 王薨, 諡曰, '元聖'.

소성왕昭聖王 2년(800)

(6월) 왕이 훙하니, 시호를 '소성昭聖' 이라 하였다.

> 王薨, 諡曰, '昭聖'.

애장왕哀莊王 10년(809)

(7월) 왕의 숙부 언승彦昇과 그 아우 이찬 제옹悌邕이 군사를 이끌고 궁에
들어와 난을 일으키고 왕을 시해하였으며, 왕의 아우 체명體明도 왕을 시위
侍衛하다가 함께 해를 입었다. 왕을 추시追諡하여 '애장哀莊' 이라 하였다.

> 王叔父彦昇與弟伊飡悌邕, 將兵入內, 作亂弑王, 王弟體明,
> 侍衛王, 幷害之. 追諡王爲 '哀莊'.

헌덕왕憲德王 18년(826)

10월에 왕이 훙하니, 시호를 '헌덕憲德' 이라 하였다.

> 冬十月, 王薨, 諡曰, '憲德'.

흥덕왕興德王 11년(836)

12월에 왕이 훙하니 시호를 '흥덕興德'이라 하였다.

> 冬十二月, 王薨, 諡曰, '興德'.

희강왕僖康王 3년(838)

정월에 상대등 김명金明과 시중 이홍利弘 등이 군사를 동원하고 난을 일으켜 왕의 근신을 살해하자, 왕은 스스로 온전치 못할 것을 알고 궁중에서 목매니, 시호를 '희강僖康'이라 하였다.

> 春正月, 上大等金明 · 侍中利弘等, 興兵作亂, 害王左右, 王
> 知不能自全, 乃縊於宮中, 諡曰, '僖康'.

민애왕閔哀王 2년(839)

(윤정월) 왕은 반란군의 닥침을 듣고 이찬 대흔大昕 · 대아찬 윤린允璘 · 억훈嶷勛 등에게 명하여 군사를 이끌고 가서 막게 하였다. 또 한번 싸워 크게 이겼으나 왕의 군사에서 죽은 자가 과반수였다. 이때 왕은 서교西郊의 큰 나무 아래에 있었는데 좌우가 모두 달아나므로 혼자 서서 어찌 할 바를 모르다가 월유택月遊宅으로 달려 들어오니 병사가 왕을 찾아 해하였다. 여러 신하들이 예를 갖추어 장사 지내고 시호를 '민애閔哀'라 하였다.

> 王聞兵至, 命伊飡大昕 · 大阿飡允璘 · 嶷勛等, 將兵拒之. 又
> 一戰大克, 王軍死者, 過半. 時王在西郊大樹之下, 左右皆散,
> 獨立不知所爲, 奔入月遊宅, 兵士尋而害之. 群臣以禮葬之,
> 諡曰, '閔哀'.

신무왕神武王 즉위년(839)

(7월) 왕이 병들어 누웠는데 꿈에 이홍利弘이 활을 쏘아 왕의 등을 맞추었다. 꿈을 깨자 등에 종기가 나서 이 달 23일에 홍하니, 시호를 '신무神武'라 하였다.

王寢疾, 夢利弘射中背. 旣寤瘡發背, 至是月二十三日, 薨, 諡曰, '神武'.

문성왕文聖王 19년(857)

(9월 왕이 유언을 남기고) 7일 만에 홍하니, 시호를 '문성文聖'이라 하였다.

越七日, 薨, 諡曰, '文聖'.

헌안왕憲安王 5년(861)

이달(정월) 29일에 왕이 홍하니, 시호를 '헌안憲安'이라 하였다.

是月二十九日, 薨, 諡曰, '憲安'.

경문왕景文王 15년(875)

7월 8일 왕이 홍하니, 시호를 '경문景文'이라 하였다.

秋七月八日, 王薨, 諡曰, '景文'.

헌강왕憲康王 12년(886)

7월 5일에 왕이 홍하니, 시호를 '헌강憲康'이라 하였다.

秋七月五日, 薨, 諡曰, '憲康'.

정강왕定康王 2년(887)

7월 5일에 왕이 훙하니, 시호를 '정강定康'이라 하였다.

秋七月五日, 薨, 諡曰, '定康'.

진성왕眞聖王 11년(897)

12월 을사乙巳(4일)에 왕이 북궁北宮에서 훙하니, 시호를 '진성眞聖'이라 하였다.

冬十二月乙巳, 王薨於北宮, 諡曰, '眞聖'.

효공왕孝恭王 16년(912)

4월에 왕이 훙하니, 시호를 '효공孝恭'이라 하였다.

夏四月, 王薨, 諡曰, '孝恭'.

신덕왕神德王 6년(917)

7월에 왕이 훙하니, 시호를 '신덕神德'이라 하였다.

秋七月, 王薨, 諡曰, '神德'.

경명왕景明王 8년(924)

8월에 왕이 훙하니, 시호를 '경명景明'이라 하였다.

秋八月, 王薨, 諡曰, '景明'.

경애왕景哀王 4년(927)

(경순왕이 즉위한 뒤) 전왕前王의 시신를 서당西堂에 모시고 여러 신하와 함께 통곡한 후 시호를 '경애景哀'라 올렸다.

舉前王屍, 殯於西堂, 與群下慟哭, 上諡曰, '景哀'.

경순왕敬順王 9년(935)

공公이 송宋의 태종 흥국興國 4(3)년 무인戊寅에 훙하니, 시호를 경순敬順(한편으로는 효애孝哀)이라 하였다.

公至大宋興國四年戊寅薨, 諡曰, '敬順'(一云, '孝哀').

고려 왕의 시호

−『고려사高麗史』

태조太祖 2년(919)

신사일에 3대 조상들의 시호를 추존하였다. 증조부를 시조始祖 원덕대왕元德大王으로, 증조모를 정화왕후貞和王后로, 조부를 의조懿祖 경강대왕景康大王으로, 조모를 원창왕후元昌王后로, 부친을 세조世祖 위무대왕威武大王으로, 모친을 위숙왕후威肅王后로 하였다.

> 辛巳追諡三代. 以曾祖考爲始祖元德大王, 妃爲貞和王后, 祖考爲懿祖景康大王, 妃爲元昌王后, 考爲世祖威武大王, 妃爲威肅王后.

태조太祖 26년(943)

왕은 포부가 크고 원대하였으며 국사를 공정하게 처리하고 상벌을 공평히 하며 절약을 숭상하고 현명한 신하들을 등용하며 유교를 중하게 여겼다. 시호는 '신성神聖'이고, 묘호는 '태조太祖'이다. 송악산 서쪽 기슭에 장사 지내니 능호는 '현릉顯陵'이다. 목종 5년에는 '원명元明', 현종 5년에는 '광렬光烈', 현종 18년에는 '대정大定', 문종 10년에는 '장효章孝', 인종 18년에는

'인용仁勇', 고종 40년에는 '용렬勇烈'의 시호를 더하였다.

王規模宏遠, 正朝廷, 明賞罰, 崇節儉, 用賢良, 重儒道. 諡曰 '神聖', 廟號 '太祖'. 葬于松嶽西麓, 陵曰 '顯陵'. 穆宗五年 加諡 '元明', 顯宗五年加 '光烈', 十八年加 '大定', 文宗十年 加 '章孝', 仁宗十八年加 '仁勇', 高宗四十年加 '勇烈'.

혜종惠宗 2년(945)

왕은 도량이 넓고 지혜와 용기가 탁월하였다. 그러나 왕규의 역모 사건 이후에는 의심과 꺼림이 많아져서 늘 무장한 군사들로 자신을 보위하면서 기쁨과 노여움이 대중없었다. 그래서 뭇 소인들이 일시에 득세를 하고 장병들에게 주는 상은 절도가 없게 되니 안팎에서 한탄과 원망이 자자하였다. 시호는 '의공義恭'이고, 묘호는 '혜종惠宗'이다. 송악산 동쪽 기슭에 장사지내니 능호는 '순릉順陵'이다. 목종 5년에는 '명효明孝', 현종 5년에는 '선현宣顯', 현종 18년에는 '고평高平', 고종 40년에는 '경헌景憲'의 시호를 더하였다.

王氣度恢弘, 智勇絶倫. 自王規謀逆之後, 多所疑忌, 常以甲士自衛, 喜怒無常. 群小並進, 賞賜將士無節, 內外嗟怨. 諡曰 '義恭', 廟號 '惠宗'. 葬于松嶽東麓, 陵曰 '順陵'. 穆宗五年 加諡 '明孝', 顯宗五年加 '宣顯', 十八年加 '高平', 高宗四十年加 '景憲'.

정종定宗 4년(949)

왕은 성품이 불교를 좋아하고 겁이 많았다. 처음에 도참설을 신빙하여 서경으로 천도할 것을 결심하고 장정들을 징발하여 시중 권직權直으로 하여금 궁궐을 짓게 하였다. 부역은 그치지 않았고, 또 개경 백성들을 뽑아서 서경을 채웠다. 그래서 백성들이 불만을 품어 원성이 계속 일어났다. 왕이 죽자 부역 나갔던 사람들이 듣고서 기뻐 뛰었다. 시호는 '문명文明'이고, 묘호는 '정종定宗'이다. 성 남쪽에 장사 지내니 능호는 '안릉安陵'이다. 목종 5년에는 '장경章敬', 현종 5년에는 '정숙正肅', 현종 18년에는 '영인令仁', 문종 10년에는 '간경簡敬', 고종 40년에는 '장원莊元'의 시호를 더하였다.

> 王性好佛多畏. 初以圖讖, 決議移都西京, 徵發丁夫, 令侍中權直, 就營宮闕. 勞役不息, 又抽開京民戶以實之. 群情不服, 怨讟胥興. 及薨, 役夫聞而喜躍. 諡曰'文明', 廟號'定宗'. 葬于城南, 陵曰'安陵'. 穆宗五年加諡'章敬', 顯宗五年加'正肅', 十八年加'令仁', 文宗十年加'簡敬', 高宗四十年加'莊元'.

광종光宗 26년(975)

왕은 즉위 초에는 신하들을 예절로 대우하고 정사 처리에 밝았으며 빈궁한 사람들을 구제하고 유교의 바른 도리를 중하게 여기며 밤낮으로 근면하여 정치가 잘될 듯하더니, 중년 이후에는 참소를 믿고 사람 죽이기를 좋아하였으며 불법佛法을 맹신하였고 사치에 절제가 없었다. 시호는 '대성大成'이고, 묘효는 '광종光宗'이다. 송악산 북쪽 기슭에 장사 지내니 능호는 '헌릉憲陵'이다. 목종 5년에는 '선렬宣烈', 현종 5년에는 '평세平世', 현종 18년

에는 '숙헌肅憲', 문종 10년에는 '의효懿孝', 고종 40년에는 '강혜康惠'의 시
호를 더하였다.

> 王卽位之初, 禮待臣下, 明於聽斷, 恤貧弱, 重儒雅, 夙夜孜
> 孜, 庶幾治平, 中歲以後, 信讒好殺, 酷信佛法, 奢侈無節. 諡
> 曰 '大成', 廟號 '光宗'. 葬于松嶽北麓, 陵曰 '憲陵'. 穆宗五
> 年加諡 '宣烈', 顯宗五年加 '平世', 十八年加 '肅憲', 文宗十
> 年加 '懿孝', 高宗四十年加 '康惠'.

경종景宗 6년(981)

왕은 온화하고 선량하고 인자하고 은혜로웠으며 유희를 좋아하지 않더니,
말년에 와서는 정치에 게을러져서 날마다 오락을 일삼고 주색에 빠졌다.
게다가 바둑을 즐겼으며 소인들을 가까이하고 군자를 멀리하였다. 이로부
터 정치와 교화가 쇠퇴하였다. 시호는 '헌화獻和'이고, 묘호는 '경종景宗'
이다. 개경 남쪽 고을 산기슭에 장사 지내니 능호는 '영릉榮陵'이다. 목종 5
년에는 '성목成穆', 현종 5년에는 '명혜明惠', 현종 18년에는 '순희順熙', 문
종 10년에는 '정효靖孝', 고종 40년에는 '공의恭懿'의 시호를 더하였다.

> 王溫良仁惠, 不好遊戲, 末年, 厭倦萬機, 日事娛樂, 沈溺聲
> 色. 且好圍碁, 昵近小人, 疏遠君子. 由是, 政敎衰替. 諡曰
> '獻和', 廟號 '景宗'. 葬于南畿山麓, 陵曰 '榮陵'. 穆宗五年
> 加諡 '成穆', 顯宗五年加 '明惠', 十八年加 '順熙', 文宗十年
> 加 '靖孝', 高宗四十年加 '恭懿'.

성종成宗 16년(997)

시호는 '문의文懿'이고, 묘호는 '성종成宗'이다. 남쪽 교외에 장사 지내니 능호는 '강릉康陵'이다. 목종 5년에는 '강위康威', 현종 5년에는 '장헌張獻', 목종 18년에는 '광효光孝', 문종 10년에는 '헌명獻明', 고종 40년에는 '양정襄定'의 시호를 더하였다.

> 諡曰'文懿,' 廟號成宗, 葬于南郊, 陵曰'康陵'. 穆宗五年加
> 諡'康威', 顯宗五年加'章獻', 十八年加'光孝', 文宗十年加
> '獻明', 高宗四十年加'襄定'.

목종穆宗 12년(1009)

능호는 '공릉恭陵', 시호는 '선령宣靈', 묘호는 '민종愍宗'이다. 이는 모두 강조康兆가 지은 것으로, 신하와 백성들을 막론하고 통분하지 않는 사람이 없었으나 현종顯宗은 그것을 모르고 있다가 거란이 침입하여 문죄하였을 때에야 비로소 알게 되었다. 현종 3년에 왕성 동쪽으로 이장하고 능호는 '의릉義陵', 시호는 '선양宣讓', 묘호는 '목종穆宗'으로 고쳤다. 현종 18년에는 '위혜威惠', 문종 10년에는 '극영克英', 고종 40년에는 '정공靖恭'의 시호를 더하였다.

> 陵曰'恭陵', 諡'宣靈', 廟號'愍宗', 皆康兆所撰定, 臣民莫不
> 痛憤, 而顯宗未之知, 至契丹問罪, 始知之. 顯宗三年, 移葬城
> 東, 改陵曰'義', 諡曰'宣讓', 廟號'穆宗'. 五年加諡'孝思',
> 十八年加'威惠', 文宗十年加'克英', 高宗四十年加'靖恭'.

현종顯宗 22년(1031)

왕은 어려서 총명하고 인자하고 은혜로웠으며, 장성한 뒤에는 학문에 민첩하고 글씨를 잘 썼고 글 짓기를 좋아하였으며 일체 보고들은 것은 잊어버리지 않았다. 시호는 '원문元文'이고, 묘호는 '현종顯宗'이다. 송악산 서쪽 산기슭에 장사 지내니 능호는 '선릉宣陵'이다. 문종 10년에는 '대효大孝', 인종 18년에는 '덕위德威', 고종 40년에는 '달사達思'의 시호를 더하였다.

> 王幼聰悟仁惠, 及長敏學工書, 好詞翰, 凡耳目所經, 不復遺忘. 諡曰'元文', 廟號'顯宗', 葬于松嶽西麓, 陵曰'宣陵'. 文宗十年加諡'大孝', 仁宗十八年加'德威', 高宗四十年加'達思'.

덕종德宗 3년(1034)

왕은 어려서부터 우뚝 뛰어났으며 성격이 강직하고 과단성이 있었다. 장성하여서는 기왓장을 밟기만 하면 대번에 깨어졌는데, 사람들은 왕의 덕이 무겁기 때문이라고 여겼다. 시호는 '경강敬康'이고, 묘호廟號는 '덕종德宗'이다. 북쪽 교외에 장사 지내니 능호는 '숙릉肅陵'이다. 문종 10년에는 '선고宣考', 인종 18년에는 '강명剛明', 고종 40년에는 '광장光莊'의 시호를 더하였다.

> 王生而岐嶷, 執性剛斷. 旣長踏塼輒破, 人以爲德重之故. 諡曰'敬康', 廟號'德宗'. 葬于北郊, 陵曰'肅陵'. 文宗十年加諡'宣孝', 仁宗十八年加'剛明', 高宗四十年加'光莊'.

정종靖宗 12년(1046)

왕은 성격이 너그럽고 인자하고 효성스럽고 우애가 있었으며, 식견과 도량이 크고도 넓으며, 영용하고 과단성이 있었으며, 사소한 절차에 구애되는 일이 없었다. 시호는 '용혜容惠'이고, 묘호는 '정종靖宗'이다. 북쪽 교외에 장사 지내니 능호는 '주릉周陵'이다. 관리들이 왕의 유명을 받들어 능침陵寢 제도를 모두 검박하게 하였다. 문종 10년에는 '홍효弘孝', 인종 18년에는 '영렬英烈', 고종 40년에는 '문경文敬'의 시호를 더하였다.

> 王寬仁孝友, 識度弘遠, 英武果斷, 不拘小節. 諡曰'容惠', 廟號'靖宗'. 葬于北郊, 陵曰'周陵'. 有司奉遺命, 山陵制度悉從儉約. 文宗十年加諡'弘孝', 仁宗十八年加'英烈', 高宗四十年加'文敬'.

문종文宗 37년(1083)

왕은 어려서부터 총명하였고, 장성한 뒤에는 학문을 좋아하고 활을 잘 쏘았으며, 웅대한 도량에 성품이 인자하여 모든 사람들에게 포용성이 있고 일체 사업을 처리한 뒤에는 잊어버리지 않았다. 시호는 '인효仁孝'이고, 묘호는 '문종文宗'이다. 불일사佛日寺 남쪽 산기슭에 안장하고 능호를 '경릉景陵'이라 하였다. 인종 18년에는 '강정剛正', 고종 40년에는 '명대明戴'로 시호를 더하였다.

> 王幼聰哲, 及長好學善射, 志略宏遠, 寬仁容衆, 凡所聽斷, 不復遺忘. 諡曰'仁孝', 廟號'文宗'. 葬于佛日寺南麓, 陵曰'景陵'. 仁宗十八年加諡'剛正', 高宗四十年加'明戴'.

순종順宗 1년(1083)

시호는 '선혜宣惠'이고, 묘호는 '순종順宗'이다. 성 남쪽에 장사 지내니 능호는 '성릉成陵'이다. 인종 18년에는 '영명英明', 고종 40년에는 '정헌靖憲'의 시호를 더하였다.

　　謚曰'宣惠', 廟號'順宗'. 葬于城南, 陵曰'成陵'. 仁宗十八年加謚'英明', 高宗四十年加'靖憲'.

선종宣宗 11년(1094)

시호는 '사효思孝'이고, 묘호는 '선종宣宗'이다. 성 동쪽에 장사 지내니 능호는 '인릉仁陵'이다. 인종 18년에는 '관인寬仁', 고종 40년에는 '현순縣順'의 시호를 더하였다.

　　謚曰'思孝', 廟號'宣宗'. 葬于城東, 陵曰'仁陵'. 仁宗十八年加謚'寬仁', 高宗四十年加'顯順'.

헌종獻宗 원년(1095)

시호는 '회상懷殤'이다. 성 동쪽에 장사 지내니 능호는 '은릉隱陵'이다. 예종이 즉위한 뒤 시호를 '공상恭殤'이라 고치고, 묘호를 '헌종獻宗'이라 하였다. 고종 40년에는 '정비定比'의 시호를 더하였다.

　　謚曰'懷殤'. 葬于城東, 陵曰'隱陵'. 睿宗即位, 改謚'恭殤', 廟號'獻宗'. 高宗四十年加謚'定比'.

숙종肅宗 10년(1105)

시호는 '명효明孝'이고, 묘호는 '숙종肅宗'이다. 송림현松林縣에 장사 지내니 능호는 '영릉英陵'이다. 인종 18년에는 '문혜文惠', 고종 40년에는 '강정康正'의 시호를 더하였다.

> 諡曰'明孝', 廟號'肅宗'. 葬于松林縣, 陵曰'英陵'. 仁宗十八年加諡'文惠', 高宗四十年加'康正'.

예종睿宗 17년(1122)

시효는 '문효文孝'이고, 묘호는 '예종睿宗'이다. 성 남쪽에 장사 지내니 능호는 '유릉裕陵'이다. 인종 18년에는 '명렬明烈'로, 고종 14년에는 '제순齊順'의 시호를 더하였다.

> 諡曰'文孝', 廟號'睿宗'. 葬于城南, 陵曰'裕陵'. 仁宗十八年加諡'明烈', 高宗四十年加'齊順'.

인종仁宗 24년(1146)

왕이 보화전保和殿에서 죽었는데, 빈청을 건시전乾始殿으로 옮겼다. 왕의 재위는 24년이요, 향년은 38세였다. 시호는 '공효恭孝'이고, 묘호는 '인종仁宗'이다. 성 남쪽에 장사 지내니 능호는 '장릉長陵'이다. 고종 40년에 '극안克安'이라는 시호를 더하였다.

> 薨于保和殿, 移殯于乾始殿. 在位二十四年, 壽三十八. 上諡'恭孝', 廟號'仁宗'. 葬于城南, 陵曰'長陵'. 高宗四十年加諡'克安'.

의종毅宗 24년(1170)

10월 경신일에 이의민李義旼이 곤원사坤元寺 북쪽 연못가에서 왕을 죽였다. 왕의 향년은 47세요, 재위는 25년이며, 왕위를 내놓은 기간은 3년이었다. 시호는 '장효莊孝'이고, 묘호는 '의종毅宗'이며, 능호는 '희릉禧陵'이다. 고종 40년에 '강과剛果'라는 시호를 더하였다.

> 十月庚申, 李義旼弑王于坤元寺北淵上. 壽四十七, 在位二十
> 五年, 遜位三年. 諡曰'莊孝', 廟號'毅宗', 陵曰'禧陵'. 高宗
> 四十年加諡'剛果'.

명종明宗 27년(1197)

11월 무오일에 왕이 창락궁에서 죽었다. 시호는 '광효光孝'이고, 묘호는 '명종明宗'이다. 장단長湍에 장사 지내니 능호는 '지릉智陵'이다. 고종 40년에 '황명皇明'의 시호를 더하였다.

> 十一月戊午, 薨于昌樂宮. 諡曰'光孝', 廟號'明宗'. 葬于長
> 湍, 陵曰'智陵'. 高宗四十年加諡'皇明'.

신종神宗 7년(1204)

정축일에 왕이 덕양후의 집으로 가서 죽으며 조서를 남기기를, "건시전에 빈청을 만들지 말라"고 하였다. 무인일에 내사동 정안궁에 빈청을 모시니, 왕의 재위는 7년이요, 향년은 61세였다. 시호는 '정효靖孝'이고, 묘호는 '신종神宗'이다. 성 남쪽에 장사 지내니 능호는 '양릉陽陵'이다. 고종 40년에 '경공敬恭'의 시호를 더하였다.

丁丑, 王移御德陽侯邸, 遂薨遺詔, 勿殯乾始殿. 戊寅, 殯于內
史洞靖安宮, 在位七年, 壽六十一. 諡曰 '靖孝', 廟號 '神宗',
葬于城南, 陵曰 '陽陵'. 高宗四十年加諡 '敬恭'.

희종熙宗 7년(1211)

계묘일에 최충헌이 왕을 폐위시켜 강화현으로 보냈다가 곧 자연도紫燕島로
보냈으며, 태자 왕지王祉를 인주仁州로 추방하고 한남공 왕정王貞을 추대하
여 왕으로 세웠다. 고종 24년 8월 무자일에 왕이 법천정사法天精舍에서 죽
으니 낙진궁樂眞宮으로 빈청을 옮겨왔다. 재위는 7년이요, 향년은 57세였
다. 시호는 '성효誠孝'이고, 묘호는 '정종貞宗'으로 하였다가 뒤에 '희종熙
宗'으로 고쳤으며, 능호는 '석릉碩陵'이다. 고종 40년에 '인목仁穆'의 시호
를 더하였다.

癸卯, 忠獻廢王, 遷于江華縣, 尋遷紫燕島, 放太子祉于仁州,
奉漢南公貞立之. 高宗二十四年八月戊子, 王薨于法天精舍,
移殯于樂眞宮. 在位七年, 壽五十七. 諡曰 '誠孝', 廟號 '貞
宗', 後改 '熙宗', 陵曰 '碩陵'. 高宗四十年加諡 '仁穆'.

강종康宗 2년(1213)

왕이 수창궁壽昌宮 화평전和平殿에서 죽었다. 왕의 재위는 2년이요, 향년은
62세였다. 시호는 '원효元孝'요, 묘호는 '강종康宗'이요, 능호는 '후릉厚陵'
이다. 고종 40년에 '명헌明憲'의 시호를 더하였다.

王薨于壽昌宮和平殿. 在位二年, 壽六十二. 諡曰 '元孝', 廟

號 '康宗', 陵曰 '厚陵'. 高宗四十年加諡 '明憲'.

고종高宗 46년(1259)

왕의 재위는 46년이요, 향년은 68세였다. 시호는 '안효安孝' 요, 묘호는 '고
종高宗' 이며, 능호는 '홍릉洪陵' 이다. 충선왕 2년에 원나라에서 '충헌忠憲'
이라는 시호를 추증하였다.

王在位四十六年, 壽六十八. 諡曰 '孝安[安孝]', 廟號 '高宗',
陵曰 '洪陵'. 忠宣王二年, 元贈諡 '忠憲'.

원종元宗 15년(1274)

계해일에 왕이 제상궁堤上宮에서 죽으니 재위는 15년이요, 향년은 56세였
다. … 갑자일에 백관들이 모여 의논하고 시호를 '순효順孝', 묘호를 '원종
元宗' 으로 지어 올렸다. 9월 을유일에 소릉韶陵에 장사 지냈다. 충선왕 2년
7월 을미일에 원나라에서 '충경忠敬' 이라는 시호를 주었다.

癸亥, 王薨于堤上宮, 在位十五年, 壽五十六. … 甲子, 百官
上諡曰 '順孝', 廟號 '元宗'. 九月乙酉, 葬韶陵. 忠宣王二年
七月乙未, 元贈諡 '忠敬'.

충렬왕忠烈王 34년(1308)

왕의 재위는 35년이요, 향년은 73세였다. 왕은 성품이 너그럽고 후덕하였
으며, 기쁘고 슬픈 감정을 얼굴빛에 드러내지 않았다. 어려서 학문에 열심
이었고 책을 읽으면 대의를 알았다. 일찍이 대사성 김구金坵, 좌주 이송진李

松縉 등과 창화하였는데, 『용루집龍樓集』이 세상에 유행하고 있다. 10월 경릉慶陵에 장례를 지냈다. 충선왕 2년 원나라에서 시호를 '충렬忠烈'이라 지어주었고, 공민왕 6년 '경효景孝'라는 시호를 더하였다.

> 王在位三十五年, 壽七十三. 王性寬厚, 喜怒不形於色. 幼嚼學, 讀書知大義. 嘗與大司成金坵·祭酒李松縉等唱和, 有『龍樓集』行于世. 十月, 葬于慶陵. 忠宣王二年, 元賜諡'忠烈', 恭愍王六年, 加'景孝'.

충선왕忠宣王 5년(1313)

11월에 덕릉德陵에 장사 지내고, 그 뒤 충혜왕 5년 원나라에서 '충선忠宣'이라는 시호를 주었으며, 공민왕 6년 '선효宣孝'의 시호를 더하였다.

> 十一月, 葬于德陵, 忠惠王五年, 元賜諡'忠宣', 恭愍王六年, 加'宣孝'.

충숙왕忠肅王 후8년(1339)

충혜왕 후5년 12월 원나라에서 '충숙忠肅'이라는 시호를 주었고, 공민왕 6년 윤9월에 존호를 올려 '의효懿孝'라 하였다.

> 忠惠王後五年十二月, 元贈諡'忠肅', 恭愍王六年閏九月, 加上尊號曰'懿孝'.

충혜왕忠惠王 후5년(1344)

왕은 재위는 전후 6년이요, 향년은 30세였다. 6월 계유일에 영구가 도착하여 8월 경신일에 영릉永陵에 장사 지냈다. 공민왕 6년 윤9월 계해일에 시호를 올려 '헌효대왕獻孝大王'이라 하였고, 16년 정월 정해일에 원나라에서 '충혜忠惠'라는 시호를 주었다.

> 王在位前後六年, 壽三十. 六月癸酉, 喪至, 八月庚申, 葬永陵. 恭愍王六年閏九月癸亥, 上尊謚曰'獻孝大王'. 十六年正月丁亥, 元賜謚曰'忠惠'.

충목왕忠穆王 4년(1348)

정묘일에 왕이 김영돈의 집에서 죽었다. 재위는 4년이요, 향년은 12세였다. 충정왕忠定王 원년 3월 정유일에 명릉明陵에 장사 지냈다. 공민왕 6년 윤9월 계해일에 시호를 올려 '현효대왕縣孝大王'이라 하였고, 16년 정월 정해일에 원나라에서 '충목忠穆'이라는 시호를 주었다.

> 丁卯, 王薨于金永肫第. 在位四年, 壽十二. 忠定王元年三月丁酉, 葬明陵. 恭愍王六年閏九月癸亥, 上尊謚曰'顯孝大王', 十六年正月丁亥, 元賜謚曰'忠穆'.

충정왕忠定王 3년(1351)

왕은 왕위를 물러나 강화에 있었는데, 공민왕 원년 3월 신해일 독약을 먹고 죽었다. 재위는 3년이요, 향년은 14세였다. 총릉聰陵에 장사 지냈으며, 공민왕 16년 정월 정해일 원나라에서 '충정忠定'이라는 시호를 주었다.

> 王遜于江華, 恭愍王元年三月辛亥, 遇鴆薨. 在位三年, 壽十四. 葬聰陵, 恭愍王十六年正月丁亥, 元賜謚'忠定'.

공민왕恭愍王 23년(1374)

갑신일에 왕이 갑자기 죽었다. 재위는 23년이요, 향년 45세였다. 왕은 성품이 본래 엄격하고 신중하였으며 행동이 예의에 맞았다. 만년에는 의심이 많고 포악하고 시기함이 컸으며 방탕함이 더욱 심해졌다. 10월 정릉 서쪽에 장사 지내니 능호는 '현릉玄陵'이다. 우왕 2년 9월 기유일 시호를 '인문의무용지명렬경효대왕仁文義武勇知明烈敬孝大王'이라 하였고, 11년 9월 병자일 명나라에서 '공민恭愍'이란 시호를 주었다.

甲申, 王暴薨. 在位二十三年, 壽四十五. 王性本嚴重, 動容中禮. 至晚年, 猜暴忌克, 荒惑滋甚. 十月, 葬于正陵之西, 陵曰 '玄陵'. 辛禑二年九月己酉, 諡曰 '仁文義武勇智明烈敬孝大王', 十一年九月丙子, 大明賜諡曰 '恭愍'.

(우왕禑王)

(창왕昌王)

(공양왕恭讓王)

조선 왕의 시호
- 『선원계보璿源系譜』

태조太祖

태조 강헌지인계운응천조통광훈영명성문신무정의광덕대왕의 휘는 단旦, 자는 군진君晉, 초휘는 성계成桂, 초자는 중결仲潔, 호는 송헌松軒, 능은 건원릉健元陵이다. 정종 2년 계운啓運과 신무神武라는 존호를 올렸다. 명나라에서 '강헌康獻'이라는 시호를 주었으니, 온화하고 선량하여 좋아하고 즐거워할 만한 것을 '강康'이라 하고, 총명하고 예지가 있는 것을 '헌獻'이라한다. 『춘관통고』에 이르기를, "백성들을 위무하여 안락하게 하는 것을 '강康'이라 하고, 선을 행하여 기록할 만한 것을 '헌獻'이라 한다" 하였다. 숙종 9년에 '정의광덕正義光德'이라는 시호를 더 올리고, 고종 9년에 '응천조통광훈영명應天肇統廣勳永命'이라는 존호를 추상하였다.

비 승인순성신의왕후 한씨는 본관이 안변이고, 능은 제릉이다. 태종 8년에 '승인순성承仁順聖'이라는 휘호를 추상하였다.

계비 순원현경신덕왕후 강씨는 본관이 곡산이고, 능은 정릉이다. 현종 10년에 '순원현경順元顯敬'이라는 휘호를 추상하였다.

　　太祖 康獻至仁啓運應天肇統廣勳永命聖文神武正義光德大王,

諱旦, 字君晉, 初諱成桂, 字仲潔, 號松軒, 健元陵. 定宗二年, 上尊號啓運・神武. 皇朝賜諡 '康獻', 溫良好樂曰 '康', 聰明睿智曰 '獻'. 『春官通攷』曰, "撫民安樂曰 '康', 行善可紀曰 '獻'." 肅宗九年, 加上諡號 '正義光德'. 高宗九年, 追上尊號 '應天肇統廣勳永命'.

妃 承仁順聖神懿王后韓氏, 籍安邊, 齊陵. 太宗八年, 追上徽號 '承仁順聖'.

繼妃 順元顯敬神德王后康氏, 籍谷山, 貞陵. 顯宗十年, 追上徽號 '順元顯敬'.

정종定宗

정종 공정의문장무온인순효대왕의 휘는 경職, 자는 광원光遠, 초휘는 방과芳果, 능은 후릉厚陵이다. 태종이 '인문공예仁文恭睿'라는 존호를 올렸다. 명나라에서 '공정恭靖'이라는 시호를 주었으니, 일을 신중하게 처리하여 윗사람을 섬기는 것을 '공恭'이라 하고, 편안하고 즐겁게 생을 잘 마감하는 것을 '정靖'이라 한다. 숙종 7년에 정종定宗이라는 묘호를 추상하고, '의문장무懿文莊武'라는 시호를 가상하였다.

비 순덕온명장의정안왕후 김씨는 본관이 경주이고, 능은 후릉이다. 정종 2년 '순덕順德'이라는 존호를 올리고, 숙종 7년 '온명장의溫明莊懿'라는 휘호를 추상하였다.

定宗 恭靖懿文莊武溫仁順孝大王, 諱職, 字光遠, 初諱芳果, 厚陵. 太宗上尊號 '仁文恭睿'. 皇朝賜諡 '恭靖' 敬事供上曰恭寬樂令終曰靖. 肅宗七年 追上廟號定宗, 加上諡號 '懿文莊武'.

妃 順德溫明莊懿定安王后金氏, 籍慶州, 厚陵. 定宗二年, 上尊號 '順德'. 肅宗七年, 追上徽號 '溫明莊懿'.

태종太宗

태종 공정성덕신공건천체극대정계우문무예철성렬광효대왕의 휘는 방원芳遠, 자는 유덕遺德, 능은 헌릉獻陵이다. 세종이 '성덕신공聖德神功'이라는 존호를 올렸다. 명나라에서 '공정恭定'이란 시호를 주었으니, 일을 신중하게 처리하여 윗사람을 섬기는 것을 '공恭'이라 하고, 행동거지를 순일하게 하여 어그러지지 않는 것을 '정定'이라 한다. 숙종 9년 '예철성렬睿哲成烈'이라는 시호를 가상하였다. 고종 9년 '건천체극대정계우建天體極大正啓佑'라는 존호를 추상하였다.

비 창덕소열원경왕후 민씨는 본관이 여주이고, 능은 헌릉이다. 태종 18년 '후덕厚德'이라는 존호를 올리고, 세종 6년 '창덕소열彰德昭烈'이라는 휘호를 추상하였다.

太宗 恭定聖德神功建天體極大正啓佑文武睿哲成烈光孝大王, 諱芳遠, 字遺德, 獻陵. 世宗上尊號 '聖德神功'. 皇朝賜諡 '恭定', 敬事供上曰 '恭', 純行不爽曰 '定'. 肅宗九年, 加上諡號 '睿哲成烈'. 高宗九年, 追上尊號 '建天體極大正啓佑'.

妃 彰德昭烈元敬王后閔氏, 籍驪州, 獻陵. 太宗十八年, 上尊號 '厚德'. 世宗六年, 追上徽號 '彰德昭烈'.

세종世宗

세종 장헌영문예무인성명효대왕의 휘는 도禑, 자는 원정元正, 능은 영릉英陵이다. 명나라에서 '장헌莊憲'이라는 시호를 주었으니, 엄숙과 공경으로써 백성에게 임하는 것을 '장莊'이라 하고, 선을 행하여 기록할 만한 것을 '헌憲'이라 한다.

비는 선인제성소헌왕후 심씨는 본관이 청송靑松이고, 능은 영릉이다.

> 世宗 莊憲英文睿武仁聖明孝大王, 諱禑, 字元正, 英陵. 皇朝賜諡莊憲, 嚴敬臨民曰'莊', 行善可紀曰'憲'.

> 妃 宣仁齊聖昭憲王后沈氏 籍靑松 英陵. 文宗二年, 追上徽號宣仁齊聖.

문종文宗

문종 공순흠명인숙광문성효대왕의 휘는 향珦, 자는 휘지輝之, 능은 현릉顯陵이다. 명나라에서 '공순恭順'이라는 시호를 주었으니, 공경한 마음으로 윗사람을 섬기는 것을 '공恭'이라 하고, 자비롭고 인자하여 백성들을 잘 화합시키는 것을 '순順'이라 한다.

비 인효순혜현덕왕후 권씨는 본관이 안동이고, 능은 현릉이다. 단종 2년에 '인효순혜仁孝順惠'라는 휘호를 추상하였다.

> 文宗 恭順欽明仁肅光文聖孝大王, 諱珦, 字輝之, 顯陵. 皇朝賜諡'恭順', 敬順事上曰'恭', 慈仁和民曰'順'.

> 妃 仁孝順惠顯德王后權氏, 籍安東, 顯陵. 端宗二年, 追上徽號'仁孝順惠'.

단종端宗

단종 공의온문순정안장경순돈효대왕의 휘는 홍위弘暐, 능은 장릉莊陵이다.

비 의덕단량제경정순왕후 송씨는 본관이 여산이고, 능은 사릉思陵이다.

> 端宗 恭懿溫文純定安莊景順敦孝大王, 諱弘暐, 莊陵.

> 妃 懿德端良齊敬定順王后宋氏, 籍礪山, 思陵.

세조世祖

세조 혜장승천체도열문영무지덕융공성신명예흠숙인효대왕의 휘는 유瑈,
자는 수지粹之, 능은 광릉光陵이다. 명나라에서 '혜장惠莊'이라는 시호를
주었으니, 본바탕이 유순하고 자비롭고 인자한 것을 '혜惠'라 하고, 엄숙과
공경으로써 백성에게 임하는 것을 '장莊'이라 한다.

비 자성흠인경덕선열명순원숙휘신혜의신헌정희왕후 윤씨는 본관이 파평
이고, 능은 광릉이다. 세조 2년 '자성慈聖'이라는 존호를 올렸다. 예종 원년
'흠인경덕선열명순휘의欽仁景德宣烈明順徽懿'라는 존호를 가상하였다. 성
종 2년 '원숙신혜신헌元淑愼惠神憲'이라는 존호를 가상하였다.

> 世祖惠莊承天體道烈文英武至德隆功聖神明睿欽肅仁孝大王,
> 諱瑈, 字粹之, 光陵. 皇朝賜諡'惠莊', 柔質慈仁曰'惠', 嚴敬
> 臨民曰'莊'.

> 妃 慈聖欽仁景德宣烈明順元淑徽愼惠懿神憲貞熹王后尹氏,
> 籍坡平, 光陵. 世祖二年, 上尊號'慈聖'. 睿宗元年, 加上尊
> 號'欽仁景德宣烈明順徽懿'. 成宗二年, 加上尊號'元淑愼惠
> 神憲'.

예종睿宗

예종 양도흠문성무의인소효대왕의 휘는 황晃, 자는 명조明照, 초자는 평보平甫, 능은 창릉昌陵이다. 명나라에서 '양도襄悼'라는 호를 주었으니, 일을 통하여 공을 세우는 것을 '양襄'이라 하고, 중년이 안 되어 요절하는 것을 '도悼'라 한다.

비 휘인소덕장순왕후 한씨는 본관이 청주이고, 능은 공릉恭陵이다.

계비 인혜소휘제숙안순왕후 한씨는 본관이 청주이고, 능은 창릉이다. 성종 2년 '인혜仁惠'라는 존호를 올리고, 연산군 때 '명의明懿'라는 존호를 가상하였다.

> 睿宗 襄悼欽文聖武懿仁昭孝大王, 徽晃, 字明照, 初字平甫, 昌陵. 皇朝賜諡 '襄悼', 因事有功曰 '襄', 未中早夭曰 '悼'.
>
> 妃 徽仁昭德章順王后韓氏, 籍淸州, 恭陵.
>
> 繼妃 仁惠昭徽齊淑安順王后韓氏, 籍淸州, 昌陵. 成宗二年, 上尊號 '仁惠', 燕山君, 加上尊號 '明懿'.

성종成宗

성종 강정인문헌무흠성공효대왕의 휘는 혈娎, 능은 선릉宣陵이다. 명나라에서 '강정康靖'이라는 시호를 주었으니, 온화하고 선량하여 좋아하고 즐거워할 만한 것을 '강康'이라 하고, 편안하고 즐겁게 생을 잘 마감하는 것을 '정靖'이라 한다.

비 휘의신숙공혜왕후 한씨는 본관이 청주이고, 능은 순릉順陵이다. 연산군 때 '휘의신숙徽懿愼肅'이라는 휘호를 추상하였다.

계비 자순화혜소의흠숙정현왕후 윤씨는 본관이 파평이고, 능은 선릉이다. 연산군 때 '자순慈順'이라는 존호를 올리고, '화혜和惠'라는 존호를 올렸다.

　成宗　康靖仁文憲武欽聖恭孝大王, 諱娎, 宣陵. 皇朝賜諡 '康靖', 溫良好樂曰 '康', 寬樂令終曰 '靖'.

　妃　徽懿愼肅恭惠王后韓氏, 籍淸州, 順陵. 燕山, 追上徽號 '徽懿愼肅'.

　繼妃　慈順和惠昭懿欽淑貞顯王后尹氏, 籍坡平, 宣陵. 燕山, 上尊號 '慈順', 上尊號 '和惠'.

(연산군燕山君)

중종中宗

중종 공희휘문소무흠인성효대왕의 휘는 역懌, 자는 낙천樂天, 능은 정릉靖陵이다. 명나라에서 '공희恭僖'라는 시호를 주었으니, 공경한 마음으로 윗사람을 섬기는 것을 '공恭'이라 하고, 조심스런 마음으로 공경하고 삼가는 것을 '희僖'라 한다.

비 공소순열단경왕후 신씨는 본관이 거창이고, 능은 온릉溫陵이다.

계비 선소의숙장경왕후 윤씨는 본관이 파평이고, 능은 희릉禧陵이다. '숙신명혜淑愼明惠'라는 휘호를 올렸다. 명종 정미년에 '선소의숙宣昭懿淑'이라는 휘호를 추상하였다.

계비 성렬인명문정왕후 윤씨는 본관이 파평이고, 능은 태릉泰陵이다. 명종

2년 '성렬聖烈'이라는 존호를 올리고, '인명仁明'이라는 존호를 올렸다.

> 中宗 恭僖徽文昭武欽仁誠孝大王, 諱懌, 字樂天, 靖陵. 皇朝
> 賜諡 '恭僖', 敬順事上曰 '恭', 小心恭愼曰 '僖'.
>
> 妃 恭昭順烈端敬王后愼氏, 籍居昌, 溫陵.
>
> 繼妃 宣昭懿淑章敬王后尹氏, 籍坡平, 禧陵. 上徽號 '淑愼明
> 惠'. 明宗丁未, 追上徽號 '宣昭懿淑'.
>
> 繼妃 聖烈仁明文定王后尹氏, 籍坡平, 泰陵. 明宗二年, 上尊
> 號 '聖烈', 上尊號 '仁明'.

인종仁宗

인종 영정헌문의무장숙흠효대왕의 휘는 호岵, (자는 천윤天胤), 능은 효릉孝陵이다. 명나라에서 '영정榮靖'이라는 시호를 주었으니, 총애와 녹봉이 빛나고 큰 것을 '영榮'이라 하고, 편안하고 즐겁게 생을 잘 마감하는 것을 '정靖'이라 한다.

비 효순공의인성왕후 박씨는 본관이 나주이고, 능은 효릉이다.

> 仁宗 榮靖獻文懿武章肅欽孝大王, 諱岵, (字天胤), 孝陵. 皇
> 朝賜諡 '榮靖', 寵祿光大曰 '榮', 寬樂令終曰 '靖'.
>
> 妃 孝順恭懿仁聖王后朴氏, 籍羅州. 孝陵.

명종明宗

명종 공헌헌의소문광숙경효대왕의 휘는 환峘, 자는 대양對陽, 능은 강릉康陵이다. 명나라에서 '공헌恭憲'이라는 시호를 주었으니, 공경한 마음으로 윗사람을 섬기는 것을 '공恭'이라 하고, 선을 행하여 기록할 만한 것을 '헌獻'이라 한다.

비 선열의성인순왕후 심씨는 본관은 청송이고, 능은 강릉이다. 선조 2년 '의성懿聖'이라는 존호를 올렸다.

> 明宗 恭憲獻毅昭文光肅敬孝大王, 諱峘, 字對陽, 康陵. 皇朝賜諡 '恭憲', 敬順事上曰 '恭', 行善可紀曰 '憲'.
>
> 妃 宣烈懿聖仁順王后沈氏, 籍靑松, 康陵. 宣祖二年, 上尊號 '懿聖'.

선조宣祖

선조 소경정륜입극성덕홍렬지성대의격천희운현문의무성예달효대왕의 휘는 공昖, 초휘는 균鈞, 능은 목릉穆陵이다. 명나라에서 '소경昭敬'이라는 시호를 주었으나, 시법諡法은 전하지 않는다. 만력 18년(선조 23) '정륜입극성덕홍렬正倫立極盛德洪烈'이라는 존호를 올리고, (만력) 32년(선조 37)에 '지성대의격천희운至誠大義格天熙運'이라는 존호를 가상하였다.

비 장성휘열정헌의인왕후 박씨는 본관이 나주이고, 능은 목릉이다. 만력 18년 '장성章聖'이라는 존호를 올렸다. 선조 37년 '휘열徽烈'이라는 존호를 추상하였다. 광해 경술년 '정헌貞憲'이라는 존호를 추상하였다.

계비 소성정의명렬광숙장정인목왕후 김씨는 본관이 연안이고, 능은 목릉이다. 선조 37년 '소성昭聖'이라는 존호를 올렸다. 광해 경술년 '정의貞懿'라는 존호를 가상하였다. 인조 2년 '명렬明烈'이라는 존호를 가상하였다.

> 宣祖 昭敬正倫立極盛德洪烈至誠大義格天熙運顯文毅武聖睿

達孝大王, 諱昖, 初諱鈞, 穆陵. 皇朝賜諡 '昭敬', 諡法不傳. 萬曆十八年, 上尊號 '正倫立極盛德洪烈', 三十二年, 加上尊號 '至誠大義格天熙運'.

妃 章聖徽烈貞憲懿仁王后朴氏, 籍羅州, 穆陵. 萬曆十八年, 上尊號 '章聖', 宣祖三十七年, 追上尊號 '徽烈', 光海庚戌, 追上尊號 '貞憲'.

繼妃 昭聖貞懿明烈光淑莊定仁穆王后金氏, 籍延安, 穆陵. 宣祖三十七年, 上尊號 '昭聖'. 光海庚戌, 加上尊號 '貞懿', 仁祖二年, 加上尊號 '明烈'.

(광해군光海君)

인조仁祖

인조 헌문열무명숙순효대왕의 휘는 종倧, 자는 화백和伯, 호는 송창松窓, 능은 장릉長陵이다.

비 명덕정순인열왕후 한씨는 본관이 청주이고, 능은 장릉이다. 효종 2년 '명덕정순明德貞順'이라는 휘호를 추상하였다.

계비 자의공신휘헌강인정숙온혜장렬왕후 조씨는 본관이 양주이고, 능은 휘릉徽陵이다. 효종 2년 '자의慈懿'라는 존호를 올렸다. 현종 2년 '공신恭愼'이라는 존호를 가상하였다. 숙종 2년 '휘헌徽獻'이라는 존호를 가상하였다.

仁祖 憲文烈武明肅純孝大王, 諱倧, 字和伯, 號松窓, 長陵.

妃 明德貞順仁烈王后韓氏, 籍淸州, 長陵. 孝宗二年, 追上徽
號 '明德貞順'.

繼妃 慈懿恭愼徽獻康仁貞肅溫惠莊烈王后趙氏, 籍楊州, 徽
陵. 孝宗二年, 上尊號 '慈懿'. 顯宗二年, 加上尊號 '恭愼'. 肅
宗二年, 加上尊號 '徽獻'.

효종 孝宗

효종 선문장무신성현인명의정덕대왕의 휘는 호淏, 자는 정연靜淵, 호는 죽
오竹梧이다. 능은 영릉寧陵이다.

비 효숙경렬명헌인선왕후 장씨는 본관이 덕수이고, 능은 영릉이다. 현종 2
년 '효숙孝肅'이라는 존호를 올렸다.

孝宗 宣文章武神聖顯仁明義正德大王, 諱淏, 字靜淵, 號竹
梧, 寧陵.

妃 孝肅敬烈明獻仁宣王后張氏, 籍德水, 寧陵. 顯宗二年, 上
尊號孝肅.

현종 顯宗

현종 소휴연경돈덕수성순문숙무경인창효대왕의 휘는 연棩, 자는 경직景直,
능은 숭릉崇陵이다.

비 현열희인정헌문덕명성왕후 김씨는 본관이 청풍이고, 능은 숭릉이다. 숙
종 2년 '현열顯烈'이라는 존호를 올렸다. 영종(영조) 48년 '희인禧仁'이라는
존호를 추상하였다.

顯宗 昭休衍慶敦德綏成純文肅武敬仁彰孝大王, 諱棩, 字景
直, 崇陵.

妃 顯烈禧仁貞獻文德明聖王后金氏, 籍淸風, 崇陵. 肅宗二
年, 上尊號 '顯烈'. 英宗四十八年, 追上尊號 '禧仁'.

숙종 肅宗

숙종 현의광륜예성영렬유모영운홍인준덕배천합도계휴독경장문헌무경명
원효대왕의 휘는 돈焞, 자는 명보明普, 능은 명릉明陵이다.

(숙종) 39년 '현의광륜예성영렬顯義光倫睿聖英烈' 이라는 존호를 올렸다. 영
종 29년 '유모영운홍인준덕裕謨永運洪仁峻德' 이라는 존호를 추상하였고,
(영종) 52년 '배천합도계휴독경配天合道啓休篤慶' 라는 존호를 추상하였다.

비 광렬선목혜성효장명현인경왕후 김씨는 본관이 광주이고, 능은 익릉翼陵
이다. 숙종 39년 '광렬光烈' 이라는 존호를 추상하였다. 경종 2년 '효장명현
孝莊明顯' 이라는 휘호를 추상하였다. 영종 29년 '선목宣穆' 이라는 존호를
추상하고, 52년 '혜성惠聖' 이라는 존호를 추상하였다.

계비 효경숙성장순의열정목인현왕후 민씨는 본관이 여흥이고, 능은 명릉
이다. 숙종 39년 '효경孝敬' 이라는 존호를 추상하였다. 경종 2년 '의열정목
懿烈貞穆' 이라는 휘호를 추상하였다. 영종 29년 '숙성淑聖' 이라는 존호를
추상하였고, 52년 '장순莊純' 이라는 존호를 추상하였다.

계비 혜순자경헌열광선현익강성정덕수창영복융화휘정정의장목인원왕후
김씨는 본관은 경주이고, 능은 명릉이다. 숙종 39년 '혜순惠順' 이라는 존호
를 올렸다. 경종 2년 '자경慈敬' 이라는 존호를 가상하였다. 영종 2년 '헌열

獻烈'이라는 존호를 가상하였다. 16년 '광선光宣'이라는 존호를 가상하고, '현익顯翼'이라는 존호를 가상하였고, 23년 '강성康聖'이라는 존호를 가상하였고, 27년 '정덕貞德'이라는 존호를 가상하였고, 28년 '수창壽昌'이라는 존호를 가상하였고, 29년 '영복永福'이라는 존호를 가상하였고, 32년 '융화融化'라는 존호를 가상하였으며, 52년 '휘정'이라는 존호를 추상하였다.

肅宗 顯義光倫睿聖英烈裕謨永運洪仁峻德配天合道啓休篤慶章文憲武敬明元孝大王, 諱焞, 字明普, 明陵. 三十九年, 上尊號'顯義光倫睿聖英烈'. 英宗二十九年, 追上尊號'裕謨永運洪仁峻德', 五十二年, 追上尊號'配天合道啓休篤慶'.

妃 光烈宣穆惠聖孝莊明顯仁敬王后金氏, 籍光州, 翼陵. 肅宗三十九年, 追上尊號'光烈'. 景宗二年, 追上徽號'孝莊明顯', 英宗二十九年, 追上尊號'宣穆', 五十二年, 追上尊號'惠聖'.

繼妃 孝敬淑聖莊純懿烈貞穆仁顯王后閔氏, 籍驪興, 明陵. 肅宗三十九年, 追上尊號'孝敬'. 景宗二年, 追上徽號'懿烈貞穆'. 英宗二十九年, 追上尊號'淑聖', 五十二年, 追上尊號'莊純'.

繼妃 惠順慈敬獻烈光宣顯翼康聖貞德壽昌永福隆化徽靖定懿章穆仁元王后金氏, 籍慶州, 明陵. 肅宗三十九年, 上尊號'惠順'. 景宗二年, 加上尊號'慈敬'. 英宗二年, 加上尊號'獻烈', 十六年, 加上尊號'光宣', 加上尊號'顯翼', 二十三年, 加上尊號'康聖', 二十七年, 加上尊號'貞德', 二十八年, 加上尊號'壽昌', 二十九年, 加上尊號'永福', 三十二年, 加上尊號'融化', 五十二年, 追上尊號'徽靖'.

경종景宗

경종 덕문익무순인선효대왕의 휘는 균昀, 자는 휘서輝瑞, 능은 의릉懿陵이다.
비 공효정목단의왕후 심씨는 본관이 청송이고, 능은 '혜릉惠陵'이다. 영조
2년 '공효정목恭孝定穆'이라는 휘호를 추상하였다.

계비 경순효인혜목선의왕후 어씨는 본관이 함종이고, 능은 의릉이다. 영종
2년 '경순敬純'이라는 존호를 올렸다.

> 景宗 德文翼武純仁宣孝大王, 諱昀, 字輝瑞, 懿陵.
>
> 妃 恭孝定穆端懿王后沈氏, 籍靑松, 惠陵. 英宗二年, 追上徽
> 號'恭孝定穆'.
>
> 繼妃 敬純孝仁惠穆宣懿王后魚氏, 籍咸從, 懿陵. 英宗二年,
> 上尊號敬純.

영종英宗

영종(영조) 지행순덕영모의열장의홍륜광인돈희체천건극성공신화대성광운
개태기영요명순철건건곤녕배명수통경력홍휴익문선무희경현효대왕의 휘
는 금昑, 자는 광숙光叔, 호는 양성헌養性軒, 능은 원릉元陵이다. (영종) 16년
'지행순덕영모의열至行純德英謨毅烈'이라는 존호를 올렸고, 28년 '장의홍
륜광인돈희章義弘倫光仁敦禧'라는 존호를 가상하였고, 32년 '체천건극성공
신화體天建極聖功神化'라는 존호를 가상하였고, 48년 '대성광운개태기영大
成廣運開泰基永'이라는 존호를 가상하였고, 52년 '요명순철건건곤녕堯明舜
哲乾健坤寧'이라는 존호를 가상하였다. 정종(정조) 8년 '배명수통경력홍휴配
命垂統景曆洪休'라는 존호를 추상하였다.

비 혜경장신강선공익인휘소헌단목장화정성왕후 서씨는 본관이 달성이고, 능은 홍릉弘陵이다. 영종 16년 '혜경惠敬'이라는 존호를 올렸고, 28년 '장신莊愼'이라는 존호를 가상하였고, 32년 '강선康宣'이라는 존호를 가상하였고, 48년 '공익恭翼'이라는 존호를 추상하였고, 52년 '인휘仁徽'라는 존호를 추상하였다. 정종 2년 '소헌昭獻'이라는 휘호를 추상하였다.

계비 예순성철장희혜휘익렬명선수경광헌융인소숙정헌정순왕후 김씨는 본관이 경주이고, 능은 원릉이다. 영종 48년 '예순睿順'이라는 존호를 올렸고, 52년에 '성철聖哲'이라는 존호를 가상하였다. 정종 2년에 '장희莊僖'라는 존호를 가상하였고, 7년에 '혜휘惠徽'라는 존호를 가상하였고, 8년에 '익렬翼烈'이라는 존호를 가상하였고, 11년에 '명선明宣'이라는 존호를 가상하였고, 19년에 '수경綏敬'이라는 존호를 가상하였다. 순조 4년에 '광헌光獻'이라는 존호를 가상하였고, '융인隆仁'이라는 존호를 가상하였다.

英宗 至行純德英謨毅烈章義弘倫光仁敦禧體天建極聖功神化大成廣運開泰基永堯明舜哲乾健坤寧配命垂統景曆洪休翼文宣武熙敬顯孝大王, 諱昑, 字光叔, 號養性軒, 元陵.

十六年, 上尊號'至行純德英謨毅烈', 二十八年, 加上尊號'章義弘倫光仁敦禧', 三十二年, 加上尊號'體天建極聖功神化', 四十八年, 加上尊號'大成廣運開泰基永', 五十二年, 加上尊號'堯明舜哲乾健坤寧'. 正宗八年, 追上尊號'配命垂統景曆洪休'.

妃 惠敬莊愼康宣恭翼仁徽昭獻端穆章和貞聖王后徐氏, 籍達城, 弘陵. 英宗十六年, 上尊號'惠敬', 二十八年, 加上尊號

'莊愼', 三十二年, 加上尊號 '康宣', 四十八年, 追上尊號 '恭翼', 五十二年, 追上尊號 '仁徽'. 正宗二年, 追上徽號 '昭獻'. 繼妃 睿順聖哲莊僖惠徽翼烈明宣綏敬光獻隆仁昭肅靖憲貞純王后金氏, 籍慶州, 元陵. 英宗四十八年, 上尊號 '睿順', 五十二年, 加上尊號 '聖哲'. 正宗二年, 加上尊號 '莊僖', 七年, 加上尊號 '惠徽', 八年, 加上尊號 '翼烈', 十一年, 加上尊號 '明宣', 十九年, 加上尊號 '綏敬'. 純祖四年, 加上尊號 '光獻', 加上尊號 '隆仁'.

정종正宗

정종(정조) 문성무열성인장효대왕의 휘는 산祘, 자는 형운亨運, 호는 홍재弘齋, 능은 건릉健陵이다.

비 예경자수효의왕후 김씨는 본관이 청풍이고, 능은 건릉이다.

　正宗 文成武烈聖仁莊孝大王, 諱祘, 字亨運, 號弘齋, 健陵.

　妃 睿敬慈粹孝懿王后金氏, 籍淸風, 健陵.

순조純祖

순조 연덕현도경인순희체성응명흠광석경계천배극융원돈휴의행소륜희화준열대중지정홍훈철모건시태형창운홍기고명박후강건수정문안무정영경성효대왕의 휘는 공玜, 자는 공보公寶, 호는 순재純齋, 능은 인릉仁陵이다. 헌종 원년 '체성응명흠광석경體聖凝命欽光錫慶' 이라는 존호를 추상하였다. 철종 4년 '계천배극융원돈휴繼天配極隆元敦休' 라는 존호를 추상하였고, 8년 '의

행소륜희화준열懿行昭倫熙化峻烈'이라는 존호를 추상하였고, 9년 '대중지정홍훈철모大中至正洪勳哲謨'라는 존호를 추상하였고, 12년 '건시태형창운홍기乾始泰亨昌運弘基'라는 존호를 추상하였고, 13년 '고명박후강건수정高明博厚剛健粹精'이라는 존호를 추상하였다.

비 명경문인광성융희정렬선휘영덕자헌현륜홍화신운예성홍정순원왕후 김씨는 본관이 안동이고, 능은 인릉이다. 순조 27년 '명경明敬'이라는 존호를 올렸다. 헌종 3년 '문인文仁'이라는 존호를 가상하였고, 7년 '광성光聖'이라는 존호를 가상하였고, 14년 '융희隆禧'라는 존호를 가상하였다. 철종 2년 '정렬正烈'이라는 존호를 가상하였고, 3년 '선휘宣徽'라는 존호를 가상하였고, 4년 '영덕英德'이라는 존호를 가상하였다. 철종 8년 '자헌慈獻'이라는 존호를 추상하였고, 9년 '현륜顯倫'이라는 존호를 추상하였고, 12년 '홍화洪化'라는 존호를 추상하였고, 13년 '신운神運'이라는 존호를 추상하였다.

純祖 淵德顯道景仁純禧體聖凝命欽光錫慶繼天配極隆元敦休懿行昭倫熙化峻烈大中至正洪勳哲謨乾始泰亨昌運弘基高明博厚剛健粹精文安武靖英敬成孝大王, 諱玜, 字公寶, 號純齋, 仁陵. 憲宗元年, 追上尊號 '體聖凝命欽光錫慶'. 哲宗四年, 追上尊號 '繼天配極隆元敦休', 八年, 追上尊號 '懿行昭倫熙化峻烈', 九年, 追上尊號 '大中至正洪勳哲謨', 十二年, 追上尊號 '乾始泰亨昌運弘基', 十三年, 追上尊號 '高明博厚剛健粹精'.

妃 明敬文仁光聖隆禧正烈宣徽英德慈獻顯倫洪化神運睿成弘定純元王后金氏, 籍安東, 仁陵. 純祖二十七年, 上尊號 '明敬'. 憲宗三年, 加上尊號 '文仁', 七年, 加上尊號 '光聖', 十四年, 加上尊號 '隆禧'. 哲宗二年, 加上尊號 '正烈', 三年, 加上尊號 '宣徽', 四年, 加上尊號 '英德'. 哲宗八年, 追上尊號 '慈獻', 九年, 追上尊號 '顯倫', 十二年, 追上尊號 '洪化', 十三年, 追上尊號 '神運'.

헌종憲宗

헌종 체건계극중정광대지성광덕홍운장화경문위무명인철효대왕의 휘는 환奐, 자는 문응文應, 호는 원헌元軒, 능은 경릉景陵이다. 철종 4년 '체건계극중정광대體健繼極中正光大' 라는 존호를 추상하였다. 고종 3년 '지성광덕홍운장화至聖廣德弘運章化' 라는 존호를 추상하였다.

비 단성수원경혜정순효현왕후 김씨는 본관이 안동이고, 능은 경릉이다. 철종 2년에 '경혜정순敬惠靖順' 이라는 휘호를 가상하였고, 4년에 '단성端聖' 이라는 존호를 추상하였다. 고종 3년에 '수원粹元' 이라는 존호를 추상하였다.

계비 명헌숙경예인정목홍성장순정휘왕대비전하 홍씨는 본관이 남양이고, 능은 경릉이다. 철종 2년 '명헌明憲' 이라는 존호를 올렸고, 4년에 '숙경淑敬' 이라는 존호를 가상하였고, 10년에 '예인睿仁' 이라는 존호를 가상하였고, 14년에 '정목正穆' 이라는 존호를 가상하였다. 고종 3년에 '홍성弘聖' 이라는 존호를 가상하였고, 같은 해에 '장순章純' 이라는 존호를 가상하였고, 10년에 '정휘貞徽' 라는 존호를 가상하였다.

憲宗 體健繼極中正光大至聖廣德弘運章化經文緯武明仁哲孝大王, 諱奐, 字文應, 號元軒, 景陵. 哲宗四年, 追上尊號 '體健繼極中正光大'. 高宗三年, 追上尊號 '至聖廣德弘運章化'.

妃 端聖粹元敬惠靖順孝顯王后金氏, 籍安東, 景陵. 哲宗二年, 追上徽號 '敬惠靖順', 四年, 追上尊號 '端聖'. 高宗三年, 追上尊號 '粹元'.

繼妃 明憲淑敬睿仁正穆弘聖章純貞徽王大妃殿下洪氏, 籍南陽, 景陵. 哲宗二年, 上尊號 '明憲', 四年, 加上尊號 '淑敬', 十年, 加上尊號 '睿仁', 十四年, 加上尊號 '正穆'. 高宗三年, 加上尊號 '弘聖', 同年, 加上尊號 '章純', 十年, 加上尊號 '貞徽'.

철종哲宗

철종 희륜정극수덕순성흠명광도돈원창화문현무성헌인영효대왕의 휘는 승昇, 자는 도승道升, 호는 대용재大勇齋, 능은 예릉睿陵이다. (철종) 14년 '희륜정극수덕순성熙倫正極粹德純聖'이라는 존호를 올렸고, 고종 3년 '흠명광도돈원창화欽命光道敦元彰化'라는 존호를 추상하였다.

비 명순휘성정원수녕대비전하 김씨는 본관이 안동이고, 능은 예릉이다. 철종 14년 '명순明純'이라는 존호를 올렸다. 고종 3년 '휘성徽聖'이라는 존호를 가상하였고, 같은 해 '정원正元'이라는 존호를 가상하였고, 10년에 '수녕粹寧'이라는 존호를 가상하였다.

哲宗 熙倫正極粹德純聖欽命光道敦元彰化文顯武成獻仁英孝大王, 諱昇, 字道升, 號大勇齋, 睿陵. 十四年, 上尊號 '熙倫正極粹德純聖'. 高宗三年, 追上尊號 '欽命光道敦元彰化'.

妃 明純徽聖正元粹寧大妃殿下金氏, 籍安東, 睿陵. 哲宗十四年, 上尊號'明純'. 高宗三年, 加上尊號'徽聖', 同年, 加上尊號'正元', 十年, 加上尊號'粹寧'.

고종高宗

고종 통천융운계극돈륜주상전하의 휘는 희熙, 자는 성림聖臨, 초휘는 재황載晃, 자는 명보明夫, 호는 성헌誠軒이다. (능은 홍릉洪陵). 10년에 '통천융운계극돈륜統天隆運啓極敦倫'이라는 존호를 올렸다.

비 효자전하 민씨는 본관이 여흥이다. (능은 홍릉.) 고종 10년에 '효자孝慈'라는 존호를 올렸다. (광무 1년 '명성明成'이라는 시호가 내려짐.)

高宗 統天隆運啓極敦倫主上殿下(高宗統天隆運肇極敦倫正聖光義明功大德堯峻舜徽禹謨湯敬應命立紀至化神烈巍勳洪業啓基宣曆乾行坤定英毅弘休壽康文憲武章仁翼貞孝皇帝), 諱熙, 字聖臨, 初諱載晃, 字明夫, 號誠軒. 十年, 上尊號'統天隆運啓極敦倫'.

妃 孝慈殿下閔氏, 籍驪興. 高宗十年, 上尊號'孝慈'.

(순종純宗)

(순종문온무녕돈인성경황제純宗文溫武寧敦仁誠敬皇帝. 휘는 척拓, 자는 군방君邦, 호는 정헌正軒, 능은 유릉裕陵.)

(순명효황후 민씨純明孝皇后閔氏)

(순정효황후 윤씨純貞孝皇后尹氏)

諡號 관련 논설

【의례경전儀禮經傳】 태사太史가 상중喪中의 견전遣奠[1]하는 날에 뇌사 誄詞[2]를 읽는데, 모든 상사喪事에 행례行禮의 득실을 고찰하며, 소상小 喪에 시호를 내린다. (춘관春官)

○주공周公과 태공太公만이 사왕嗣王인 발發(무왕武王)을 인도하여 목야牧野 에서 공로를 세웠으므로, 그들이 죽어 장례를 치르려 할 때 시법諡法을 만 들었다. 시諡는 행위의 발자취이고, 호號는 공로의 표상이다. 그러므로 큰 행적에는 큰 이름을 받고, 작은 행적에는 작은 이름을 받는다.

○혹자가 물었다.

"신하가 임금에게 시호를 올리려면 당연히 최고의 찬미를 해야 하는데, 그 런 사실이 있는가?"

주자朱子가 대답하였다.

"끝마무리를 바르게 하는 것이 가장 큰 일이다. 충효忠孝를 아는 사람이면 임금에게 바르지 못한 시호를 올리지 않는다." (성리대전性理大全)

○화정 윤씨和靖尹氏가 말했다.

"시법은 가장 공정한 것이다. 성주成周 시대에 그 자손들이 유幽 · 여厲 · 난

疨이라는 글자를 내어서 시호를 붙였는데, 이것은 아무리 효자孝子·자손慈孫이라 해도 다시 고칠 수 없다. 문왕文王에게도 단지 '문文' 자 하나, 무왕武王에게도 단지 '무武' 자 하나를 쓴 것처럼 크고 작은 것이 매우 공정하다."

○오봉 호씨五峯胡氏가 말했다.

"천하의 공리公理에 맞지 않으면, 아들이 아버지에 대해 논의할 수 있고, 신하가 임금에 대해 논의할 수 있다. 아들과 신하는 아버지와 임금에게 불선不善이 있으면, 당연히 선한 것을 말하고 사심邪心을 막아 옳은 길로 인도해야 한다. 만약 생전에 바로잡지 못하고 죽은 뒤에 또다시 편을 든다면 그것은 아버지와 임금을 천도天道로 받들지 못하고, 아버지와 임금을 인도人道로 섬기지 못한 일이 되므로, 그것을 충성이요 효도라 할 수 있는가?"

【오례의五禮儀】 장례 후에 하는 것으로 되어 있다.

(『신독재전서愼獨齋全書』 제12권 「고금상례이동의古今喪禮異同議」)

---

1)견전(遣奠) : 노전路奠. 노제路祭. 발인 때 대문 밖 길에서 지내는 제사.
2)뇌사(誄詞) : 죽은 이의 생전의 공덕을 칭송하며 조상하는 글.

諡

【儀禮經傳】太史喪遣之日讀誄. 凡喪事攷焉. 小喪賜諡. (春官)

○惟周公太公, 開嗣王發, 建功于牧野, 及終將葬, 乃制諡法.

諡者行之跡, 號者功之表. 是以, 大行受大名, 細行受小名. ○
或問, "臣子加諡於君父, 當極其美, 有諸?" 曰, "正終大事也.
加君父以不正之諡. 知忠孝者不爲也. (性理大全) ○和靖尹氏
曰, 諡法最公. 以成周之時, 其子孫自以出幽厲赧爲諡, 此孝
子慈孫, 所不能改也. 文王只用箇文字, 武王只用箇武字, 大
小大公. ○五峯胡氏曰, 不合天下之公, 則爲子議父, 臣議君,
夫臣子也. 君父有不善. 所當陳善閉邪. 引之當道. 若生不能
正, 旣亡而又黨之, 是不以天道奉君父, 而亦不以人道事君父
也. 謂之忠孝, 可乎?

【五禮儀】在治葬之後.

시의 諡議

정어중鄭漁仲[1]이 시법諡法을 논하기를,

"악시惡諡로는 걸桀·주紂만 한 것이 없고, 그 다음은 환桓·영靈이요, 그 다음은 유幽·여厲만 한 것이 없다. 그러나 걸과 주는 곧 이름이요 시호가 아니다. 환桓은 경經·전傳에 모두 악하다는 뜻이 없으며, 제齊나라 환공桓公이나 주周나라 환왕桓王은 원래 잘못된 행실이 없으니, 어떻게 환이 악한 이름이 된단 말인가? 영靈이란 신성神聖의 다른 이름이다. 주나라가 동으로 옮기자 왕의 강령綱領이 떨치지 못했는데, 영왕 때에 이르러 주나라의 도道가 비로소 창성했다. 그러므로 『춘추좌씨전春秋左氏傳』에 이르기를 '오직 콧수염이 있을 뿐 왕(영왕)은 매우 신성했다'[2] 하였으니, 어떻게 영이 악한 이름이 된단 말인가? 이른바 '청컨대 영靈과 여厲가 되겠다'는 것은 형만荊蠻의 근거 없는 논설이다. 유幽는 은隱과 서로 비슷하다. 유왕幽王이 견융犬戎의 화란에 죽었고, 노 은공魯隱公이 우보羽父의 난리에 죽었으니, 이는 모두 신하로서 차마 말 못할 일이다. 그러므로 유와 은으로 명명命名한 것은 매우 통한스럽게 여긴 것이다. 어찌 꽉 막혀서 통하지 않는다는 뜻이 있겠는 가? 『논어論語』(「술이述而」)에 이르기를, '(공자는) 온화하면서도 엄숙하 며(厲), 위엄이 있으면서도 사납지 않으며, 공손하면서도 편안했다(安)' 하였다. '여厲'와 '안安'은 다같이 아름다운 것인데, 어찌 포학하여 친 애함이 없다는 뜻이 있겠는가?'

하였다. 이 논의는 나의 어리석은 논설과 흡사한데, 사람들이 대체로 나의 논설을 만족하게 여기지 않다가, 뒤에 이것을 보고서야 수긍이 가는 모양이니 역시 한번 웃을 일이다. 다만 『맹자孟子』에 '아무리 효 자孝子·자손慈孫이라 할지라도 감히 고치지 못한다'[3]는 논설이 있으 니, 아울러 이것마저 변해辨解한 뒤에라야 비로소 통론이 될 것이다.

무릇 죽어서 역명易名[4]을 함에 있어 하나의 은혜로써 조절하여 아 름다움을 칭하고 악함을 칭하지 않는 것이 예禮이며, 진실로 선善하지 못하더라도 신하가 된 자는 숨기고 말하지 않는 것이 옳다. 그런데도 하필 들추어내서 이름을 만들어 천하 만세에 유포한 뒤에야 통쾌하단 말인가? 이미 그 시호가 있게 되면 제축祭祝에 일컫게 되니, 이는 모욕 하는 것이므로 자손의 마음에 차마 할 일이겠는가? 그러나 참람한 호 칭은 옳지 못하므로 반드시 그 장점을 택하여 이름하는 것이다. 유· 환·위·여는 본래 아름다운 이름이나, 다만 그윽하고(幽) 밝지 못하 며 엄숙하고(厲) 온화하지 못한다면, 이는 유幽·여厲가 될 뿐이다. 애 석하게도 정씨는 여기까지 언급하지 못하였다. 별도로 논한 바 있으 므로 더 덧붙이지 않는다.

(『성호사설星湖僿說』 제9권 「인사문人事門」)

1)정어중(鄭漁仲) : 송나라 보전莆田 사람. 이름은 초樵, 어중은 그의 자字. 벼슬이 추밀원樞密院 편수編修에 이르렀고, 협제산夾漈山에 살아서 협제 선생夾漈先生이라 칭하였으며, 고증考證·윤류倫類의 학문을 좋아하여 『통지通志』 2백 권을 저술하였음.

2)『춘추좌씨전』 소공昭公 26년조에, "영왕에 이르러 나면서부터 콧수염이 있었는데, 왕은 매우 신성하였으며 제후에게 악하지 않았다(至于靈王, 生而有頾, 王甚神聖, 無惡於諸侯)" 하였음.

3)『맹자』 「이루 상離婁上」에, "백성에게 포악함이 심하면 몸이 시해당하고 나라가 망하며, 심하지 않으면 몸이 위태롭고 나라가 줄어든다. 그러므로 '유·여'라 이름하면, 비록 효자孝子와 자손慈孫이 있더라도 백세토록 고칠 수 없다(暴其民甚, 則身弑國亡, 不甚, 則身危國削, 名之曰幽厲, 雖孝子慈孫, 百世, 不能改也)" 하였음.

4)역명(易名) : 죽은 뒤에 이름을 바꾸어 시諡를 내리는 것.

諡議

鄭漁仲論諡法, "惡諡莫如桀紂, 其次桓靈, 其次莫如幽厲. 然桀紂, 是名非諡也. 桓, 於經傳並無惡義, 如齊之桓公, 周之桓王, 元無累行, 安得桓爲惡名乎? 靈者, 神聖之異名. 周之東也, 王綱不振, 迨夫靈王, 周道始昌. 故『傳』曰, '惟有頾, 王甚神聖', 安得靈爲惡名乎? 其曰, '請爲靈若厲', 荊蠻不根之論也. 幽與隱相類. 幽王喪於犬戎之禍, 魯隱卒於羽父之難, 皆臣子不忍言. 故以幽隱命之痛恨之甚也. 豈有壅遏不通之義乎? 『語』曰, '溫而厲, 威而不猛, 恭而安.' 厲與安並美, 豈有暴虐無親之義乎?" 此論恰與愚說相似, 人多不我足也, 後見此, 然後方有肯許者, 亦一笑也. 但孟子有 '孝慈不敢改之'

說, 須並此辨解, 然後方始爲通論也. 夫死而易名, 節以一惠, 稱美不稱惡, 禮也, 苟其不善, 爲臣子者, 諱而不言, 可也. 何必暴揚爲名, 流布於天下萬世, 而後爲快耶? 旣有其諡, 祭祝稱焉, 是侮辱之也, 子孫之心, 其可忍耶? 然不可以誣稱, 故必擇其長而名之. 幽桓威厲, 本是美名, 但幽不明, 厲不溫, 是爲幽厲而已. 惜乎, 鄭氏不及此耳. 別有論不贅.

'효孝' 자로 시호를 삼음

　주나라 예법에 맏아들로 적자嫡子를 삼아 제사 지낼 때면 '효자孝子'라고 일컬었다. 한漢나라의 시호가 이것을 조종祖宗으로 삼아 중하게 여겨서 모두 '효孝' 한 글자를 더했으니, 이것은 천자의 종자宗子임을 표시한 것이다. 순상荀爽이 말했다.

　"불은 나무에서 생기기 때문에 그 덕을 효孝라 하니, 한나라가 '효'로 시호한 것은 그 뜻이 이것을 취함이다. 그러므로 한나라의 제도가 온 천하 사람들로 하여금 모두 『효경』을 외게 하고, 관리를 선발하는 데 효렴孝廉을 천거함으로써 효에 힘쓰게 하였다."[1]

　설자說者가 또 말하였다.

　"한나라의 정치는 인仁을 주로 하였으니, 인은 효보다 더한 것이 없으므로 '효'라 한 것이다."

　이것은 그 진실을 알지 못하고 견강부회한 말이다.

　전연년田延年이 곽광霍光에게 말하기를,

　"한나라에 전해오는 시호에 늘 '효' 자를 쓴 것은 길이 천하를 소유함으로써 종묘의 제향을 받게 하려는 것이다."[2]

하였으니, 이것도 하나의 가설이 된다.

(『성호사설星湖僿說』제12권 「인사문人事門」)

1) 『후한서後漢書』 「순한종진열전荀韓鍾陳列傳」.
2) 『한서漢書』 「곽광김일제전霍光金日磾傳」.

以孝爲諡

周之禮, 立嫡以長, 祭則稱曰'孝子'. 漢諡祖此爲重, 皆加一孝字, 所以表天之宗子也. 荀爽曰, "火生於木, 故其德爲孝, 漢諡稱孝, 其義取此. 故漢制使天下誦『孝經』, 選吏擧孝廉, 以孝爲務也." 說者又曰, "漢治主仁, 仁莫大於孝, 故曰'孝'也", 是不得其實, 而傅會之言也. 田延年謂霍光曰, "漢之傳諡, 常爲孝者, 以長有天下, 令宗廟血食", 此一說也.

시호諡號를 맞이함

우리나라 풍속에 오직 정경正卿(정2품 이상) 이상에게 시호를 내리는 데, 죽은 자에게 시호를 내리는 것은 주周나라 제도이니, 무릇 대부는 모두 이에 해당되었다. 혹 세상에 뛰어난 행실이 있는 자는 비록 대부가 아니라도 시호를 내렸으니, 동자童子 왕기汪踦[1] 같은 이가 그 예이다. 지금 통정通政 이상은 지위가 중대부中大夫에 있으니, 어찌 시호가 없겠는가? 또 나라에 공적이 있는 자는 그 경중輕重에 따라 벼슬을 추증하고 시호를 내리더라도 괜찮을 것이다.

시호를 맞이하는 집에서는 반드시 연회를 크게 베풀어야 하므로 소모되는 재물이 한량없다. 관직에 있는 자는 반드시 부유한 고을을 구하여 수령이 되어서 많은 재물을 소진하면서 비용을 충당하였다. 그러나 가난한 선비는 비록 조상의 시호가 내리더라도 감히 맞이하지 못하기 때문에 시호를 사용하지도 못했다.

시호를 맞이할 때는 반드시 신주神主가 뜰 아래로 내려와 인도하면서 굽실거려, 마치 직접 받드는 시늉을 하도록 하는데, 이 예절은 어디에 의거하여 그렇게 하는 것인가? 『오례의五禮儀』 견사영증遣使榮贈 조

에,

"사자使者는 널(柩)의 동쪽에 서고 주인은 섬돌 사이에서 북향하여 4 배를 한다. 사자가 시호諡號를 공포하면 주인은 부복俯伏했다가 일어나 4배하고 올라가 시호를 받은 뒤에 물러나 널의 동쪽에서 전奠[2]을 드리고 동쪽 섬돌로 내려와 곡哭을 한다. 사자가 나가면 대문 밖에 나와서 배송拜送한다."

했으니, 이와 같을 뿐이다. 지금 사람들은 옛 전례典禮를 한번도 펼쳐보지 않고, 다만 관청 서리(曹吏)의 말에만 의지하여 와전됨이 이에 이른 것이다.

또 상을 마치고 시호를 맞이하는 자의 경우, 어찌 꼭 그렇게 해야 하겠는가? 주인이 정당正堂에서 의식에 따라 예를 행하고 시호를 받들어 사당에 전을 드리며 고유告由하면 될 것이다. 진실로 상중에 비록 연회를 열고자 한들 어찌 그럴 수 있겠는가? 무릇 증관贈官과 증시贈諡는 균등한 것이다. 증관의 경우에는 그렇지 않은데, 어찌 증시만 다르겠는가?

요즘에는 이조낭관吏曹郎官이 시전諡典을 가지고 오므로, 예폐禮幣 등의 절차가 생겨 여러 고을에서 그 폐단을 많이 받게 될 것이다. 조정에서 이를 참작하여 의식을 간소화한다면 재물을 절약하는 한 방법이 될 것이며, 가난한 선비도 비용이 없음을 걱정하지 않게 될 것이다.

(『성호사설星湖僿說』 제14권 「인사문人事門」)

延諡

國俗, 惟正卿以上賜諡, 死而諡, 周道也, 凡大夫皆然. 或有絶
俗之行, 雖非大夫, 如童汪踦之類, 是也. 今通政以上, 位在中
大夫, 如何不諡? 又如有功勞於國, 隨其輕重, 雖贈官而有諡,
可矣. 其延諡之家, 必大張筵席, 費用無筭. 有官者, 必求饒邑
爲宰, 殫財爲需. 貧士, 雖有祖先諡典, 不敢延命, 故亦不敢用
諡. 其延之也, 必神主下堂, 導之偃儽, 若親承者, 然此禮, 又
何所據而然耶? 『五禮儀』遣使榮贈條云, "使者立於柩東, 主
人於階間北向四拜. 使者宣諡號, 主人俯伏興四拜, 陞受諡號,
退奠於柩東, 降於東階下哭. 使者出, 拜送於大門外", 如斯而
已. 今人不曾一閱舊典, 只憑曹吏之口, 轉訛至此也. 若喪畢
而諡者, 又何必然? 主人於正堂行禮如儀, 奉以奠告于廟, 可
矣. 苟於喪內則雖欲宴樂, 得乎? 夫贈官贈諡, 均也. 贈官則
不然, 何獨贈諡而異裁? 今吏曹郞官帶往, 故有禮弊(幣)等節
目, 列邑多受其弊. 朝廷酌, 損儀式, 卽節財之一端, 而貧者亦
不患其無需矣.

4조祖의 처음 시호는, 태조가 목왕穆王·익왕翼王·도왕度王·환왕桓王이라 추존하였는데, 태종이 목왕에게 인문성목仁文聖穆·익왕에게 강혜성익康惠聖翼·도왕에게 공의성도恭毅聖度·환왕에게 연무성환淵武聖桓이라는 시호를 더하고, 왕을 고쳐서 조祖라 칭하였다.

○태조·태종의 시호를 추가해 올렸다. 숙종 9년(1683) 계해에 봉조하奉朝賀 송시열宋時烈이 상소하기를, "태조의 시호는 넉 자뿐인데, 열성조의 시호가 도리어 글자 수가 더 많아서 편치 않습니다. 게다가 위화도에서 회군한 대의가 시호에 들어가지 않아 유감이오니, 청컨대 명나라에서 시호를 추가해 올리는 예를 따르소서" 하였다. 임금이 빈청賓廳에 명하여 의논하게 하였더니 빈청에서 아뢰기를, "정종定宗의 시호를 이미 넉 자 더하여 올렸는데, 태조의 시호를 지금 또 추가해 올리고 홀로 태종의 시호만을 그대로 두고 더 올리지 않는다면, 높여 받드는 도리에 흠이 될 것 같사오니 태종께도 함께 추가하여 올리는 것이 마땅합니다" 하였다. 임금이 이를 좇아 드디어 태조·태종의 시호를 더 올렸다.

○세종 원년에 정종의 시호를 올리기를, '온인공용순효溫仁恭勇順孝'
라 하였는데, 뒤에 예조에서 '명나라에서 공정恭靖이란 시호를 주었으
니, 공恭자를 중복하여 올림은 마땅하지 않다' 하며, 공용恭勇 2자를
뺄 것을 청하였다.

○숙종 7년(1681) 신유에 정종定宗의 묘호를 추가하여 올렸다. 처음 교
리 오도일吳道一이 공정왕恭靖王의 묘호를 추후하여 올리기를 청하니,
임금이 대신과 유신儒臣들에게 의논하게 하고서 이르기를, "아조 열성
조께서 모두 묘호가 있는데, 하물며 공정대왕의 큰 공과 높으신 덕으
로 아름다운 칭호가 아직까지 없으니, 어찌 국가의 한 가지 큰 결례가
아니겠는가? 추후로 묘호를 올리는 것이 안 될 게 전혀 없으니, 예조
에 명하여 곧 거행토록 하라" 하였다. 교정청에서 아뢰기를, "고故 해
평부원군 윤근수尹根壽의 집에 간직한 소설小說에, 『예종일기睿宗日記』
를 상고하니, 임금께서 이르기를, 공정왕의 묘호가 없으니 이는 전례
典禮에 어긋난 것이므로 이제 마땅히 시호를 올려야 한다 하여, 드디
어 안종安宗이라 하였으나 그 후에도 그대로 공정恭靖이라고 일컫고
종宗의 호를 부르지 않았다' 하였습니다. 근수는 선조조의 중신이오
니 그의 말에 신빙성이 있습니다" 하였다. 이에 명하여 강도江都에 있
는 실록을 상고하고, 다시 대신과 2품 이상으로 하여금 의논하여 묘호
를 올리도록 하여 정종定宗이라 하였다.(정종조에 보라)

　『열성지장列聖誌狀』에 이르기를, "성종 을미년(1475)에, 무림군茂林君
선생善生(정종의 왕자) 등이 상소하여 아뢰기를, '예종 기축년(1469)에 공
정왕의 묘호를 희종熙宗이라 하였다' 하였는데, 『예종실록』에 보이지

않으니, 이것은 윤근수가 기록한 말과 서로 다릅니다. 지금 이 묘호를 추가해 올릴 때, 이미 강도에 있는 실록을 상고하여 보았으나, 『상묘호도감의궤上廟號都監儀軌』 중의 빈청 계사에 '실록 중에 예종이 특지特늘로, 공정왕을 종宗으로 칭호하는 예를 거행하려 하였지만, 마침내는 중지하고 행하지 않았다' 하였으니, 안安자·희熙자를 막론하고 알 수 없는 일이다" 하였다. 그때 빈청에서 아뢰기를, "열성조의 시호는 모두 여덟 자를 썼는데, 홀로 공정왕에게만 온인순효溫仁順孝의 넉 자를 올렸으니, 갖추어지지 못한 전례임을 면할 수 없습니다. 이제 묘호를 추가해 올리는 날을 당하여 시호를 더 올리는 것이 전례에 합당할까 하옵니다" 하니, 임금이 이를 좇아서 드디어 의논하여 넉 자를 더 올렸다. 시호도감에서 아뢰기를, "원종대왕元宗大王 이상 열성의 위판에 모두 '유명증시有明贈諡'라는 넉 자가 있으니, 지금 역시 이에 따라 행하기를 청하옵니다" 하니, 임금이 좇았다.(『문헌비고文獻備考』에도 모두 같다)

○숙종 9년(1683)에 태종의 시호를 추가해 올릴 때, 예조판서 남용익南龍翼이 아뢰기를, "왕후王后의 위판에 휘호徽號를 쓰지 않은 것은, 추후로 쓰지 말라는 명이 있어서였습니다. 그런데 원경왕후元敬王后의 위판에서 왕태후王太后의 '태太' 자를 삭제하려고 지금 긁어내려 하오니 이때 휘호도 함께 쓰는 것이 예법에 합당할 것 같습니다" 하니, 이를 좇았다.(『문헌비고』)

○단종의 묘호와 시호를 숙종 24년(1698)에 추후로 올렸다.(『단종기端宗紀』에 상세하다)

○세조의 상사에 묘호를 의논할 때, 예종이 한계희韓繼禧에게 명하여

여러 신하들에게 유시하기를, "선왕은 공덕이 높아서 시호가 한두 글자로는 될 수 없으니, 7~8자를 올리려 한다" 하였는데, 겸 예조판서 박원형朴元亨이 두 자를 더할 것을 헌의하였다. 임금이 노하여 이르기를, "누가 이 논의를 내세워 나의 의사를 막으려 하느냐?" 하니, 여러 신하들이 감히 입을 열어 말하지 못하는데 계희가, "신이 성지를 받들고서 제대로 못하여 이런 논의를 가져오게 하였으니, 신에게 실로 죄가 있습니다" 하였다.(『사가집四佳集』비문)

○예종의 묘호는 과연 예종 자신의 생전에 바라던 뜻에 맞았다.(예종고사 조에 들어 있다)

○가정嘉靖 갑진년(1544)에 정릉靖陵이 승하하니, 묘호를 '중종中宗'이라 올렸다. 인묘仁廟(인종)가 전교하기를, "부왕께서 폐조의 위태롭고 어지러운 때를 당하여, 난을 다스리고 반정하여 종묘사직을 다시 편안하게 하였으니 중흥의 공이 있다. 조祖라 칭호하려 하는데 어떠한가?" 하니, 예관禮官이 회답하여 아뢰기를, "옛날 송나라 고종高宗의 묘호를 의논할 때, 혹자가 조를 칭하려 하니 우무尤袤가 말하기를, '한나라의 광무光武는 장사정왕長沙定王 발發의 후손으로서 들어가 황실의 계통을 계승하였기 때문에 조로 칭호하였습니다. 고종은 비록 중흥하였지만 휘종徽宗의 아들로서 형인 흠종欽宗을 계승하였으니 조라고 칭호함은 부당하옵니다' 하였습니다. 우리나라에서 세조를 조로 칭호한 것은, 중흥하였고 아우로서 형을 계승하였기 때문입니다. 대행왕께서는 비록 중흥은 하셨지만, 바로 성종대왕의 계통을 이으셨으니, 조로 칭호하기에는 온당하지 않습니다" 하였다. 임금이 다시 명하여 의논

하게 하니, 대신들이 시호를 의논하는 것은 큰 일로서 조정에서 의논이 결정되었으므로 다시 의논할 수 없다고 하였다.(『동각잡기』)

○ 명종明宗의 묘호.(명종고사 조에 들어 있다)

○ 선조가 승하하여 조정에서 묘호를 의논할 때, 모두들 임금이 종계宗系를 개정하고 왜구를 물리친 두 가지의 큰 공이 있어 조祖로 칭호함이 마땅하다고 하니, 판서 윤근수尹根壽가 차자를 올려 아뢰기를, "창업한 임금을 조로 칭호하고, 계통을 이은 임금을 종宗으로 칭호하는 것은 곧 고금의 예법입니다. 서한西漢 2백 년 동안, 고조高祖 외에는 조로 칭호한 임금이 없었고, 동한東漢 2백 년 동안에도 세조世祖 이외에는 조로 칭호한 임금이 없었으며, 송나라 3백 년 동안에도 태조太祖 이외에는 조로 칭호한 임금이 없었고, 고려 때에도 태조 이외에는 조로 칭호한 임금이 없었습니다. 그 사이에는 진실로 공덕으로 인하여 조천祧遷[1]하지 않은 사당이 많았지만 일찍이 조로 칭호한 이는 없었습니다. 명나라에 이르러서도, 태조 이외에는 태종太宗에게만 가정 17년에 이르러 성조成祖의 칭호를 추후해서 올렸습니다. 우리나라에서 세조의 시호 역시 '조祖' 자를 올렸는데, 명나라의 성조 문황제成祖文皇帝는 건문建文의 연호를 고쳤고, 세조께서는 노산군魯山君의 선위를 받았으니 따로 조로 칭할 이유가 있는 것입니다. 이 밖에 부자간에 계통을 이었을 경우에는 모두 종宗으로 칭호하였습니다" 하여, 선종宣宗으로 칭호하였다.

광해군이 선종의 묘호를 고쳐 올려 '선조宣祖'로 하고, 휘호를 추가해 올렸다.

광해군 초기에 예조에서 아뢰기를, "선조대왕의 시호 속에 성경聖敬이라고 한 것이 있사온데, 명나라에서 준 시호에 또한 소경昭敬이라 하였으니, 성예聖睿로 고치기를 청하나이다" 하니, 그대로 좇았다.

인조 계해년(1623)에 정경세鄭經世가 계사를 올려 아뢰기를, "역대로 창업한 임금과 나라의 종통이 중간에 끊긴 때에 다시 세운 임금을 조祖로 칭호하였습니다. 우리 선묘宣廟께서는 비록 왜구의 난리를 만났다가 수복하였사오나 조로 칭호하기에는 마땅하지 않습니다. 광해군 초년에 조로 칭호하려 하였는데, 그때 윤근수가 그러한 의의와 전례가 없다고 차자를 올려 중지하였던 것입니다. 그 뒤에 허균許筠ㆍ이이첨李爾瞻의 무리가 광해에게 존호 올리기를 청하니, 광해가 자기 혼자서만 받기 부끄러워 다시 선조를 조로 칭호하는 논의를 내어서 그 일이 드디어 실행되었던 것이니, 이는 무지하여 망령되이 한 일이라 할 것입니다. 이제 광해군 때 올린 휘호徽號를 바야흐로 삭제하려고 의논하는 중이오니, 그때 조祖로 칭호한 것이 전례에 없는 뜻을 함께 고하여 고치는 것이 마땅할까 합니다" 하였다.

○선조의 신위를 부묘祔廟할 때, 고사에 의거하여 의인왕후懿仁王后에게 휘호를 추가하여 올리려 하였다. 윤근수가 차자를 올려 아뢰기를, "선대 왕후의 시호가 모두 6자를 지나지 못하였는데, 의인왕후는 생존시에 존호가 있었고, 승하하신 후에 다시 존호를 올렸으니 의인이란 시호와 합하면 모두 6자입니다. 이제 만일 또 몇 자를 더 올리면 글자 수가 선대 왕후보다 많으며, 또 여러 선왕조에서 일찍이 없던 예를 새로 만드는 것입니다" 하였다. 심희수沈喜壽는 아뢰기를, "이미 생시

의 존호가 있었으니 다시 더 올리는 것은 마땅하지 않습니다" 하였다.

이정귀李廷龜는 아뢰기를, "왕후의 부묘 때는 으레 4자의 존호를 올렸던 것입니다. 선조께도 비록 두 번 올린 존호가 있었지만 이미 시호를 올렸사오니, 홀로 의인왕후에게만 어찌 생시의 존호가 있다 하여 으레 올리는 존호를 폐할 수 있습니까?" 하니 이를 좇았다.

○인조 계유년에 예조판서 홍서봉洪瑞鳳이 아뢰기를, "선조의 신주 전면에 '유명증시有明贈諡' 4자를 쓰지 않았으며, 또 혼조昏朝(광해조)에서 올린 선조의 존호인 '계통광헌응도융복이모수유광휴연경啓統光憲凝道隆福貽謨垂裕廣休延慶'의 16자 및 의인왕후의 '명덕현숙明德顯淑' 4자의 시호는 모두 그대로 둘 수 없습니다" 하고 신주의 제주題主를 고쳐 쓰기를 청하였으며, 부제학 이식李植이 차자를 올리기를, "광해군이 여섯 번 존호를 받았는데, 위로 조종祖宗에 미쳤고, 선조의 공덕을 미루어서 두 번 휘호를 올렸사온데, 하물며 그 올린 바 16자의 존호는 모두 광해군이 스스로의 공덕을 찬양하고 미루어 선조의 끼친 경사로 삼은 것이니, 하늘에 계신 혁혁한 선조의 영혼이 어찌 즐겨 돌아보시겠습니까? 반정하던 초기에 이미 바로잡자는 논의가 있었사오나, 신주를 고쳐 쓰는 것이 편치 못하다 하여 감히 열거하여 진달하지 못하였던 것입니다. 이제 신주에 쓴 것이 격식에 틀렸다고 하여 고쳐 쓰려는 거조가 있사오니, 청컨대 해당 관부에 명하여 대신의 수의를 받아 선조의 성덕신공聖德神功으로 하여금 오랫동안 예에 맞지 않은 호를 받지 않도록 하소서" 하였다.

후에 마침내 광해군이 올린 휘호를 삭제하였다.

○원종元宗의 시호를 추후로 올리는 의논.(원종고사 조에 들어 있다)

○인조의 묘호는 좌의정 이경석李景奭 등이 의논하여 열조烈祖라고 올렸는데, 논하는 자들이 이르기를, "이는 남당南唐 서지고徐知誥의 호이니 쓸 수 없다" 하여 마침내 인조로 고쳤다.

처음에 인조의 시호를 의논하면서 먼저 조·종 두 글자를 품의하니, 효종이 명하여 '조' 자를 쓰게 하였다. 처음에는 '열조'라고 정하였다가, 중간에 '헌' 자로 고쳤고, 나중에 '인' 자로 하니, 바깥 공론이 대체로 조로 칭호하는 것과 한 묘廟 안에 인종仁宗의 인仁 자와 중복되는 것이 편치 않다고 하였다. 응교 심대부沈大孚가 상소하기를, "왕실의 계통을 이은 임금은 비록 공이 있고 덕이 있어 백세불천百世不遷의 묘가 되더라도 종이 되고 조는 될 수 없습니다. 한나라의 문제文帝와 당나라의 태종太宗·현종玄宗과 진晉나라의 원제元帝와 송나라의 고종高宗이 모두 조의 칭호를 얻지 못하였지만, 불천不遷의 묘임은 언제나 같사온즉, 종이 조보다 못하고 조가 종보다 더한 것은 아닙니다" 하였다. 옥당玉堂 유계俞棨의 상소에는, "열성조의 묘호에 이미 인종이 있사온데 지금 다시 쓰는 것이 어찌 혐의로운 것을 구별하는 뜻이겠습니까. 논의하는 자들이, 태조·태종·세종·세조로써 오늘의 인용하는 근거로 삼으려고 합니다마는, 무릇 '태太' 자는 그 이상 없다는 칭호요, '세世' 자는 세실世室의 의미이나 글자의 뜻이 시법에 나오지 않아서 역대에서 모두 창업創業 및 중흥中興한 임금에게 썼으며, 우리 조종조에서도 역시 이 예를 썼사오나 지금 거기에 의거할 수 없는 것입니다. 다만 명나라의 순조淳祖와 소황昭皇이 같이 한 글자를 썼는데, 어

떤 경전에 근거가 있었는지 알 수 없사오나 당시 삼양三楊[2]의 무리들
이 정한 전례典禮는 후일 비난의 소리가 없지 않으니, 다시 조정의 의
논을 물어서 마땅한 귀결을 구하시면 심히 다행한 일일까 하옵니다"
하였다. 이 때문에 논의가 분분하였고 심대부와 유계 등은 모두 멀리
귀양을 갔다.(『노서집魯西集』『문헌비고』『조야기문』합록)

○현종 초에 효종의 시호를 올릴 때 영의정 정태화鄭太和 등이 아뢰기
를, "열성列聖의 휘호 끝에는 으레 '효孝' 자가 있었는데, 지금 '효'로
묘호를 쓴다면 거듭 '효' 자를 쓰게 되니 부당하오며, 명나라 시호에도
역시 '효' 자가 있사오나, 효종에게만은 '효' 자를 쓰지 않았습니다. 이
것이 근거가 될 만하오니, 이제 역시 '인仁'으로써 '효' 자를 대신하여
야 하겠습니다" 하니, 드디어 시호를 현인顯仁이라 올렸다.

○숙종 44년 무술(1718)에 세자빈의 시호를 '온의溫懿'로 정하였다가
'온' 자가 빈의 선조 심온沈溫의 이름을 범한다 하여 '단의端懿'로 고
쳤다.

　(『연려실기술燃藜室記述』별집 권1「국조전고國朝典故」)

---

1)조천(祧遷) : 종묘 본전 안의 위패를 체천遞遷하여 영녕전永寧殿으로 옮겨 모시던 일.
2)삼양(三楊) : 명나라 선종宣宗 때의 유학대신儒學大臣들로, 양사기楊士奇 · 양영楊
　榮 · 양부楊溥를 말함.

廟號諡號

四祖初諡, 太祖追尊爲穆王·翼王·度王·桓王, 太宗加諡仁文聖穆·康惠聖翼·恭毅聖度·淵武聖桓, 改王稱祖.

○太祖太宗加上諡. 肅宗九年癸亥, 奉朝賀宋時烈疏言, "太祖諡號只是四字, 烈聖反有加隆爲未安. 且以威化回軍之大義, 不入諡號爲歉, 請遵皇朝加上之禮." 命賓廳會議, 賓廳啓, "定宗諡號旣加上四字, 太祖諡號今又加上, 則獨於太宗諡號仍舊無加, 恐欠崇奉之道, 宜一體追上." 從之遂加上太祖·太宗諡.

○世宗元年上定宗諡曰, '溫仁恭勇順孝', 後禮曹以'皇朝賜諡恭靖不宜並用恭字', 啓請除恭勇二字.

○肅宗七年辛酉, 追上定宗廟號. 初校理吳道一, 請追上恭靖王廟號, 上命議大臣儒臣下敎曰, "我朝烈聖, 皆有廟號, 而況以恭靖大王之豐功盛德, 徽美之稱, 尙今闕焉, 豈非國家一大欠典乎? 追上廟號, 少無不可, 其令該曹, 趁卽擧行." 校正廳啓, "故海平府院君尹根壽家藏小說曰, '考『睿宗日記』, 上曰, 恭靖王無廟號, 此時闕典, 今宜上諡, 遂稱安宗, 其後仍稱恭靖, 而不稱宗號', 根壽, 宣祖朝重臣, 其言必可信於是." 命考江都實錄, 更令大臣及二品會議, 上廟號, 爲定宗(互見定宗朝)

『列聖誌狀』云, "成宗乙未, 茂林君善生(定宗王子)等疏言, '睿宗已丑, 稱恭靖廟號曰熙宗', 而不見於『睿宗實錄』, 此與尹根壽所記之說, 相牴牾. 今此追上廟號時, 旣考見江都實錄, 而『上

廟號都監儀軌』中賓廳啓有曰, '實錄中, 睿宗特旨欲擧稱宗之
禮, 而竟寢不行云', 則毋論熙字安字, 有未敢曉也." 時賓廳
啓, "列聖諡號, 皆用八字, 而獨於恭靖王只上溫仁順孝四字,
未免爲欠闕之典. 今當追上廟號之日, 加上諡號, 允合典禮",
從之, 遂議進四字諡號. 都監啓, "元宗大王以上列聖位版, 皆
有有明贈諡四字, 請今亦遵此以行", 從之.(『文獻備考』上幷同)

○肅宗九年, 追上太宗諡時, 禮判南龍翼言, "王后位版, 不書
徽號者, 勿令追書已有成命, 而元敬王后位版, 以刪正王太后
之太字, 今將刮磨, 因此時並書徽號, 似合於禮", 從之.(『文獻
備考』)

○端宗廟諡, 肅宗二十四年, 追上.(詳『端宗紀』)

○世祖喪, 議廟號, 睿宗命韓繼禧諭群臣曰, "先王功德隆高,
非一二字可旣, 欲上七八字", 兼判禮曹朴元亨, 議加二字. 上
怒曰, "誰立此議, 沮敗我意?" 群臣莫敢出言, 繼禧曰, "臣奉
旨不稱, 致有此議, 臣實有罪."(『四佳集』碑)

○睿宗廟號, 果合聖意.(入睿宗故事)

○嘉靖甲辰, 靖陵昇遐, 上廟號曰'中宗'. 仁廟傳曰, "父王當
廢朝危亂之日, 撥亂反正, 使宗社又安, 有中興之功. 欲稱祖,
何如?" 禮官回啓曰, "昔宋高宗, 議廟號之時, 或欲稱祖, 尤
袤以爲'漢光武, 以長沙定王發之後, 入繼大統, 故稱祖. 高宗
雖中興, 以徽宗之子, 直繼欽宗, 不當稱祖云云'. 我朝, 世祖
之稱祖者, 以中興而以弟繼兄故也. 大行王, 雖中興, 直繼成

廟之統, 稱祖未穩." 上更命議, 大臣等以議諡大事, 朝廷議
定, 不可更議.(『東閣雜記』)

○明宗廟號.(入明宗故事)

○宣祖昇遐, 初朝廷議廟號, 皆謂上有改宗系却倭寇兩大功,
宜稱祖, 判書尹根壽箚曰, "創業之君稱祖, 繼體之君稱宗, 此
古今常典. 西漢二百年, 高祖外無稱祖, 東漢二百年, 世祖外
無稱祖, 宋三百年, 太祖外無稱祖, 高麗太祖外無稱祖. 其間,
固多以功德不遷之廟, 而未嘗加以祖號, 至皇明太祖外, 只太
宗至嘉靖十七年, 追改上成祖之號, 我朝世祖之諡, 亦上祖字,
文皇董改建文, 世祖受魯山之禪, 亦自有說. 此外, 父子繼統
例, 皆稱宗", 於是, 稱宣宗.

光海, 改上宣宗廟號, 爲宣祖, 加上徽號.

光海初, 禮曹啓, "宣祖大王諡號中, 有曰聖敬, 而皇朝賜諡亦
曰昭敬, 請改爲聖睿", 從之.

仁祖癸亥, 鄭經世啓辭曰, "歷代創業與國統中絶而再造之君
稱祖, 我宣廟雖遭外寇而收復, 不宜稱祖. 光海初年, 欲稱以
祖, 其時尹根壽, 以無義例上箚而止. 厥後, 許筠·李爾瞻輩,
請上尊號於光海, 光海以獨當爲愧, 更發稱祖之論, 其事遂行,
此可謂無知妄作矣. 今者, 光海時所上徽號, 方議刊去, 其時,
并告稱祖無例之意, 而改之似當."

○宣祖祔廟時, 依故事, 將加上徽號於懿仁王后. 尹根壽箚論,
"先后諡號, 皆不過六字, 懿仁平日有尊號, 賓天後, 再上尊

號, 與懿仁之諡, 通是六字. 今若又上幾字, 字數軼過先后, 又
開累朝所無之例." 沈喜壽以爲"旣有生時尊號, 不宜復加." 李
廷龜謂"王后祔廟時, 例上四字號. 宣祖雖有再上尊號, 而旣上
諡號, 則獨於懿仁, 豈可以有生時尊號, 廢例上之號乎?" 從之.
○仁祖癸酉, 禮判洪瑞鳳啓曰, "宣祖主面, 不書有明贈諡四
字, 又昏朝所上宣祖尊號啓統光憲凝道隆福貽謨垂裕廣休延慶
十六字, 及懿仁王后明德顯淑四字諡, 皆不可仍置", 請改題,
副學李植箚曰, "光海六受尊號, 上及祖宗, 推本宣祖功德再進
徽號, 況其所上十六字, 皆爲光海自贊功德, 而推爲宣祖遺慶,
宣祖赫赫在天之靈, 豈肯顧享? 反正之初, 已有釐正之議, 而
以改題神主未安, 故未敢論列矣. 今以主題違式, 將有改題之
擧, 請命該部收議大臣, 毋使宣祖聖德神功, 久受非禮之號."
後竟刪定光海所上徽號.

○元宗追上諡議.(入元宗故事)

○仁祖廟號, 左相李景奭等, 議上烈祖, 議者以爲"此南唐徐知
誥之號, 不可用", 乃改爲仁祖.

初仁祖議諡, 先稟祖宗二字, 孝廟命用祖字. 始定烈祖, 中改
憲字, 終以仁字, 外議多以稱祖, 及一廟疊諡爲未安. 應敎沈
大孚疏曰, "繼體之君, 雖有功有德爲百世不遷之廟, 爲宗而不
爲祖. 漢文帝·唐太宗·玄宗·晉元帝·宋高宗, 皆不得稱
祖, 而不遷則自若, 非宗於祖祖加於宗也." 玉堂兪棨疏曰,
"列聖廟號, 旣有仁宗, 今日復用, 豈是別嫌之意也. 論者, 以

太祖·太宗·世宗·世祖, 欲爲今日之援據, 夫太者無上之稱, 世者世室之義, 字義不見於諡法, 歷代皆用於創業中興之君, 惟我祖宗, 亦用此例, 而今不可爲據也. 惟皇明淳祖·昭皇, 同用一字, 未知有何經據, 而當時如三楊輩, 所定典禮, 不無後來之疵議, 更詢庭議, 以求至當, 幸甚." 以此轉輾, 大孚榮等, 皆被貶竄.(『魯西集』『文獻備考』『朝野記聞』合錄)

○顯宗初, 上孝宗諡, 領相鄭太和等啓, "列聖徽號末端, 例有孝字, 而今以孝爲廟號, 不當疊用, 大明諡號亦有孝字, 而獨於孝宗不用孝字. 此爲可據, 今亦以仁代孝云云", 遂上諡曰顯仁.

○肅宗四十四年戊戌, 議定世子嬪諡曰'溫懿', 旋以溫字犯嬪先祖沈溫名, 改爲'端懿'.

○종친 및 문·무관의 실직 정2품 이상에게는 시호를 주고, 친공신親功臣(공신 호를 받은 당사자)은 비록 관직이 낮더라도 시호를 주며, 유현儒賢과 사절死節로서 세상에 드러난 자는 비록 정2품이 아니더라도 특별히 시호를 주기로 하였다.(『고사신서故事新書』)

○대제학은 비록 종2품이지만 또한 시호 주는 것을 허락하고, 유현儒賢과 절의節義 이외에는 법규를 떠나 청하지 못한다.(『속대전續大典』)

○지중추부사는 문文·음蔭·무武를 막론하고 일찍이 종2품의 실직을 지낸 자 이외에는 시호를 주지 못한다.(영종조의 수교受敎)

○본가에서 지은 시장諡狀을 먼저 예조에 바치면 예조에서는 그 내용에 대하여 조회를 마치고, 제사題辭를 써서 봉상시奉常寺로 보내어 다시 홍문관으로 전송하여 날짜를 정하여 합좌한다. 봉상시 정正이 여러 동료와 합석하여 시초諡草의 글자를 모으며, 홍문관의 응교가 오면 또한 정해놓은 시초를 내놓고, 돌려가면서 보이고 가부를 논한 다음에, 세 가지로 시망諡望을 의정하여 예조에 이첩하여 의정부와 양사兩司(사헌부司憲府와 사간원司諫院)의 서경署經을 거쳐, 이조로부터 계청하여 낙점

을 받아 회람回覽한 후에 시장을 다시 태상太常(봉상시)에 돌려주어 간직하도록 한다. 만약 특별한 교시로써 시호를 주게 되면, 시장을 기다리지 않고 직접 홍문관으로부터 날짜를 정하여 태상에서 합석하여 정하였다.

○우리나라는 처음에 시법을 중히 여겨 정2품 실직 이상과 공신으로 추봉된 자 이외에는 비록 착한 행실이나 큰 공로가 있더라도 시호 주는 것을 허락하지 않았다. 시호를 논의하는 법이 처음에 봉상시로부터 행장을 받고, 시호의 망을 열거하여 이조에 이첩하면, 이조에서 홍문관과 회동하여 감정하여 아뢰었으니, 지극히 신중히 다루었던 것이다. 응당 시호를 받을 사람이 죽으면, 그 집에서 곧바로 행장을 갖추어 해당 관부에 보내었으며, 비록 평소에 공덕이나 행예行譽가 없더라도 시호를 청하지 않을 수 없었으며, 혹시 양煬·황荒·혹惑과 같은 나쁜 시호가 내려져도 거절하지 못하였다. 근세에 와서는 이러한 기풍이 갑자기 변하여 처음에는 물의物議가 있는 집에서 나쁜 시호를 얻을까 두려워 시호를 청하지 않다가, 마침내는 명신名臣이나 큰 공로가 있는 사람까지도 시호를 청하지 않게 되었다.(『지소록識小錄』)

○정희계鄭熙啓의 시호를 고쳤다.(태조조에 들어 있다)

○세 김씨(김구金鉤·김말金末·김반金泮)의 시호는 마땅히 '문장文長'으로 해야 한다는 공론이 있었다.(세종조에 들어 있다)

○성종 갑진년(1484) 9월, 봉상시에서 김양경金良璥의 시호를 논의하기를, "공위恭威·편숙偏肅·제극齊極(『비고備考』에는 극極이 극克으로 되어 있음)"이라 하였다. 임금이 그 이유를 승정원에 물으니, 답하기를, "김양

경에게 편벽된 병통이 있기 때문에 시호가 모두 이러하옵니다" 하였다. 임금이 이르기를, "지난번에 김국광金國光·윤계겸尹繼謙의 시호가 뒤에 폐단이 있을까 염려되어 고치려고 하였으나 아직 고치지 못하였다. 여기에 정직한 사람이 있는데, 그 친구들이 사사로운 일로 청탁을 하였다가 따르지 않는다고 모두 말하기를 '그 마음이 편벽되고 조급하다' 하고, 조정의 논의도 휩쓸려 따라가 정직한 사람으로서 편벽되고 조급하다는 시호를 얻는다면 되겠는가? 이 시호를 고치려 하는데 어떠한가?" 하니, 정원에서 아뢰기를, "봉상시에서 이미 시호를 정하였으니, 고치기는 어려울 것 같사오며, 정직한 사람을 어찌 편벽되고 조급하다고 하겠습니까? 대개 편벽되고 조급하다는 이름을 얻은 자는 마땅히 해서는 안 될 일을 편견과 고집으로써 억지로 하는 자를 이르는 것이온데, 양경에게 편벽되고 조급한 병통이 있다는 말은, 상상하옵건대 필시 공론이 다 그러한 듯합니다. 이제 만약 고쳐서 정한다면 아마도 후일에 폐단이 있을 것 같사오니, 다만 봉상시에서 보내온 의망擬望 여섯 자 중에서 재가하시는 것이 어떠하옵니까?" 하니, 임금이 친히 공숙恭肅이라 써서 내보냈다.(『소문쇄록謏聞瑣錄』)

○성종 갑진년 11월, 봉상시에서 이계손李繼孫의 시호를 의망하기를, "장경長敬·정헌玎憲이라 하였는데, 사람 가르치기를 게을리하지 않는 것을 '장長'이라 하고, 뜻을 진술하나 힘쓰지 않은 것을 '정玎'이라 한다" 하였다. 김종직金宗直이 경연에서 아뢰기를, "이계손이 영안永安 관찰사가 되어 학교를 일으키고 인재를 양성하여 오늘에 와서는 과거에 급제한 자가 많사옵니다. 그러나 사람 가르치기를 게을리하지 않

았다 한다면 실상과 차이가 납니다. 사람 가르치기를 게을리하지 않은 것은 김구金鉤·김말金末 같은 이가 마땅할 것입니다. 감사로서 학교를 일으켰을 따름이요, 스스로 가르친 것이 아니온데 어찌 이 시호를 얻겠습니까? 계손의 사람됨이 재상의 체통을 얻었고 선인善人이요 군자이므로, 반드시 '장長' 자가 아니라도 아름다운 시호를 얻을 것입니다. '뜻을 진술하나 힘쓰지 않았다' 는 풀이 역시 실상을 잃은 것 같사옵니다. 일찍이 죄로 귀양간 적이 있는 사람을 '정玎' 이라 하는 것은 불가하옵니다" 하니, 임금이 드디어 '경헌敬憲' 이라 써서 내보냈다.(『소문쇄록』)

○국법에 봉상시에서 시호의 의정을 주관하게 되어 있는데, 중종이 중흥한 이래로 시호의 의정이 바르지 못하므로, 홍문관의 응교 이상이 가서 참석하여 논박하라는 특명을 내렸다. 이때 김수동金壽童의 시호를 '경순공頃順公' 이라 하고, 유순정柳順汀의 시호를 '무안공武安公' 이라 하였는데, 의정부에서 이름과 실상이 서로 부합하지 않는다고 봉상시로 하여금 고쳐 논의하게 하였다. 그 뒤로부터 시호를 의정할 즈음에 그 자손들이 분주히 다니며 간청하여 기필코 아름다운 시호를 얻은 후에야 그만두었기 때문에, 조금이라도 뜻에 맞지 않으면 번번이 다시 추개했으므로 의정한 바가 모두 바르지 못하였다. 무관으로 정국공신靖國功臣에 참여한 장정張珽이라는 자가 죽었는데, 안팽수安彭壽가 봉상시 정正이 되어 시호를 '충렬忠烈' 이라 정하였다. 이로부터 시호에 문文과 충忠 두 글자가 없으면 사람들이 모두 괴이하게 여겼다.(『음애일기陰崖日記』)

○중종이 신승선愼承善의 시호를 개정하도록 명하였다. 장령 김천령金千齡과 정언 권달수權達手가 아뢰기를, "시호는 사은私恩으로 경솔히 고칠 수 없사오니, 신승선의 시호를 개정하라는 명은 도로 거두시기를 청하옵니다" 하니, 임금이 이르기를, "신승선이 국가에 공로가 있기 때문에 처음에 '충忠'으로 시호를 주려 했으나, 다시 생각해보니 시법이 특은特恩의 예와 달라 고치는 것이 불가하므로, 해당 관사의 의정에 따라 '장성章成'이라 하노라" 하였다.

○임백령林百齡의 시호를 고쳤다.(명종조에 들어 있다)

○이황李滉에게 문순文純이란 시호를 주었다.(이이李珥가 주달한 말이 선조조 이황의 이름 밑에 상세히 나와 있음) 유현儒賢으로서 시장諡狀을 기다리지 않고 시호를 준 것이 이에 비롯하였다.

○선조조에 낮은 벼슬로서 시호를 추증받은 사람 가운데 김굉필金宏弼은 시호를 문헌文獻이라 하고, 정여창鄭汝昌은 시호를 문경文敬이라 하며, 서경덕徐敬德은 시호를 문강文康이라 하였으니, 실로 이례적인 은전恩典이었다. 조광조趙光祖 역시 문정文正이란 시호를 추증하였다. 허봉許篈이 유희춘柳希春의 시호를 청하니, 임금이 다만 우찬성을 증직하게 하고 시호는 허락하지 않았다.(『지소록』)

○효종 8년(1657)에 송준길宋浚吉이 소를 올리기를, "전하께서 특별히 신의 스승 김장생金長生의 시호를 허락하시어 해당 관사에서 문경文敬·문원文元으로 의정하였사온데, 무릇 '경敬'이란 것은 성학聖學의 기본이요, 역시 장생이 일찍이 힘썼던 바이오니, 이 어찌 아름다운 칭호가 아니겠습니까? 다만 사람의 타고난 자품이 각기 해당되는 바가

있으니, 반드시 그 해당되는 것을 얻어야만 진실로 공의公議에 맞는 법입니다. 신이 가만히 생각하옵건대, 장생의 참되고 순수하고, 혼후渾厚하고 관용하며, 화평한 기상으로 보아 문원文元이라 부의副擬한 바가 합당한 좋은 제목이온데, 한스럽게도 의정한 사람들이 이를 제2망에 두었습니다. 이 이름이 한번 정해지면 백대가 되어도 고치기 어려운 것이오니, 진실로 그 마땅한 바를 잃으면 유한遺恨이 무궁할 것입니다" 하였다. 임금이 이를 좇아 문원이란 시호를 주었다.

○숙종 경신년(1680)에 대간臺諫의 계청으로 인하여 허적許積의 조부 잠潛의 충정忠貞이란 시호를 고쳤다.(『술이』)

○영종조에 응교 황경원黃景源이 아뢰기를, "봉상시 정正의 직임이 시호의 의정을 맡았사온데, 혹시라도 시호 의정에 불공정함이 있으면, 응교 이상으로 하여금 논박·개의토록 하였던 것입니다. 그런데 근일에 와서는 응교가 시호를 의정하고 봉상시 정은 가부를 정함이 없사오니 이는 법제가 아니옵니다. 지금부터 시호를 의정할 때 봉상시 정으로 하여금 응교와 합의하여 시호를 정하도록 하여 옛 법규를 회복할 것을 청하옵니다" 하였다. 임금이 명하기를, "차후로 시호를 의정할 때는 옥당玉堂을 지낸 사람으로 봉상시 정을 임명하여 같이 상세히 의논하여 시호를 정하도록 하라" 하였다.

(『연려실기술燃藜室記述』 별집 권10 「관직전고官職典故」)

議諡

○宗親及文武官實職正二品以上贈諡, 親功臣則雖職卑亦贈諡, 儒賢及死節人表著者, 雖非正二品特許賜諡.(『攷事新書』)

○大提學雖從二品, 亦許賜諡, 儒賢節義外, 毋得格外陳請.(『續大典』)

○知中樞勿論文蔭武, 曾經亞卿實職外, 毋得贈諡.(英宗朝受敎)

○本家先以所撰諡狀呈禮曹, 禮曹照訖, 題付奉常寺, 傳送弘文館, 定日合坐. 奉常正與諸僚開坐集字, 應敎至, 亦出所定諡草, 輪示可否, 議定三望, 移牒禮曹, 署經于政府兩司, 自吏曹, 入啓受點, 回公後, 諡狀還付太常藏置. 若特敎贈諡, 則不待諡狀, 直自弘文館, 定日合坐太常.

○我朝初, 以諡法爲重, 正二品實職以上及功臣追封者外, 雖有淑行大功, 亦不許賜諡. 諡議初自奉常受行狀, 而列諡名, 牒于吏曹, 吏曹會弘文館, 裁定以啓, 至愼重也. 應諡者死, 其家卽具行狀, 送于該司, 雖平日無功德行譽者, 不敢不請諡, 或以煬以荒以惑, 亦不能辭. 近世, 此風頓革, 初則有物議之家, 恐得惡諡, 不爲狀請, 終則并與名臣大功, 而不爲請諡矣.(『識小錄』)

○改諡鄭熙啓.(入太祖朝)

○三金宜諡文長.(入世宗朝)

○成廟甲辰(九月), 奉常議金良璥諡曰, "恭威·偏肅·齊極(備考作克)." 上問於承政院, 對曰, "良璥有偏心之病, 故諡皆如是." 上曰, "曩者, 金國光·尹繼謙之諡, 慮有後弊, 欲改而未果. 今有正直之人, 其朋友以私事, 請囑而不從, 則皆云, '其心偏急', 朝議靡然從之, 以正直得偏急之諡, 其可乎? 欲改此諡, 何如?" 政院曰, "奉常旣已定諡, 改之似難, 正直之人, 豈可以偏急稱之? 大抵, 以偏急得名者, 於其所不當爲之事, 偏執强爲者也, 良瑒偏急之病, 想必公論皆然. 今若改定, 恐有後弊, 但於奉常擬進六字中, 上裁何如?" 御書恭肅公而出. (『謏聞瑣錄』)

○成廟甲辰十一月, 奉常擬李繼孫諡曰, "長敬·玎憲, 誨人不倦曰'長', 述義不勉曰'玎'." 金宗直在經筵啓曰, "繼孫爲永安觀察, 興學養材, 至今多中科第者. 然謂之誨人不倦, 則失實. 誨人不倦, 如金鉤·金末, 則當矣. 以監司興學而已, 不自敎誨, 何以得此諡? 繼孫爲人, 得宰相體, 善人君子也, 不須長字, 亦可得美諡. 其曰'述義不勉', 恐亦失實. 曾以罪謫罰而謂'玎'不可", 上遂書敬憲公而出. (『謏聞瑣錄』)

○國法奉常寺主議諡, 自中廟中興以來, 諡議不正, 特命弘文館應敎以上往參駁議. 是時, 諡金壽童曰'頃順公', 柳順汀曰'武安公', 政府以名實不副, 令奉常改議. 邇來, 議諡之際, 其子孫奔走干請, 必欲得美諡而後已, 故少不稱意, 輒復追改, 故所議皆不得正. 有武官參靖國功張珽者死, 安彭壽爲奉常正, 斷諡曰'忠烈'. 自是, 諡無文·忠兩字, 則人皆怪之. (『陰崖雜記』)

○中宗命改愼承善諡. 掌令金千齡·正言權達手啓, "諡號, 不可以私恩輕改, 請還收愼承善改諡之命", 上曰, "承善功在國家, 故初欲贈諡以忠, 復思之, 諡法非如特恩之例, 改之不可, 故從該司所議爲'章成'."

○改諡林百齡.(入明宗朝)

○李滉賜諡文純.(李珥奏語, 詳宣祖朝李滉名下) 儒賢之不待諡狀, 賜諡始此.

○宣祖朝, 以卑官追諡者, 金宏弼諡文獻, 鄭汝昌諡文敬, 徐敬德諡文康, 實異典. 趙光祖亦追諡文正. 許篈請諡柳希春, 上只令贈右贊成, 而不許諡.(『諡小錄』)

○孝宗八年, 宋浚吉疏曰, "聖明特許臣師金長生之諡, 所司以文敬·文元議定, 夫敬者, 聖學之基本, 亦長生所嘗用力者, 斯豈非懿稱也? 第人之資稟, 各有所當, 必得其當, 然後允叶公議. 臣竊想長生眞純渾厚寬恕冲和底氣像, 其所副擬者, 恰好著題, 而恨議者之置在第二也. 斯名一定一, 百世難改, 苟失其宜, 遺恨無窮." 上從之贈諡文元.

○肅宗庚申, 因臺啓, 改許積祖潛忠貞之諡.(『述而』)

○英宗朝, 應敎黃景源言, "奉常正職, 掌議諡, 而或有議諡不公者, 則令應敎以上駁議矣. 近者, 應敎議諡, 而奉常正無所可否, 非制也. 請自今議諡時, 使奉常正協議定諡, 以復故規." 上命, "此後議諡時, 以曾經玉堂人, 差出奉常正, 俾與詳議定諡."

시법諡法의 시말始末에 대한 변증설

『백호통白虎通』에 다음과 같은 글이 있다.

"죽은 이에게 시호가 있는 것은 무슨 까닭인가? 존비尊卑를 구별하고 덕德을 드러내기 위함이다. '시諡' 란 말은 '인引'의 뜻으로 생시生時의 행적을 열거하는 것이니, 성덕成德을 권면하여 절행節行에 힘쓰도록 하자는 것이다. 천자가 죽으면 신하가 남쪽 교외로 나아가 시호를 올리는 것은 무슨 까닭인가? 이는 신하된 의리로 누구나 다 그 임금을 찬양하여 악惡을 가리고 선善을 드러내려는 의도에서이다. 그러므로 남쪽 교외에 나아가는 것은 하늘을 속이지 않음을 밝히기 위함이다. 시호가 혹은 한 글자로, 혹은 두 글자로 된 것은 무슨 까닭인가? 문文을 위주로 한 이는 한 글자로 시를 정하고, 질質을 위주로 한 이는 두 글자로 시를 정한다. 탕湯 임금이 죽은 뒤에 그를 '성탕成湯' 이라 칭한 것은 두 글자로써 시를 정한 것이다."

이 논설과 같다면, 시호 제도는 은殷나라 이전부터 이미 있었을 것이다.

『예기禮記』「교특생郊特牲」에,

"죽은 뒤에 시호를 주는 것은 요즘의 일이다. 옛날에는 살아서 작爵(대부大夫 이상을 말함)이 없으면 죽어서도 시호가 없었다."

하였고, 그 주注에,

"옛날이란 은나라 이전을 말한다."

하였다. 그런데 안사고顔師古는 우禹나 탕湯을 모두 자字라고 하였으니, 이 주의 설명은 잘못된 것이다.

『예기』「단궁檀弓」에,

"어려서는 이름을 사용하고, 약관弱冠(20세)에는 자字를 사용하다가, 50세가 되면 백중伯仲(첫째, 둘째)으로 구별하고, 죽어서 시호를 사용하는 것은 주대周代의 제도이다."

하였고, 그 소疏에,

"이는 다 주대의 제도이다. 은대殷代 이전에는 살아서 사용했던 호號를 죽어서도 불렀고 시호가 따로 없었으니, 요堯·순舜·우禹·탕湯의 예가 그것이다. 주대에 와서는 죽은 뒤에 시호를 따로 정했다."

하였다. 이 논설과 같다면, 「교특생」의 주는 저절로 잘못된 것이다.

『예기』「표기表記」에,

"공자가 말하길, 선왕先王이 시호로 그 이름을 높이되, 그 가운데 한 가지 혜惠를 절취하여 시를 정하는 것은, 그 명예가 사실보다 지나친 것을 부끄럽게 여겨서이다."

하였고, 그 주에,

"혜惠는 '선善'의 뜻이니, 선행善行이 많아서 일일이 열거하기 어렵더라도 그 가운데 큰 선행만을 절취하여 그 선행을 온전히 한다."

하였으며, 『시법諡法』을 살펴보면,

"살았을 때의 행행行으로써 죽은 뒤의 시호를 정하는 것은, 마치 성姓을 받는 자가 길덕吉德이 있으면 길성吉姓을 받고, 흉덕凶德이 있으면 흉성凶姓을 받는 것과 같아, 엄정嚴正하여 사사로움이 없다."

하였다.

『주례周禮』「춘관春官」'태사大師' 조에,

"대상大喪(국상國喪)을 만나면 고몽瞽矇(악가樂歌를 맡은 관명官名)을 거느려 왕의 행적을 진술한 뒤에 널 앞에서 시호를 짓는다."

하였고, 그 주에,

"흠廞은 '흥興'의 뜻이니, 죽은 왕王의 행적을 선언하는 것이다. 왕의 치적을 읊은 시詩를 노래하고 생시生時의 행적을 열거하여 시호를 짓는 것을 말한다."

하였으며, 『주례』「춘관」'태사大史' 조에,

"소상小喪을 만나면 태사太史를 보내 시호를 하사한다."

하였고, 그 소疏에,

"소상小喪은 경대부卿大夫의 상喪을 말한다. 경대부의 시호는 임금이 직접 제정하고, 태사를 보내어 하사하는데, 견전遣奠[1]하는 날이 되면 소사小史가 따라가서 읽는다."

하였으니, 시호를 하사하는 제도는 사실 주대周代에서 시작되었다.

『노사路史』에 다음과 같은 기록이 있다.

"진수秦秀가 말하기를, '옛날에 주공周公이 이계二季(하夏·은殷 두 나라를 말함)가 쇠퇴하고 대도大道가 행해지지 않음을 애석하게 여긴 나머지

시법을 제정하여 그 사후死後를 기록하게 한 것이지, 옛날부터 있었던 것이 아니다' 하였고, 곡량적穀梁赤이 말하기를, '주 무왕周武王이 죽은 뒤에 주공이 시법을 제정하였으니, 큰 행적에는 큰 이름을 받고, 작은 행적에는 작은 이름을 받았다' 하였다. 세상에 유행되고 있는 시법에는 으레 요堯·순舜·우禹·탕湯·걸桀·주紂까지 모두 시호로 혼입混入시켜놓았으니, 아마 백호관白虎觀[2]의 여러 유생儒生들의 손에서 시작된 것으로 보이며, 이것이 가장 허황하다."

『노사路史』를 상세히 살펴보니 소순蘇洵의 『시법諡法』을 기록해놓았으며, 뒤에 이것으로 『정자통正字通』을 살펴보니, 상고하여 전칙典則으로 삼을 만하였다.

한나라 사마천司馬遷의 『사기史記』에,

"주공周公 단旦과 태공망太公望이 왕업을 이어 목야牧野에서 공을 세웠는데, 죽어 장사 지내려 할 때 시법을 제정하고 이어 시법을 기록하였다. 시諡란 행동의 자취이고, 호號란 공을 드러낸 것이며, 거복車服[3]은 지위를 표시한 것이다. 이렇기 때문에 큰 행적에는 큰 이름을 받고, 작은 행적에는 작은 이름을 받았다. 행동은 자신에게서 나오지만 이름은 남에게서 생긴다."[4]

하고, 시법을 차례로 열거하였다.

정초鄭樵의 『통지략通志略』 「시략서론諡略序論」이 있는데 그 서론에,

"『주공시법周公諡法』이 있고, 『춘추시법春秋諡法』이 있고, 『광시廣諡』가 있고, 『금문상서今文尙書』가 있고, 『대대례기大戴禮記』가 있고, 『세본世本』이 있고, 『독단獨斷』이 있고, 유희劉熙의 책이 있고, 내오來奧의 책

이 있고, 심약沈約의 책이 있고, 하침賀琛의 책이 있고, 왕언위王彦威의 책이 있고, 소면蘇冕의 책이 있고, 호몽扈蒙의 책이 있고, 소순蘇洵의 책이 있는데, 실은 모두 한漢·위魏 이래로 유생들이 고인古人의 시호에서 취해 자기 방식대로 풀이하고 모아 법칙으로 만든 것입니다. 그러므로 소씨蘇氏(소순)가 말하기를, '주공의 법에 도리어 하침의 신법新法을 취하여 책에 수록하였으니, 이것으로 세상에 유행되는 시법은 그 명칭이 옛것일수록 더욱 옛 법이 아님을 알 수 있다' 하였는데, 지금 『주공시법』을 상고해보면 뒷사람의 말을 인용한 것이 너무 많아서 취할 바가 못 됩니다. 오직 심약의 글만이 고금의 것을 널리 채택하고 조사措辭에 차례가 있으나 역시 분명하지 못하더니, 소씨가 조칙詔勅을 받들어 육가六家의 시법을 편정編定하였습니다. 즉 『주공시법』·『춘추시법』·『광시』와 심약·하침·호몽의 책에서 단호하게 버리고 취한 바가 있습니다. 그러나 황皇·제帝·왕王·공公·후侯·군君·사師·장長·서胥는 사실 존비尊卑와 상하上下의 칭호인데도, 생시에 작위爵位가 있으면 사후에 시호를 받게 된다 하여 이것으로 시호를 삼으니, 감히 인정할 수 없습니다. 만약 제·왕 등의 글자를 시호로 삼을 수 있다면 부父·형兄 등의 글자도 시호로 삼을 수 있을 것입니다. 사리에 맞지 않는 말이 이보다 심한 것이 없더니, 소씨가 비로소 이를 배격하였던 것입니다. 또한 요堯는 흙이 쌓인 모양을, 순舜은 꽃이 짙은 모양을, 우禹는 짐승의 모양을, 탕湯은 물의 모양을, 걸桀은 높은 나무의 모양을, 주紂는 연결된 실의 모양을 따서 명명命名한 것입니다. 이는 자기 마음대로 고칠 바가 아니고 반드시 부형이 명명한 것인데, 생시에 작위가 있으면 사후에 시호를 받게 된다 하여 이것으로 시호를 삼으니, 감히 인정할 수 없습니다. 그런데 소씨가 미처 언급하지 못한 바를 신臣이 감히 덧붙일 수도 없는 노릇이라, 삼가 사용할 만한 시법 2백 10자를 열거하여 세 종류로 분류하였습니다."

하였으니, 이것이 시법 연혁의 대강이다.

시법은 태상박사太常博士의 소관으로서, 나 같은 초야의 한미한 선비가 거론할 바 아니므로 이만 생략하고, 다만 고금古今의 독특한 것만을 골라 기록하기로 한다. 송나라 유창劉敞은 『속시법續諡法』을 지어 50글자를 정리해놓고, 훗날 덕 있는 군자의 질정을 기다린다 하였다. 무릇 시호란 죽은 이를 위해 마련한 것인데, 춘추시대에 살아서 시호를 준 예가 있었으니, 역시 한 가지 이상한 일이다.

이항복李恒福의 『노사영언魯史零言』에,

"(노 소공魯昭公 20년) 윤8월 무진에 선강宣姜(위 영공衛靈公의 적모嫡母)을 죽였으니 공자 조公子朝와 함께 모반을 꾀했기 때문이고, 위후衛侯가 북궁희北宮喜에게 '정자貞子' 라는 시호를 내려주었으니 제표齊豹(위衛의 사구司寇)를 멸망시켰기 때문이고, 석주서析朱鉏에게는 '성자成子' 라는 시호를 내렸으니 밤중에 위후를 호종했기 때문이며, 그들에게 제표齊豹의 묘전墓田을 주었다."

하였으니, 이들은 다 죽기 이전에 시호와 묘전을 받은 것이다.

대저 시법에는 『춘추』의 포폄하는 권한이 붙어 있으므로 의당 그 법을 엄정하게 시행하여야 한다. 그래서 뒷날 우문宇文씨의 북주北周 시대에 이르러서도 시법이 그대로 남아 있었다. 주이존朱彝尊의 『폭서 정집曝書亭集」「후주두로은비발後周豆盧恩碑跋」에 다음과 같은 내용이 있다.

"우문씨가 건국建國한 뒤에 소작蘇綽·노변盧辯의 무리를 등용하여, 의례儀禮를 논의해서 시법을 경솔히 사용하지 않으니, 아무리 종자 번왕宗子藩王이라도 그 악덕惡德을 숨기지 않았다. 이를테면, 진공晉公 호護에게 '탕蕩', 제왕齊王 헌憲에게 '양煬', 위왕衛王 직直·필왕畢王 현賢에게 '자刺', 조왕趙王 초招에게 '참僣', 진왕陳王 순純에게 '혹惑', 월왕越王 성盛에게 '야野', 대왕代王 달達에게 '비贔', 기왕紀王 강康에게 '여厲'라는 시호가 주어졌는데, 두로은豆盧恩 형제에게는 시호를 '소昭'라 하기도 하고, '경敬'이라 하기도 하였으니, 참으로 두터운 은총이었다."

우리나라(조선) 초기에도 시법이 엄격하였다. 그리하여 태조 때 봉상시奉常寺에서 계림군鷄林君 정희계鄭熙啓의 시호를 '안양安煬·안황安荒·안혹安惑'의 세 가지로 논의하므로, 임금이 시호를 정한 봉상시 박사 최견崔蠲을 불러 하문하기를,

"정희계는 원훈元勳인데도 시호를 내림에 그의 과오만 논하고 공로를 논하지 않는 것은 무슨 까닭이냐?"

하며, 의금부에 하옥시켜 국문하게 하고 시호를 고쳐 '양경良景'으로 하였다.

서거정徐居正의 『필원잡기筆苑雜記』에 다음과 같은 내용이 있다.

"중추中樞 이숭지李崇之는 태상시太常寺에서 시호를 '맥려麥厲'로 정하였는데, 시법에는 '맥麥'자가 없으니 틀림없이 '과夸'자의 착오일

것이다. 이 같은 경우가 너무도 많아 이루 다 기록할 수 없다."

성종 15년(1484)에 봉상시에서 이계손李繼孫의 시호를 '장경長敬·정헌玎憲' 두 가지로 의진擬進하였는데, 시법에,

"뜻을 진술하나 힘쓰지 않는 것을 '정玎'이라 한다."

하였다. 임금이 결국 경헌敬憲으로 결정하였다.

김수동金壽童의 시호는 '경신공頃愼公', 하성부원군河城府院君 정현조鄭顯祖는 '편정공褊玎公', 여산군礪山君 송익손宋益孫은 '양묵공襄墨公', 고려 시중侍中 이인임李仁任은 '황무공荒繆公'이라 하니, 옛날에도 '정玎'자 시호가 있었다. 『설문說文』에,

"제 태공齊太公의 아들 급伋의 시호는 정공玎公이다."

하였다.

우리나라 선현 가운데 정암靜庵 조광조趙光祖·청음淸陰 김상헌金尙憲·박상충朴尙衷·우암尤庵 송시열宋時烈·팔송八松 윤황尹煌은 모두 시호가 '문정文正'이고, 송당松堂 박영朴英은 무재武宰 출신으로 '문목文穆'이란 시호를 받았는데, 무과武科 출신에게 '문文'자 시호가 주어졌으니 이것은 다 폄시貶諡이다.

후암厚菴 이만운李萬運의 「시호고諡號考」를 보면,

"조손祖孫이 다같이 문정文正이란 시호를 받은 이는 고려 평장사平章事 허백許伯과 전리판서典理判書 허금許錦이고, 부자가 다같이 문안文安 시호를 받은 이는 고려 좌복야左僕射 정목鄭穆과 지추밀사知樞密事 정항鄭沆이고, 문경文敬 시호를 받은 이는 고려 정당문학政堂文學 안석安碩과 정당문학 안보安輔이고, 문영文英 시호를 받은 이는 고려 제양백濟陽

伯 고경高慶과 간의동지諫議同知 고용현高用賢이고, 문도文度 시호를 받은 이는 고려 여흥군驪興君 민변閔忭과 본조本朝 좌의정左議政 민제閔霽이고, 형제가 다같이 안도安悼 시호를 받은 이는 본조 수춘군壽春君 이현李玹과 영해군寧海君 이당李瑭이고, 이안夷安 시호를 받은 이는 본조 서원군瑞原君 이친李案과 낙안군樂安君 이영李寧이고, 정희靖僖 시호를 받은 이는 본조 해안군海安君 이희李㟓와 덕양군德陽君 이기李岐이고, 호이胡夷 시호를 받은 이는 판윤判尹 신균辛均 형제이다."

하였는데, 나머지는 이루 다 기록할 수 없다.

고염무顧炎武의 『일지록日知錄』에,

"고인古人들은 시호에 2자·3자를 사용하였고, 후인들도 이를 서로 인습하였다. 그런데 1자만으로 일컬어진 이는 위衛나라 예성무공叡聖武公이 무공武公으로, 정혜문자貞惠文子가 공숙문자公叔文子로, 진晉나라 조헌문자趙獻文子가 문자文子로, 위魏나라 혜성왕惠成王이 혜왕惠王으로 일컬어지고…"

등등 13명이 열거되어 있으나, 너무 번잡스러워 다 기록할 수 없다.

두우杜佑의 『통전通典』 '황후시급부인시의皇后諡及夫人諡議' 조와 '태자무시의太子無諡議' 조와 '제후경대부시의諸侯卿大夫諡議' 조도 상고할 만하다.

진수秦秀의 『문선文選』 「진태재하증시의晉太宰何曾諡議」에,

"하증은 비록 세족世族으로 태어났으나 젊어서 고량高亮하고 엄숙한 성품으로 왕조王朝에 올랐습니다. 그러나 교사驕奢가 과도하고, 명성이 구주九州에 알려졌는데도 보상輔相의 도리를 상실하였을 뿐 아니

라 인륜의 가르침을 실추시켰습니다. 재상과 대신은 만인의 의표儀表인데, 만약 생전에 욕심을 다했음에도 사후에 폄책貶責이 없다면, 이는 제실帝室에 정법正法이 없어지게 되는 것입니다. 삼가 『시법』을 상고해보니, '명분과 실제가 어긋난 것을 류繆라 하고, 혼란한 기회를 이용하여 멋대로 행동한 것을 추醜라 한다' 하였으므로, 당연히 류추繆醜로 시호를 정해야 할 것입니다."

하였고, 「진가충시의晉賈充諡議」에,

"가충賈充은 아들이 없었으나 종족宗族을 제쳐두고 외손外孫 한밀韓謐을 후사로 삼았으니, 이는 예법을 어기고 사정私情에만 치우쳐 인륜을 혼란시킨 처사입니다. 옛날 증鄫에서 외손 거공자莒公子를 길러 후사로 삼았는데, 『춘추』에는 '거莒 사람이 증을 멸망시켰다' 고 썼습니다. 『시법』에 '법도를 혼란시킨 것을 황荒이라 한다' 하였으니, 황으로 시호를 정해야 할 것입니다."

하였다.

사시私諡에 대하여는 명明나라 송경렴宋景濂(송렴宋濂)의 「연영오선생사시의淵穎吳先生私諡議」에,

"『춘추좌전春秋左傳』에 '만물이 생겨난 뒤에야 상象(귀龜는 사람에게 상象으로써 보임)이 있고, 상이 있은 뒤에야 성장成長이 있고, 성장이 있은 뒤에야 수數(서筮는 사람에게 수로써 알림)가 있다' 하였는데, 수가 있은 뒤에야 문文이 있게 마련이다. 문이란 다른 게 아니라 도道일 뿐이다. 그러므로 성인이 문을 기재해놓은 것이 바로 이 경經이니, 성인을 배우는 이는 반드시 경을 본받아 문을 다루어야 한다. 그런데 사관史官이

없어진 뒤로부터 훈고학訓詁學을 유림儒林에 끼워 넣고 사장학詞章學을 문원文苑에 써넣어 고의古義와의 거리가 더욱 멀어졌다. 그러나 장향 서원長薌書院 산장山長(서원의 장長) 오공吳公 선생(원나라의 오내吳萊)은 고명한 풍치風致와 원만한 재성才性으로, 『시경詩經』 · 『서경書經』에는 맥락脈絡을 분류하여 요긴한 것을 표지하고, 『춘추경春秋經』에는 삼전三傳(『좌씨전左氏傳』 · 『공양전公羊傳』 · 『곡량전穀梁傳』)을 요약하여 심오한 것을 발휘하고, 제자서諸子書에는 진위眞僞를 색출하여 정명精明을 다하고, 삼사三史(『사기史記』 · 『한서漢書』 · 『후한서後漢書』)에는 의례義例를 분석하여 논평이 엄격하다. 그 조회藻繢(채색彩色과 회화繪畫)가 미치는 곳마다 화려해지지 않음이 없으므로, 문생門生과 제자들이 저마다 '경의經義에 깊었으니 연淵이 아니고 무엇이며, 문사文辭에 곧고 영민했으니 영穎이 아니고 무엇이겠는가' 하였다. 그래서 선생의 사시私諡를 연영선생淵穎先生이라 한다."

하였다.

우리나라를 살펴보면, 신라 법흥왕法興王(휘諱는 원종原宗)이 양 무제梁武帝 천감天監 13년 갑오(514)에 즉위, 원년에 처음 시법을 제정하였고, 백제는 성왕聖王(휘는 농례穠禮)이 양 무제 보통普通 4년 계묘(523)에 즉위, 곧 신라 법흥왕 10년, 원년에 처음 시법을 제정하였다. 행주 기씨奇氏와 청주 한씨韓氏의 보첩譜牒을 보면, 기자箕子를 태조 문성왕太祖文聖王이라 칭하여 41대 애왕哀王 준準에 이르기까지 모두 시호가 기재되어 있으니, 그 시대에 이미 시호를 올리는 제도가 있어서인지, 아니면 시법이 중국의 경우 주공周公에 의해 처음 제정되었으므로 기자의 후대

사왕嗣王이 주나라의 시호 올리는 제도를 본받았기 때문에 대대로 시호가 기재되어 있음인지, 아니면 혹 후인들의 장난인지도 모를 일이다. 명나라 손능부孫能傅가 『시법찬諡法纂』을 지었다.

(『오주연문장전산고五洲衍文長箋散稿』 인사편人事篇1 인사류人事類2 시호諡號)

---

1)견전(遣奠) : 노전路奠. 노제路祭. 발인 때 대문 밖 길에서 지내는 제사.
2)백호관(白虎觀) : 한漢나라 장제章帝 때, 박사博士·의랑議郞·낭관郞官과 여러 유생儒生들이 모여서 오경五經의 동이점同異點을 강론하여 『백호의주白虎議奏』(『백호통의』)를 지었던 곳.
3)거복(車服) : 수레와 의복. 옛날 임금이 공신에게 내리던 물건.
4)이 내용은 『사기』가 아니라, 장수절張守節의 『사기정의史記正義』 「시법해諡法解」(『일주서逸周書』 「시법해諡法解」)에 나옴.

諡法本末辨證說

按『白虎通』, "死者有諡何? 別尊卑, 彰有德也. 諡之爲言, 引也, 引列行之跡也, 所以進勸成德, 使上務節也. 天子崩, 臣下至南郊諡之者何? 以爲人臣之義, 莫不欲褒大其君, 掩惡揚善也. 故之南郊, 明不得欺天也. 又諡或一言, 或兩言何? 文者, 以一言爲諡, 質者, 以兩言爲諡. 湯死後世稱 '成湯', 以兩言爲諡也." 按如此說, 諡號之制, 自商以前, 已有之歟. 『禮』 「郊特牲」, "死而諡, 今也. 古者, 生無爵, 死無諡." 注, "古, 謂殷以前." 而師古以爲禹湯皆字, 則注說誤. 「檀弓」, "幼名冠字, 五十以伯仲, 死諡, 周道也." 疏云, "凡此之事, 皆周道. 殷以上, 有生號, 仍爲死後之稱, 更無別諡, 堯舜禹湯例, 是也. 周則死後別立諡." 按如此說, 「郊特牲」注, 自歸其誤也. 「表記」, "子曰, '先王諡以尊名, 節以壹惠, 恥名之浮于行也.'" 注, "惠善也, 善行雖多, 難以枚擧, 但節取其大者, 以專其善." 按 『諡法』, "以生時之行, 爲死後之諡, 若受姓者, 有吉德則得吉姓, 有凶德則得凶姓, 嚴正不私." 『周禮』, "大師職, 大喪, 帥瞽而廞, 作匶諡." 注, "廞, 興也, 興言王之行. 謂諷誦其治功之詩, 故陳其生時行跡, 爲作諡." "小喪賜諡." 疏云, "小喪, 卿大夫也. 卿大夫諡, 君親制之, 使太史往賜之, 至遣之日, 小史往而讀之." 賜諡之制, 實始於周也. 『路史』曰, "秦秀謂, '昔周公弔二季之陵遲, 哀大道之不行, 于是, 作諡以紀其終, 非古有之', 而穀梁子亦曰, '武王崩, 周公制諡法, 大行受大名, 小行受小名.' 世有諡法, 輒悉文致堯舜禹湯桀紂之類, 而屬入之, 蓋始于白虎羣儒, 斯最荒唐者也." 詳見『路史』書蘇洵 『諡法』, 後此見『正字通』, 蓋可取考爲典則者也. 漢司馬遷『史記』曰, "惟周公旦, 太公望, 開嗣王業, 建功于牧野, 終將葬, 乃制諡, 遂敍諡法. 諡者, 行之跡也, 號者, 功之表也, 車服者, 位之章也. 是以, 大行受大名, 細行受細命. 行出於己, 名生於人", 次以諡法. 鄭樵有「諡法序論」, 其論曰, "有『周公諡法』,

有『春秋諡法』, 有『廣諡』, 有『今文尙書』, 有『大戴記』, 有『世本』, 有『獨斷』, 有劉熙之書, 有來奧之書, 有沈約之書, 有賀琛之書, 有王彦威之書, 有蘇冕之書, 有扈蒙之書, 有蘇洵之書, 其實皆由漢魏以來, 儒生取古人之諡, 而釋以己說, 集而爲法也. 故蘇氏曰, '周公之法, 反取賀琛之新法, 而載之書, 是知世之諡法, 其名尤古者, 益非古法也', 今考周公之書, 所用後人之語, 甚多, 無足取者. 惟沈約之書, 博採古今, 詮次有紀, 然亦無所建明, 至蘇氏承詔, 編定六家諡法, 乃取『周公』『春秋』『廣諡』沈約賀琛扈蒙之書, 斷然有所去取. 皇也帝也王也公也侯也君也師也長也胥也, 實尊卑之號, 上下之稱, 且生有爵, 死有諡, 以是爲諡, 未之敢聞也. 若帝王可以爲諡, 則父兄亦可以爲諡矣. 無義之談, 莫此爲甚, 蘇氏闢之. 堯取累土以命名. 舜取濃華以命名. 禹取於獸. 湯取於水. 桀以喬木. 紂以繹絲. 是非己之所更, 必父兄之所命也, 且生有爵, 死有諡, 以是爲諡, 未之敢聞也. 蘇氏未暇及, 臣不敢後焉, 謹條其可用者二百十諡, 分爲三類", 此諡法沿革之大槪也. 諡法, 旣有太常博士, 則非草野寒畯所可與焉, 故姑略之, 但記其古今創異者. 如劉敞撰『續諡法』, 五十字, 自以爲待後世天爵之君子. 凡諡, 爲死者而設也, 春秋之世, 有生諡之賜子, 則亦一異也. 按李白沙『魯史零言』, "閏月戊辰, 殺宣姜, 與公子朝通謀故也, 衛侯賜北宮喜諡曰'貞子', 滅齊氏故也, 賜析朱鉏諡曰'成子', 宵從公故也, 而以齊氏之墓子之", 此皆未死, 而賜諡及墓田也. 大抵諡法, 寓『春秋』褒貶斧鉞之權, 故其法當嚴正. 故至於後世宇文周時, 亦有其法. 朱彝尊『曝書亭集』「後周豆盧恩碑跋」, "宇文建國, 用蘇綽·盧辯輩, 議禮諡法不輕假人, 卽宗子維藩, 不隱惡德. 如晉公護曰'蕩', 齊王憲曰'煬', 衛王直·畢王賢曰'刺', 趙王招曰'僭', 陳王純曰'惑', 越王盛曰'野', 代王達曰'霻', 紀王康曰'厲', 而豆盧兄弟, 或易名以'昭', 或易名以'敬', 誠厚幸矣." 我東國初, 諡法截嚴. 故太祖朝, 奉常寺議雞林君鄭熙啓諡曰'安煬·安荒·安惑', 上召定諡. 奉常寺博士崔蠲問, "熙啓元勳, 贈諡, 論其過, 不擧其功, 何也?" 卽下巡軍獄鞫之, 更諡曰'良景'. 徐居正『筆苑雜記』, "李中樞崇之, 太常諡曰'麥厲', 蓋諡法無麥字, 必夸之誤耳. 此類甚多, 不可勝記." 成宗甲辰, 奉常寺擬進李繼孫諡曰'長敬公', 曰'玎憲公' 述義不勉曰'玎'. 上逡書敬憲而出. 金壽童曰, '頃愼公', 河城府院君鄭顯祖, '褊玎公', 礪山君宋益孫, '襄墨公', 高麗侍中李仁任, '荒繆公', 古亦有以玎爲諡者. 『說文』, "齊太公子伋, 諡曰'玎公'." 先賢趙靜菴光祖, 金淸陰尙憲, 朴公尙衷, 宋尤菴時烈, 尹八松煌, 皆諡'文正', 朴松堂英, 以武宰得諡'文穆', 以文諡武, 此皆貶諡也. 李厚菴萬運撰『諡號考』, "有祖孫同諡文正, 高麗平章事許伯, 典理判書許錦, 父子同諡文安, 高麗左僕射鄭穆, 知樞密事鄭沆, 文敬, 高麗政堂文學安碩, 政堂文學安輔, 文英, 高麗濟陽伯高慶, 諫議同知高用賢, 文度, 高麗驪興君閔忭, 本朝左議政閔霽, 兄弟同謚安悼, 本朝壽春君玹, 寧海君瑭, 夷安, 本朝瑞原君寀, 樂安君寧, 靖僖, 本朝海安君㟓, 德陽君岐, 胡夷, 判尹辛均兄弟.” 而餘不盡記. 顧炎武曰, “古人謚有二字三字, 而後人相沿. 止稱一字者, 衛之叡聖武公, 只稱武公, 貞惠文子, 止稱公叔文子, 晉趙獻文子, 止稱文子, 魏惠成王, 止稱惠王云.” 引據至十三條, 煩不盡一抄. 杜佑『通典』皇后謚及夫人謚議, 太子無謚議, 諸侯卿大夫謚議, 蓋可考也. 秦秀『文選』「晉太宰何曾謚議略」, “何曾, 雖階世族之胤, 而少以高亮嚴肅, 顯登王朝. 然乃驕奢過度. 名被九域. 非惟失輔相之宜. 實壞人倫之敎. 宰相大臣, 人之表儀, 若生極其情, 死又無貶, 是則帝室無正刑也. 謹按『謚法』, ‘名與實爽曰繆, 怙亂無行曰醜’, 宜謚繆醜.” 「晉賈充謚議」, “賈充無子, 舍宗族弗立, 而以異姓外孫「韓謐」爲後, 悖禮溺情, 以亂大倫. 昔鄫養外孫莒公子爲後. 『春秋』書 ‘莒人滅鄫’. 『謚法』, ‘昏亂紀度曰荒’, 請謚爲荒.” 私謚, 皇明宋景濂, 「淵穎吳先生私謚議」略, “『傳』曰, ‘物生而後有象, 象而後有滋, 滋而後有數’, 數成而文見矣. 文者非他, 道而已矣. 故聖人載之, 則爲經, 學聖人者, 必法經而爲文. 自史氏失職, 以訓詁列之儒林, 以詞章書之文苑, 失之古義益遠矣. 有如長薌書院山長吳公先生, 風裁峻明, 才猷允茂, 於『詩』『書』, 則科分脈絡而標其凡, 於『春秋』, 則脫略三傳而發其蘊, 於諸子, 則研究眞僞而極其精, 於三史, 則析分義例而嚴其斷. 藻繢所及, 無物不華, 門生學子僉曰, '經義玄深, 非淵而何? 文辭貞敏, 非穎而何?' 於是, 私諡曰'淵穎先生'." 按我東, 則新羅法興王(諱原宗), 梁武帝天監十三年甲午立, 卽元年而始制諡法. 百濟則聖王(諱明禮), 梁武帝普通四年癸卯立, 卽新羅法興王十年, 卽元年而始制諡法. 幸州奇氏·淸州韓氏譜牒, 於箕子稱太祖文聖王, 以至四十一代哀王準, 并有諡號, 則其時已有上諡之制而然歟, 諡法, 中國則周公始作諡法, 則箕子後王, 或得於周而效上諡之禮制, 而世世有諡歟, 此或爲後人所亂者也. 皇明孫能傳作『諡法纂』.

---

*이 원문은 민족문화추진회에서 교감한 '오주연문장전산고 DB'를 저본으로 하였으며, 자세한 교감 사항은 민족문화추진회 홈페이지(http://www.minchu.or.kr)를 참조 바람.

한국 역대 제왕帝王의 시호諡號

1.

우리 겨레는 지정학적으로 세계 초강대국 옆에 생존해왔기 때문에 민족과 국가를 보존하기 위하여 항상 긴장된 삶을 영위했다. 그러므로 반만년 역사가 온통 위기에 대한 방비와 대응의 연속이었다. 위기는 반드시 나쁜 것이 아니라 자극제가 되어 민족 문화의 발전에 기여한 바도 많았다. 이 같은 지정학적 여건은 초강대국의 선진 문화를 받아들여 민족의 정체성을 확보함과 동시에 역동적인 문명을 창출하는 계기로 작용했다. 만일 중국·몽골·만주·왜 등의 강력한 국가와 민족 옆에 처하지 않았었다면, 오히려 무사안일과 나태에 빠져 오늘날과 같은 번영과 발전을 이룩할 수 없었을 것이다.

중원으로부터 우리는 통시적으로 많은 것을 솔선하여 받아들였다. 중국 문화를 배척했던 사이四夷의 여러 민족과는 달리 가슴을 열고 열렬하게 수용했다. 문화적으로는 이와 같이 상당한 혜택을 누린 것과 달리, 정치적으로는 한족漢族과 일부 사이四夷에 의해 엄청난 수모를 겪기도 했는데, 한사군漢四郡의 설치와 원元과 거란契丹·요遼·금金·

청淸·왜倭에게 받은 봉욕과 침탈이 그것이다. 이들 표한한 민족들의 정치적 횡포에서 살아남기 위해 우리 역대 왕조는 '칭제건원稱帝建元'과 '이소사대以小事大'의 양대 전략적 명제를 적절하게 구사하면서 위기를 극복하고 주체성을 확보해나갔다. 칭제건원의 전략은 '단군檀君'을, 이소사대의 전술은 '기자箕子'를 상징으로 삼아 절묘하게 한족과 공존했다. 단군은 주체적인 민족 지도자이고, 기자는 중국에 의해 책봉된 지도자이다. 단군이 민족 문화의 화신이라면 기자는 외래 문화의 표상이다. 단군과 기자를 함께 지도자로 모셨기 때문에 우리는 지금 이처럼 건실한 문화를 향유하면서 존재하고 있는 것이다. 가령 단군이나 기자 한 분만을 오로지 섬겼다면, 중국의 일부가 되었거나 아니면 미개한 국가로 명맥만을 유지하고 있을 것이다. 단군과 기자를 함께 천양한 선인들의 지혜와 형안에 새삼 고개가 숙여진다. 주변 정세의 변화에 따라 칭제건원과 이소사대의 양 전략을 번갈아 구사했던 조상들의 예지는 현재도 본받을 필요가 절실하다.

　중국으로부터 수용한 방대한 문물 가운데 필자는 '시법諡法'에 대해 일찍부터 관심을 가졌다. 역사적 현실과 맥락에서 시호諡號가 갖는 의미가 엄청난데도 불구하고 이에 대한 검토가 별로 없었기 때문이다. 국가나 단체 및 개인이 갖는 이름이 얼마나 중요한 것인지 모두들 알고 있다. 중국 역대 왕조의 이름이 '진秦·한漢·당唐·송宋·원元·명明·청淸' 등 외글자인데 반해, 우리 민족 국가의 이름들이 발해渤海가 개국초 사용했던 '진辰'이라는 국호 이외에, 전부 (단군)조선·신라·고구려·백제·고려·조선과 같이 두 자 또는 석 자인 까닭도,

중국 측의 압력에 기인한 것인지 혹은 언어 구조에 말미암은 것인지 확실하게 밝혀져야 한다. 반만년 우리 민족 지도자의 칭호가 고종황제高宗皇帝와 순종황제純宗皇帝를 제외하고, 하나같이 'ㅇㅇ王'인 점도 우리들 자신의 의지였다고 말할 수는 없다. 조선조가 '조詔'나 '짐朕' 등의 용어를 쓰지 않고 예부禮部가 아니라 예조禮曹 등으로 호칭한 것도 '천자예악天子禮樂'이 아닌 '제후예악諸侯禮樂'으로 나라를 다스렸기 때문이다. 15세기의 조선조가 사대를 했다고 비난하는 것은 당시의 정치 현실을 도외시한 감정적인 논의이며, 사대를 했다고 흥분하는 사람들이 오히려 대상국만 교체했을 뿐, 더 비겁한 사대주의자라는 사실을 그들을 눈여겨보면 단번에 알 수 있다.

시호는 위로는 왕을 위시하여 공경대부에 이르기까지 나라에 기여한 바가 있으면 부여하는 제도이다. 따라서 시호를 받은 사람은 하늘의 별처럼 많다. 시호는 다종다기하여 열거하기 어려울 만큼 호한하지만, 시호를 주는 법칙은 동일하다. 시법은 본래 중국으로부터 왔지만 우리나라에도 고유한 시법이 있었다. 그 한 예로서 신라 시조의 성은 '박朴' 씨이며 이름은 '혁거세赫居世'이고 위호位號를 '거서간居西干'이라 했다는 『삼국사기三國史記』의 기록을 들 수 있다. 신라가 왕王이라는 호칭을 쓰기 전에는 '차차웅次次雄·이사금尼師今·마립간麻立干' 등 민족 고유의 명호를 썼다. '거서간'은 시조인 박혁거세에게만 부여되었다. 그러므로 '거서간'은 민족 고유의 시호로서 중국식인 태조太祖나 고제高帝 또는 고왕高王에 해당한다. 일찍이 뇌천雷川 김부식金富軾은 『삼국사기』의 '논왈論曰'에서, 최치원崔致遠이 신라가 사용한 제왕에 대한 고유의 호칭을 버리고, 『제왕연대력帝王年代曆』에서 왕王으로 바꾸어 표기한 것은 정당하지 못한 태도라고 비판했다. 뇌천의 주체적 전통 문화를 긍정하는 이 같은 태도는 뇌천을 폄하하는 신사대주의자들인 소위 진보적 역사가들이 오히려 귀감으로 삼아야 할 것이다.

2.

'묘호廟號'와 '능호陵號' 역시 시법에 의해 명명되었다. '시조始祖 · 남해南解 · 유리儒理 · 탈해脫解 · 파사婆娑 · 지마祗摩 · 일성逸聖' 등은 모두 신라 고유의 묘호이고, 박혁거세의 능인 '사릉蛇陵', 미추왕의 대릉大陵(또는 죽장릉竹長陵)은 신라의 능호이다. 삼국시대를 거쳐 발해 · 고려 · 조선조에 오면 중국의 시법에 의해 엄격하게 명호가 부여되었다. 고구려도 시조가 승하하자 호를 '동명성왕東明聖王'이라 했고, '유리琉璃 · 대무신大武神' 등의 고구려식 묘호가 올려졌다. 그러나 고구려는 신라와 달리 일찍부터 중국식 한자어로 표기된 묘호가 사용되었다. 고국천왕故國川王이 승하하여 '고국천'에 장사지냈기 때문에 이를 묘호로 삼았고, 산상왕山上王 역시 산상릉山上陵에 묻혔기 때문에 묘호와 능호가 되었으며, '동천왕東川王 · 중천왕中川王 · 서천왕西川王 · 봉상왕烽上王 · 미천왕美川王' 등의 묘호도 장사지낸 지역의 이름을 따서 붙인 것으로, 이것이 고구려 묘호의 특색이다. 따라서 중국식 시법에 의해 왕의 묘호가 명명된 것으로 보기는 어렵기 때문에 고구려의 고유 시법으로 보는 것이 타당하다.

백제 시조 온조溫祚는 이름이다. 『삼국사기』 「백제본기」에 보이는 시조始祖라는 칭호는 뇌천에 의해 후대에 붙여진 이름일 것이다. 온조왕에 이어 '다루多婁 · 이루已婁 · 개루蓋婁 · 초고肖古 · 구수仇首 · 고이古爾' 등도 중국 시법에 의한 묘호가 아니다. 신라 초기 왕들의 묘호처럼 백제어에 근거한 고유 시법으로 인정된다. 능호도 초기 백제왕에게는 고구려와 달리 왕이 훙薨했다는 기록만으로 마무리했다. 「백제본기」에는 기록의 소홀인지 사료의 부족인지는 모르겠으나, 장지도 나타나지 않고 있다. 백제의 시법은 동성왕東城王 23년(501)에 처음으로 시행되었다. 최초의 시호가 동성東城인 점도 중국 시법으로 볼 때 이해가 안 된다. 동성왕 다음 왕들의 묘호인 '무령武寧 · 성聖 · 위덕威德 · 혜惠 · 법法 · 무武' 등은 범동양권의 시법으로 풀이가 가능하다.

고구려는 시諡보다 호號가 많다. '시조始祖 동명성東明聖 · 유리琉璃 · 대무신大武神 · 민중閔中 · 모본慕本 · 태조太祖 · 차대次大 · 신대新大 · 고국천故國川 · 산상山上 · 동천東川 · 중천中川 · 서천西川 · 봉상烽上 · 미천美川 · 고국원故國原 · 소수림小獸林 · 고국양故國壤 · 광개토廣開土 · 장수長壽 · 문자文咨 · 안장安臧 · 안원安原 · 양원陽原 · 평원平原 · 영양嬰陽' 등은 전부 묘호의 성격을 가진 호이다. 장수왕의 경우 고구려에서는 직설적으로 오래 수壽를 하였다고 하여 장수長壽라고 했고, 위魏의 문제文帝가 애통하게 여겨 '강康'이라는 시호를 내렸다. 시諡와 호號는 그 개념이 다르다. 흔히 시호라고 붙여서 말하고 있으나 시와 호는 차이가 있다. 고구려의 역대 왕은 거의가 호는 있으되 시는 없었다. 장수왕의 사례는 위나라 효문제가 내린 것이지 고구려가 올린 것은 아니다. 북위北魏의 효문제가 장수왕에게 '강'이라는 시호를 내린 연대는 단기 2824년(491) 12월이다. 장수왕은 서기 491년 5월과 9월에 사신을 파견하여 북위에 조공을 한 후 이해 12월에 승하했다. 장수왕은 북위와 돈독한 우호 관계를 유지하면서 고구려를 반석 위에 올려 놓은 훌륭한 지도자이다.

그러나 필자는 장수왕이 평양으로 천도한 사실에는 공감하지 않는다. 고구려의 평양 천도는 만주 지역을 상실하게 된 결정적인 요인이었다. 수도의 남하는 말갈족(여진족·만주족)과의 유대가 느슨해지는 계기가 되었을 것이고, 따라서 다민족 국가에서 단일민족 국가로 이행하는 계기가 되었다. 말갈족과의 연대가 해이해졌거나 약화된 것은 부여족의 본거지인 광활한 만주 지역을 상실한 결정적인 원인이었다. 조공朝貢은 고래로 아시아권에서 진행된 외교적 관례로 근래에 와서 규정되고 있지만, 예악적禮樂的인 차원에서 보면 황제국과 소위 제후국 간에 전개된 외교적 의례인 점도 인정되어야 할 것이다. 광개토대왕과 장수왕으로 이어진 고구려의 전성시대에도 칭제건원을 못했던 당시 동북아시아의 정세를 우리는 냉정하게 받아들일 필요가 있다. 중원이 통일되지 못했던 남북조시대에도 광개토대왕과 장수왕이 칭제건원을 하지 못했다는 사실에서 우리는 동아시아의 완강한 힘의 논리를 절실하게 읽을 수 있고, 이는 5세기의 상황에 그치는 것이 아니라 오늘과 내일에도 반면교사로 삼아야 할 역사적 사실이다.

諡號 관련 논설 八
한국 역대 제왕帝王의 시호 — 이민홍李敏弘

시와 호가 성격의 차이는 있으나 함께 나란히 일컬어지는 까닭은 표리의 관계로 연결되어 있기 때문이다. 『사기정의』 「시법해」에 의하면, '시諡'는 행위의 발자취이고 '호號'는 공적의 표시라고 했다. 공적은 행위에 포함되지만 약간의 차이는 있다. 옛날부터 대공大功이 있는 사람에게 선호善號를 부여하여 그 공적을 기렸다. '혁거세赫居世'는 세상을 밝히는 태양과 같은 공이 있었기 때문에 신라의 조야 상하가 올린 호이다. 중국식 시법이 들어오기 전에도 우리에게는 이처럼 고유의 시법이 있었다.

삼국시대에 시행되었던 민족 고유의 시법은 중국 시법에 의해 위축되다가 지증왕智證王(437~514) 대에 와서 공식적으로 종언을 고했다. 중국 시법의 본격적 시행은 신라에 의해 주도되었다. 지증왕과 그의 아들 법흥왕法興王은 중원 예악을 과감하게 수용한, 당시로 봐서는 선진 문물을 수용한 개혁적 지도자였다. 법흥왕은 칭제는 하지 못했지만, 서기 536년에 의연하게 '건원建元(536~550)'이라는 연호를 시행한 지도자였다. 고구려 광개토대왕의 영락永樂(391~413) 연호가 시행된 지 145년 만이었다. 고구려의 연호는 그 후에도 실시된 것 같은데 기록의 탈루로 인해 추적할 수 없는 것이 아쉽다. 연호의 실시는 삼국 가운데 고구려가 처음인 듯한데, 후발주자인 신라는 이를 더욱 확충하고 오랜 기간 동안 지속했다. 중국 문화를 가장 늦게 수용한 신라는 중국 문화를 토착화시켜 신라 문화로 승화시킴으로써 민족 통일의 활력소로 삼았다. 신라조의 성공은 탄탄한 민족 고유 문화를 바탕으로 하여 외래 문화인 중원 예악을 받아들였기 때문에 가능했다. 19세기 개항기부터 일부 영향력 있는 지식인들에 의해 신라에 대한 격하가 시작되어 이를 따르는 학자가 적지 않았던 까닭으로, 백성들도 여기에 편승하여 역사의 주류에서 사라진 고구려를 예찬하기에 여념이 없는 실정이다. 호불호를 떠나 고구려가 민족사의 정맥正脈에서 배제된 것은 엄연한 사실이다. 고구려의 탈락은 민족의 비극이긴 하나 그것은 고구려 자신의 책임이 더 크다. 통일의 위업을 성취한 신라의 폄하는 불행하게도 민족사의 비하로 직결된다는 사실을 우리는 모르고 있다.

신라에 의해 시법이 정식으로 시행된 이후 고려조가 이를 계승했고, 조선조는 더욱 정비하여 완벽한 시법 체계를 구축한 뒤 정치하게 실시했다. '시'는 한 인물이 행한 빛나는 행적에 대한 표상이므로, 대행大行은 대명大名을 얻고 세행細行은 세명細名을 얻으며, 행위는 자신이 하는 것이고 이름은 타인에 의해 부여된다고 했다. 여기서 말하는 이름은 곧 시와 호를 뜻한다. 동아시아에서는 오랜 옛날부터 새로운 왕이 등극하면 국정지표에 준하는 연호年號를 제정하여 중외에 선포했다. 새로 지도자로 나선 제왕은 자신의 정치적 목표를 세워서 백성들에게 알렸다. 광개토대왕의 연호 즉 국정지표는 '영락永樂'이었지만, 돌아가신 후의 호는 국토를 확장했다는 '광개토廣開土'였다. 만백성을 안락하게 하겠다는 연호의 지향점과 국토를 광대하게 확장했다는 공적에 대해 부여한 호와의 간극은 있었을 것이다.

호는 우리 전래의 전통 시법과 연계된 면이 있는 듯하고, 시는 중국의 시법 체계를 준수하여 부여된 것처럼 여겨진다. 삼국시대 왕들이 서거한 후 신라는 고구려와 달리 '호왈號曰○○'라는 표기가 없다. 반면 고구려는 거의가 '호왈○○'로 기록되었다. 백제 역시 시법이 시행되기 전의 신라처럼 모왕이 어느 때 승하했다는 표기밖에 없다. 삼국시대의 경우 시법이 본격적으로 실시되기 전 신라와 백제는 주로 '왕훙王薨'으로 마무리했고 고구려는 '호왈'로 일관했다. 고구려는 아마도 호號를 시諡의 의미로 겸용한 듯하고, 또 앞서의 지적처럼 시를 부여함에 있어서 중국의 엄격한 개념 규정과는 상당한 거리가 있는 만큼 고구려 나름의 독특한 시법을 사용한 것으로 생각된다.

중국의 시법이 들어온 이후 최고의 영예를 얻은 지도자는 삼국을 통일한 문무왕文武王이다. 장수왕이 북위로부터 시호를 받은 것과는 달리, 문무왕은 신라의 조정에서 당당하게 '문무文武'라는 시호를 올렸다. 문무왕은 화장하여 왜구가 출몰하는 동해 입구에 재를 뿌리라는 유언을 남겼다. 거대한 능을 만들고 볼썽사나운 미라를 만들어 전시하는 따위의 우를 범하지 않았다. 그는 유조遺詔를 통하여 막대한 재화를 들여 무덤을 조성하더라도 여우와 토끼의 굴이 되고 초동과 목동들이 노래하는 곳으로 전락하고 말 것이니 반드시 화장하라고 했다. 문文과 무武의 묘호를 동시에 받은 지도자는 중국에도 없다. 한반도의 난세를 평정하여 치세로 바꾼 위대한 지도자에 대한 당연한 평가일 수도 있다.

『사기정의』「시법해」에서 '문文'은 도를 이루고 모르는 것이 없으며, 아랫사람에게 묻는 것을 부끄러워하지 않고, 혜택을 절도에 맞게 널리 펴서 치세를 이룩한 지도자에게 내리는 시호라고 했다. 그리고 하늘과 땅을 아우르고, 도덕과 온갖 지식을 겸비하며, 부지런히 배우고 널리 하문하여 백성에게 은혜를 베풀며, 공과功過에 준해서 응분의 신상필벌을 할 줄 아는 지도자에게 내리는 것이라고 했다. '무武'는 강력한 힘을 정당하게 구사하여 환란을 평정하고, 합리적인 법으로 백성을 다스려 복종하게 한 지도자에게 내리는 시호라고 규정했다. 이 밖에도 '문文·무武'에 대한 정의가 많지만 우선 이것을 기준으로 하여 고찰해도 신라 문무왕의 업적은 정확하게 부합된다. 그러므로 신라 조정이 올린 시호는 지극히 타당할 뿐만 아니라, 중국으로부터 받지 않고 신라 자체에서 주체적으로 올린 시호이기 때문에 역사적 의미가 있다.

장수왕의 시호 '강康'에 대해 「시법해」에서는 민족을 통합시켜 편안하고 즐겁게 하며, 성격이 온유하고 낙천적이며, 백성의 일을 부지런하게 처리하며, 농사를 권장하며 온갖 걱정거리를 해결하여 위무해 준 지도자가 받는 시호라고 했다. 고구려는 역대의 왕들이 승하하면 대체로 호를 올렸는데, 장수왕의 경우는 중국으로부터 시를 받았다. 고구려가 자체적으로 시를 올리지 않고 '호왈'이라고 하여 호만 올린 것은 시와 호에 대한 어떤 변별점을 인식했기 때문일 것이다. 고구려와 달리 백제는 초기 기록에는 시와 호에 대해서 언급이 없다가, 동성왕 이후부터는 거의 모든 왕들에게 시를 올렸다. 백제 역시 시와 호를 분리하여 사용했고, 요즘처럼 시호라고 엮어서 말하지도 않았다.

신라도 지증왕부터 시법이 시행된 뒤 시와 호를 변별하여 '시왈諡曰'로 통일했다. 앞서 말한 것처럼 백제에서 시법이 최초로 적용된 왕은 동성왕인데, '동성東城'이라는 시는 범동양권의 시호 개념으로는 설명이 안 되고, 단지 동쪽에 있는 성이라는 고유명사로 해석된다. 동성왕 다음 무령왕의 '무령武寧' 이후부터 중원 시법을 기준으로 하여 시가 올려졌다. 무령왕 다음이 성왕인데, '성聖'은 선정을 펴고 부세를 경감시키며 빈객을 예법에 맞게 잘 대접했던 지도자에게 붙이는 것이라고 「시법해」는 설명했다. 성왕은 양梁나라 고조高祖로부터 '지절도독백제군사수동장군백제왕持節都督百濟軍事綏東將軍百濟王'으로 책봉받았고, 신라와도 우호 관계를 수립하였으며, 고구려를 의식하여 국호를 '남부여南夫餘'로 바꾸고, 양나라에 사신을 파견하여 서적과 공장工匠·화사畵師를 파견해줄 것을 청했고, 고구려를 견제하기 위해 왕녀王女를 신라에 시집보내기도 했다. 이 같은 기록을 참작컨대 '성聖'이라는 시가 함부로 올려진 것이 아님을 짐작할 수 있다. 백제 역시 거의 전부 중국으로부터 시를 받은 것이 아니라, 백제 조정에서 하늘의 뜻을 빌어 주체적으로 시를 올렸다. 최고 지도자인 왕에게 신하가 시를 올린다는 것은 문제가 있었으므로, 항상 하늘의 뜻을 대신한 것이라고 삼국 모두가 표방했다.

4.

고려조 개국 후 시법은 '건원建元'을 했던 왕조인 만큼 주체적으로 행해졌다. 태조太祖에 이어 후계 왕들 모두가 엄정한 시법에 의해 시를 받았다. 물론 하늘의 뜻을 받들어 시를 올렸다는 인식은 동일하다.

'시호諡號'와 '묘호廟號', 그리고 '능호陵號'가 확실하게 정리되어 일사불란하게 올려졌다. 고려조와 더불어 공존했던 송宋나라가 기록의 탈루인지는 모르나 고려의 행시行諡에 거의 관여하지 않았던 것은 중원에서의 송나라 위상을 엿볼 수 있는 단서이다. 송나라가 고려의 주체성을 인정하고 묵인했다는 해석도 할 수 있지만, 중원 국가의 성격상 사시賜諡를 하는 것이 거의 관례인 점을 상기할 때, 송나라의 국력과 연관된 것으로 이해된다. 시법에 관한 한 고려조는 송나라로부터 독립과 주체성을 삼국시대처럼 누리고 있었다. 『고려도경高麗圖經』에서 서긍徐兢(1091~1153)이 마치 고려를 제후국인 것처럼 기록한 내용은 이로써 보건대 허장성세에 불과한 것이었다.

고려 왕 태조王太祖의 시호는 '신성神聖'이고 묘호는 '태조太祖'이며 능호는 '현릉顯陵'이다. 시호와 묘호, 그리고 능호의 부여는 고려조 역년 동안 일관되게 실시되었다. 태조 이후 역대 왕들 모두가 이처럼 세 개의 호를 가졌다. 문종文宗부터 원종元宗까지 순종順宗과 헌종獻宗을 제외한 12대 전부 시호에는 '효孝' 자가 들어 있다. 문종의 인효仁孝를 위시하여 '사思·명明·문文·공恭·장莊·광光·정靖·성誠·원元·안安·순順' 등을 앞에 놓고 뒤에는 한결같이 '효' 자를 붙였다. '효' 자가 붙은 시호는 전부 고려 정부가 자체적으로 올린 것이지만, 유일하게 원종元宗에게만은 원元나라가 '충경忠敬'이라고 추가하여 사시贈諡를 했다. 고려 후기 왕들 모두에게 '충忠'의 시호가 붙은 것은 원종의 '충경'으로부터 시작했다. 송나라와 달리 원나라는 시법에 관해서도 철저하게 고려조를 통제했다. 고려조가 '효孝'를 이렇게 계속 시한 것은 길이 천하를 소유하여 종묘에 제향을 받으며, 자혜롭게 부모형제를 사랑하고, 덕으로 나라를 다스렸으며 조야가 협력하여 새 시대를 열기를 기대하는 당대의 염원을 형상화한 것이다. 그러나 '효孝'를 시한 시대는 원종 대에 끝났다. 원나라는 원종에게 '충' 자의 시호를 내린 후 고려 왕들에게 '충렬忠烈·충선忠宣·충숙忠肅·충혜忠惠·충목忠穆·충정忠定' 등의 시호를 계속 부여했다. 충혜왕과 충목왕의 경우는 고려 조정이 헌효獻孝와 현효顯孝의 시를 추가해서 올렸는데, 이는 원으로부터 해방되려는 주체적 의지의 발로이다. 고려 후기 '충' 자의 시는 충정왕으로 끝났다.

충정왕의 삼촌으로서 왕위에 오른 공민왕恭愍王은 원명元明 교체기의 대륙 정세를 잘 활용하여 원의 연호와 복식과 호발 등을 폐지하고, 북진 정책을 써서 고구려의 고토를 회복하고자 했다. 공민왕의 시호에는 '충' 자가 없다. 고려 우왕禑王은 부왕이 시해되자 고려의 전통 시법에 준하여 '인문의무용지명렬경효대왕仁文義武勇智明烈敬孝大王'이라고 시하여 그동안 단절되었던 '효' 자를 복원시켰다. 이에 앞서 공민왕은 단기 3690년(1357)에 충렬왕과 충선왕·충숙왕·충혜왕·충목왕에게 각각 '경효景孝·선효宣孝·의효懿孝·헌효獻孝·현효顯孝' 등의 고려식 시를 추가하여, 원에 의해 훼손된 시법을 바로잡았다. 그런데 유독 14세에 독살당한 충정왕에 한해서만 공민왕이 고려식 '효' 자 시호를 내리지 않았는데, 필시 그만한 이유가 있었을 것이다.

거란족이 개국한 요나라는 고려 경종 4년(982) 국호를 '거란'으로 바꿨다가, 문종 20년(1066)에 다시 '요'라고 일컫은 후, 인종 7년(1126)

에 여진족의 금나라에 의해 멸망당했다. 고려와 이웃하여 수백 년간 공존하면서 기록의 결락인지 의도적인 배제인지는 알 수 없지만, 그들은 고려에게 연호는 강요한 반면, 시호는 내리지 않았던 듯하다. 거란족이 국호를 '요'나 '거란'으로 수시로 바꾼 것은 나름대로의 이유가 있었을 것이다. 요와 거란의 국호가 한 글자로 된 것과 두세 개 글자로 명명된 것도 정치적 사연이 있었다고 여겨진다. 중국의 모든 왕조의 국명이 외글자인 데 반해 중원을 에워싼 사이 제국四夷諸國의 이름이 두 자 이상인 것도 중국으로부터의 압력과 관련이 있는 듯하다.

요·금과 함께 병존했던 한족의 송은 국세를 떨치지 못했기 때문에 고려조는 중원 예악으로부터 자유로울 수 있었다. 요가 금에 의해 정복된 후에는 남송과 대치하고 있었으므로 고려조는 나름대로의 고려 예악을 시행하는 행운을 얻었다. 금나라는 책명사冊命使와 책봉사冊封使 등을 파견했지만, 시호 문제에는 관여하지 않았다. 그러나 금의 연호는 대체로 고종 11년(1224)까지 사용했다. 거란족과 여진족이 개창한 국가가 고려왕의 승하 후 증시贈諡를 하지 않았던 것은, 고려가 그들의 연호를 쓰는 정도에서 만족했던 것인지, 아니면 시호에 대한 관심의 결여인지 조만간 단정하기 어렵다.

요나라와 금나라, 그리고 원나라가 송나라를 양자강 이남으로 몰아내고 중원과 장성長城 북녘의 광활한 지역에서 패권을 다툴 때, 고려조는 이들에게 고난을 당하기도 했지만 한편으로는 주체적 고려 예악을 펼 수 있었다. 『고려사』 편찬 의식과 연관된 것인지는 모르겠으나 거란족과 여진족은 묘호와 시호 및 능호에 관해서는 별 관심이 없었고, 책봉사와 책명사를 수시로 파견하는 선에서 고려조를 통제했던 듯하다. 그러나 '연호'만은 챙겨서 고려조가 저들의 세력권에 속한 국가임을 내외에 선언하려 했다. 고려조 또한 막강한 군사력을 가진 요와 금으로부터 보국안민의 차원에서 그들의 연호를 사용했다. 이들 북방 민족의 국가들이 한족 국가와 달리 묘호와 능호·시호를 강요하지 않은 것은 국력의 층위와 관련이 있는 듯하다.

거란족과 여진족과 변별되는 민족은 몽골족이다. 소위 대원제국大元帝國이 성립된 이후 원종 이래로 '묘호'를 인정하지 않고 그들이 내린 '忠○○'이라는 시호만 인정했다. 왕의 행차에 황토黃土를 뿌리지 못하게 한 것과 왕의 탄강일을 천추절千秋節로 격하시키고 국자감國子監 칭호 대신 성균감成均監이나 성균관成均館을 쓰게 하여 한족 국가보다 훨씬 강력하게 중원 예악을 실시했다. 앞서 지적한 대로 원종의 경우 고려 조정은 '순효順孝'라고 했는데, 다시 원나라가 '충경忠敬'이라는 몽골 나름의 시를 내렸다. 이처럼 주체적 시호와 원에서 내린 시호를 함께 가진 최초의 왕은 원종이었고, 원종 뒤부터 몽골이 준 시호만 가졌다가 반원反元 정책을 쓴 공민왕이 고려 고유의 '효'자 시호를 다시 올린 것은 상당한 의미가 있다. 주체적 시호와 몽골식 시호를 함께 가진 원종 이후의 관례는 조선조에 거의 그대로 계승되었다. 조선조는 명明나라로부터 시호를 받는 것을 영광으로 인식한 흔적이 보이는 것과 달리, 청淸나라로부터 받은 시호는 무시하려는 태도가 역력하다.

고려 태조는 중원 정권으로부터 시호를 받지 않았고 오히려 자체 기년紀年인 '천수天授'라는 연호를 시행한 지도자였다. 조선조 태조가 당시 중원 정세를 감안하여 사대주의를 표방한 것과는 다르다. 조선조의 사대는 선택의 여지가 없는 것이었지, 진실로 사대를 하고 싶어서 그런 것이 아니다. 당시 동북아시아의 정세를 무시하고 치기 어린 감상적 발상에 근거하여, 조선조가 사대를 표방했다고 해서 이를 비난하는 것은 정당하지 못하다. 시대착오적인 반청친명反淸親明책을 구사했던 인조가 당한 송파에서의 치욕은 역사의 거울이다. 그러므로 인조와 인조를 옹립한 당시의 지식인들은 역사의 준열한 심판을 받아야 한다. 청나라에게 입으로 당당하게 행세했던 인조는 당시 함량 미달의 지식인과 물색 모르는 백성들로부터 주체적 지도자라고 칭송을 받았는지는 모르지만, 그 결과는 유사이래 우리의 최고 지도자가 형언키 어려운 수모를 받는 것으로 귀결되었다.

5.

고려 태조의 시호 '신성神聖'은 지도자가 받을 수 있는 최상의 것이다. 백성이 무어라 일컬을 수 없는 업적을 남겼을 때 '신神'으로 시호했고, 선을 적극적으로 행하고 백성을 최소한으로 부리며 적임자를 관리에 임명하고 손님을 공경하고 예를 후하게 했을 때 '성聖'이라는 시호를 올렸다. 고려 태조가 과연 이 같은 사항을 전부 만족시켰는지는 단정할 수 없으나, 한 왕조를 개창한 지도자인 만큼 이에 준하는 행적과 공적이 있었음은 분명하다. 소순蘇洵(1009~1066)은 『시법諡法』에서, 성스럽기 그지없어 그 끝을 알 수 없는 것을 '신神'이라고 하고, 도를 널리 펴서 백성을 교화시키며 이치를 궁구하고 성정을 철저하게 도야하는 것을 '성聖'이라 한다고 했다. 『시법』에 규정한 이 같은 내용을 참작컨대 고려조가 왕 태조를 여하히 높이 받들었는가를 알 수 있다.

앞서 지적한 바와 같이 왕 태조는 중원의 한족이나 장성 북쪽 유목민들의 왕조로부터 시호를 받지 않은 점도 천양되어야 할 사항이다. 중국 대륙의 분열은 우리에게 기회이고 통합은 주체성의 위기를 초래했다. 중원 북방 사이四夷 세력의 팽창이 우리에게 심각한 고통을 주었지만, 이들 민족의 쇠락 역시 긍정적인 것만은 아니었다. 사이족은 우리와 혈연 관계가 있는 사촌이나 육촌 또는 팔촌 정도의 민족인 데 반해 한족은 혈연 관계가 없다. 우리는 혈연 관계가 없는 한족을 좋아했고, 같은 피가 흐르는 사이족은 경원했다. 장성 북쪽의 사이가 정치적 역할을 활발하게 수행하고 있었을 때 그런 대로 우리는 당당할 수가 있었다. 사이가 거의 완전히 무력해진 지금 우리 민족의 앞날이 이들과 공존했을 때보다 양호하다고는 말하기 어렵다. 그러므로 우리의 미래를 위해 만주족의 각성과 몽골족의 부흥 그리고 북방 호족胡族 및 부리야트 등 시베리아 거주 소수 민족의 분발이 기대된다.

시호와 달리 묘호의 경우 중국식 조종법祖宗法에 근거한 명명은 고구려의 태조太祖와 신라의 태종무열왕太宗武烈王이 처음이다. 신라의 혁거세거서간과 고구려의 동명성왕, 백제의 온조왕 등 개국 왕에게 '시조始祖'라는 명칭을 붙였지만, 후세의 태조太祖 또는 고조高祖처럼 승하한 뒤에 붙여진 것이 아니라 뇌천에 의해 부가된 것으로 여겨진다. 「고구려본기」에서 주목되는 사실은 고구려의 태조왕이다. 서기 1

세기 말과 2세기 전반기에 이미 중국식 묘호가 등장한 것이 주목된다. 신라의 태종무열왕의 태종은 '무열왕'이라는 시호 앞에 첨가되었다. 태조라고 하지 않았던 이유는 시조 혁거세거서간을 의식한 소치이다. 백제는 멸망 시까지 중국식 묘호는 시조 온조왕 말고는 사용하지 않았다. '계왕契王, 성왕聖王, 혜왕惠王, 법왕法王, 무왕武王' 등 외글자 호칭도 모두 시호이지 묘호는 아니다.

능호는 전통적으로 외자이다. 고려 태조의 '현릉顯陵'과 광종의 '헌릉憲陵' 조선조의 '헌릉獻陵·영릉英陵' 등이 그 예이다. 그런데 이 태조李太祖의 능호는 유독 두 자로 된 '건원릉健元陵'이다. 고려나 조선조에 이처럼 두 글자로 된 능호는 유례가 없다. 고려조는 비록 칭제는 못했으나 '건원建元'과 '개원改元'은 여러 차례 실시했다. 반면 조선조는 고종황제와 순종황제의 건원과 개원이 있었지만 실질적으로는 국권 쇠퇴기에 명목에 그친 감이 있다. 일본 등 열강이 조선조를 중국으로부터 떼어내기 위한 구도의 일환임은 숨길 수 없다. 그러나 역사상 민족의 숙원이었던 칭제건원을 한 사실은 민족사의 전개에 있어서 매우 의미 있는 사건이었다. 조선조 개국 무렵 명제국明帝國의 위세에 눌려 사대 정책을 마지못해 시행한 울분을 태조의 능호를 통해 발산하면서 암암리에 주권국가임을 선언한 의도가 있었던 것일까. 문맥의 의미로 봐서 '건원健元'을 '건원建元'으로 환치해도 내용은 동일하다. '건建'자에다 사람인변(亻)을 첨가한 것은, 명明나라의 질책과 압력을 피하려는 교묘한 전술로 인정된다. 태조에게 올린 능호 '건원'은 영종英宗(영조)과 정종正宗(정조)의 능호로 되살아났다. 영종의 능호는 '원릉元陵'이고 정종의 능호는 '건릉健陵'인데 이들 두 왕의 능호는 '건원릉'의 정신과 관련이 있다고 생각된다.

명나라 때의 학자 왕세정王世貞(1526~1590)의 「시법고諡法考」에 의하면, 시호에는 '일자시一字諡'와 '이자시二字諡' '사자시四字諡'가 있다고 했다. 묘호는 대체로 한 글자로 처리되었다. 『사기정의』「시법해」에는 전부 한 글자만 나와 있다. 시법은 시대가 진행될수록 글자 수가 늘어났다. 시는 자고로 행위의 족적이라 했는바, 시대가 흐를수록 사회가 복잡해져 행한 일들을 한 글자로 표현하기 어려웠을 것이다. 고려 원종 이후 충렬왕부터 시호가 두 글자인 것은 고려왕이 제후 반열보다 아래에 위치한 것으로 원나라가 인식했기 때문이다. 고려는 원종이라 했지만, 원나라는 '충경'이라 한 것이 그 예이다. 시호가 '순효順孝'이고 묘호가 '원종元宗'이며 능호는 '소릉韶陵'이라고 고려가 올렸는데, 충선왕 2년(1310)에 원나라 무종武宗은 '충경'이라는 두 글자의 시호를 내려 원종을 격하시켰다. 충경왕을 비롯한 고려 후기 왕들의 '충'자계 시호는 '충무忠武·문순文順·문정文正·문성文成'등 제후왕 휘하의 신료들에게 주로 내린 것과 동격이었다. 조선조에 와서 두 글자의 시호를 명나라가 왕에게 내린 것도 엄격하게 해석하면 '군왕郡王' 정도나 중국의 위계로 봐서 '종일품從一品'에 준하다는 의미가 내포되어 있었다. '충렬·충선·충목'등 원나라가 고려왕에게 내린 시호는 '충무공忠武公'등 조선조 공신들에게 왕이 내린 시호와 동급으로 여겨지는 것이 사실이다. 중국 시법을 수용한 이래 고려 후기 왕들이 받은 시호는 민족사의 전개에 있어서 불명예이다.

6.

세계를 제패했던 원나라를 북쪽으로 구축하고 중국 대륙을 석권한 명나라는 출발부터 조선조 이 태조와 밀월 관계를 유지했다. 명나라와 돈독한 우호 관계를 맺은 조선조는 왜를 적절하게 견제하여 유사 이래 임진왜란까지 200년간의 평화시대를 향유했다. 2세기 동안 지속된 평화는 훈민정음의 창제와 각종 과학기구의 발명 등 찬란한 문물을 이룩하여 당시 세계적으로 볼 때 선진국 반열에 진입해 있었다. 15세기~16세기의 영국·불란서·러시아·스페인·아랍의 여러 나라 등에 견주어도 손색없는 선진국이었음이 확실하다. 그럼에도 불구하고 우리는 지금 못살았던 과거 운운하며 자괴감에 빠져 있다. 삼국·고려·조선조의 문물을 평가함에 있어서, 언제부터인가 그 기준점을 자본주의가 난만하여 풍요를 한껏 누리는 20세기 서구 열강과 오늘의 우리 현실에 두고 있다. 못살았던 과거 운운하면서 으스대는 현재의 풍토는 이처럼 비합리적인 평가 척도에서 기인한 것이다.

거란족과 만주족에 의해 개창된 거란과 요, 금과 청나라가 멸망한 후, 이들 사이계四夷系는 민족은 물론이고 언어와 문자 그리고 문화까지 소멸되고 말았던 데 반해, 원나라를 연 몽골족이 대원제국의 소멸 후에도 그나마 몽골공화국으로 명맥을 유지하고 있는 것은, 그들의 본거지와 언어와 문자를 보존했기 때문에 가능했다. 조선조의 이 태조는 동북아시아의 역사적 현실을 통시적으로 성찰하고, 명에 대한 형식적 사대 정책을 행하여 한민족韓民族의 정체성과 문화를 확고히 했다. 따라서 14세기 말 이 태조의 현명한 국제 정세 판단과 영명한 지도력에 대해서 정당한 평가가 내려져야 할 것이다.

단기 3741년(1408) 5월에 이 태조는 승하했다. 조선조는 '지인계운응천조통광훈영명성문신무정의광덕대왕至仁啓運應天肇統廣勳永命聖文神武正義光德大王'이라는 시호를 올렸다. 이들 시호는 전부 이 태조 승하후 동시에 내려진 것이 아니고 후대 왕들에 의해 계속해서 존호가 추가된 것이다. 장황한 이 시호는, "지극히 인자하고 국가의 운을 열고, 하늘의 뜻에 부응하여 왕조를 개창했으며, 공훈을 넓히고 명을 길이 하였으며, 성스런 문예와 신령한 무공을 지녔고, 바르고 의로우며 덕을 빛낸 위대한 지도자"라는 의미이다. 지도자에게 줄 수 있는 모든 영광과 명예를 문자가 허락하는 선에서 시법이 규정한 온갖 내용을 총동원한 감이 있다.

이 가운데 '계운신무啓運神武'는 정종定宗 때 올렸고, '정의광덕正義光德'은 숙종 때, '응천조통광훈영명應天肇統廣勳永命'은 고종 때 추가되었다. 왕에 대한 존호의 추가는 상례적인 것으로 행시行諡의 경우하나의 전통으로 자리잡았다. 왕비도 예외가 아니어서 '휘호徽號'라는 명칭으로 왕과 거의 동격으로 시호가 올려졌다. 조선조가 태조에게 올린 존호 중에서 '지인至仁'과 '성문聖文'은 어느 시대 누가 올렸다는 기록이 『선원계보璿源系譜』에는 없다. 지극히 인자하고 성스런 문예를 가졌다는 의미의 시호는 이 태조와 반드시 부합된다고 보기는 어렵다. 명明이 이 태조에게 내린 시호는 '강헌康獻'이다. 온화하고 선량하여 좋게 여기고 즐거워했기 때문에 '강康'이라 했고, 총명하고 지혜롭기 때문에 '헌獻'이라고 했다는 설명이 붙어 있다. 『춘관통고春官

通攷』에는 백성을 편안하게 하고 선행을 많이 했을 때 '강헌'으로 시한 다고 풀었다. 이 태조 이후 명나라는 인조 직전의 추존왕 원종元宗까 지 시호를 내렸다. 중원에 청淸이 개국한 뒤부터는 조선조 왕에 대한 시호는 『선원계보』에는 자취를 감추었는데, 이는 의식적으로 수록하 지 않았던 듯하다. 『왕조실록』 등 각종 문헌에 인조는 '장목莊穆', 효 종은 '충선忠宣', 현종은 '장각莊恪', 숙종은 '혜순惠順', 경종은 '각공 恪恭', 영종은 '장순莊順', 정종은 '공선恭宣', 순종은 '선각宣恪' 헌종 은 '장숙莊肅', 철종은 '충경忠敬' 등의 시호를 청나라가 주었는데도 불구하고 조선조는 이를 선양하지 않고 은폐하려는 의도가 있었지 않 았나 한다.

　명明나라는 태조에게 '강헌康獻', 정종에게 '공정恭靖', 태종에게 '공정恭定', 세종에게 '장헌莊憲' 등 청나라에게 멸망하기 전까지 시호 를 내려서 조선조를 통제했다. 세종의 시호 '장헌'은 엄정하고 경건하 게 백성을 다스리고 선행을 많이 하여 사책에 기록할 만한 지도자에 게 내리는 것이라고 시법에는 규정되어 있다. 세종에 대한 명나라의 평가는 매우 적절하다. 조선조는 명나라로부터 받은 시호를 맨 앞에 다 기록했지만, 주체적으로 후대 왕이 올린 시호에다 더 많은 비중을 두었다. 조선조는 "도덕과 학문을 갖추고 무예에도 정통하여 슬기롭 게 국가를 반석 위에 올려놓았을 뿐 아니라 어질고 통명通明하여 조종 의 기업을 공고히 하고 하해 같은 마음으로 백성을 다스렸다(英文睿武 仁聖明孝)"는 의미의 시호를 세종 승하 후 올렸다. 세종은 재위 기간중 의 행적과 공업이 이와 같은 시호를 받기에 조금도 손색이 없다. 흔히 시호는 사실과 달리 과장되는 경우도 없는 것은 아니나, 조선조 초기 제왕들의 경우는 시호와 걸맞은 업적을 남긴 것이 사실이다.

과거 지도자에 관한 평결은 근래에 와서 대체로 단점과 실책에 초점을 맞추어 격하시키는 것이 상례로 되었다. 그러나 삼국시대 이후 우리의 역대 왕조는 대개가 칭송 일변도였다. 전대 지도자들의 업적이 훌륭했기 때문이기도 하나, 권력이 부자父子 상계로 이행된 데도 원인이 있다. 역성혁명易姓革命을 일으켰을 경우, 즉 신라의 경순왕, 고구려의 보장왕, 백제의 의자왕, 태봉의 궁예왕, 후백제의 견훤왕 등은 하나같이 참담한 평가를 받았다. 고려 우왕과 창왕은 『고려사』의 「반역열전」에 편차되어 성姓까지 바뀌는 수모를 당했다. 독재국가에서 소수의 인물을 선정하여 교묘한 명칭을 붙여서 민주주의를 표방 또는 도용하여 정권을 승계하는 이유는, 권력의 부자세습이나 이와 유사한 제도에 의한 승계만이 폄하를 받지 않았다는 역사적 사례를 알았기 때문이다. 지금도 세계 도처에 권력의 부자 승계 전통이 이어지는 것도 이에 기인한다. 권력을 실제로 행사하지 않는 입헌군주제를 실시하는 나라에서 왕위의 부자 승계는 문제가 되지 않지만, 실질적으로 권력을 행사하는 나라에서는 이에 대한 반발이 드센 것은 당연하다.

영국과 서구의 몇몇 나라들과 일본·태국·부탄·사우디아라비아와 아랍계의 여러 국가에서 아직도 왕실이 존재하고 왕위가 부자나 부녀 중심으로 계승되고 있다. 요즘에 와서 권력과 거리를 두고 있는 왕위 계승은 낭만적인 전통으로 오히려 예찬되는 실정이다. 스페인이

20세기 들어와서 왕실을 복원시켜 신왕을 왕족 중에서 옹립한 것은 성공한 사례로 보고 있다. 민주주의라는 명목으로 갖은 선전과 선동을 자행하여 행한 투표가 과연 훌륭한 지도자를 선출하는 데 기여한 것인지 회의가 이는 것이 오늘날의 실정이다. 수세기 동안 일본은 왜왕倭王을 천황天皇이라고 호칭하며 중국의 천자나 황제와 동격으로 인식했으며, 아직도 중세 왕정의 국정지표였던 '연호'를 당당하게 쓰고 있는 것을 우리는 어떻게 이해해야 할지를 고민해야 한다. 일본이 앞으로 천황 제도나 연호를 폐지할 의사가 전혀 보이지 않고 있는 것을 여하히 받아들여야 하며, 국가 공식 문서에 서기西紀를 무시하고 자체 연호 '평성平成(헤이세이)'을 쓰고 있는 사실을 두고 전근대적 봉건 잔재라고 일방적으로 매도할 수 있는지도 문제이다. 어처구니없게도 오천년의 장중한 역사를 가진 중국이 서기를 '공원公元'이라 부르며 거국적으로 사용하는 것과 대비할 때 어느 것이 좋은지는 군말이 필요 없다. 전세계에서 서기를 공식적으로 사용하지 않는 나라는 아랍의 여러 나라와 일본·대만 등 몇 개국에 불과하다. 편리하다고 해서 자국의 장구한 역사적 기년紀年을 포기하고 서기를 쓰는 것이 과연 합당한지 서기를 자랑스럽게 사용하는 모든 나라에게 반문하고 싶다.

소위 민주적 선거에 의해 선출한 지도자가 과거 왕조시대에 철저하게 교육받은 왕위 계승자인 태자太子나 세자世子들보다 꼭 탁월했는지도 의문이다. 왕조시대에도 권신에 의해 추대된 왕들은 '세자시강원世子侍講院'에서 정식으로 교육받은 지도자가 아니었다. 조선조의 경우 '세조·중종·인조·철종·고종'이 그 실례이다. 세조는 세자시강원

보다 통치에 더 도움이 되는 정치사회의 현장에서 실질적인 교육을 받았고 체험한 지도자였다. 세조와 달리 인조와 철종과 고종은 권신 집단에 의해 옹립되어 왕이 되었다. 병자호란을 겪은 인조와 제대로 공부를 못한 철종과 고종의 무능한 통치 행태는 조선조의 몰락을 촉진시켰다. 20세기 후반기에 독재자로 알려진 프랑코가 국가의 정통성을 확보하기 위해 왕정을 복고시킨 것이 스페인이 안정을 찾고 발전하는 요인이 되었다는 평가도 주목된다. 영국과 서구의 여러 나라와 일본 등이 번영을 누리는 것을 봐서, 왕의 존재가 국정에 부정적인 역할만 하는 것은 아님을 느낄 수 있다.

※ 영인본은 p362에서 시작합니다.

勝有儀可象曰威　德剛武曰圉　圉也　聖善周聞曰
宣　聞善事也　亂也　能治民克盡曰
言義善事也　治民克盡曰　克盡無
如一也勝敵壯志曰勇　不□　恩慈無　行見中外曰慈
照切寧民曰商　明有狀
古述今曰譽　言貞心能制義曰度　好和不爭曰
安少斷外内曰襄　言人稱其善曰　給不生其國曰聲
不致戮無辜曰厲　官人應實曰知　不悔前過曰戾
殺無辜曰厲　隸名不與曰質　怙威肆行曰醜
不勤成名曰靈　言人行可　應實不爽曰質　肆意多過曰
政無私曰類　好樂動民曰躁　數蚊
義隱在　好變動民曰躁　慈和徧服

周書　【卷六】　九

日順能使人皆　滿志多窮曰感　危身奉上
暴其慈和　自足者必
日忠　慮能不解　息政外交曰推
不自勞也　思慮深遠曰　近上而奪
彰義掩過曰堅
明持外也　疏遠繼位曰紹　非其次也
始疾成也　偶得之也
日□　肇敏行成曰直言
華言無實曰□　内外賓服曰　言以
前過之也
正□　教誨不倦曰長以道教
愛民在刑曰克　賜與不爲曰愛　言貪逆天
通之以　以政善怪曰
虐民日傷　好廉自克曰節　怙善而從
日比而從　情欲以　故常曰與　貞心大度曰匡
善改舊曰易　與曾與曰謬　心正
美而思厚不與曰愿　變常名
寡陽思厚不與曰愿　而得所　思心大度曰匡心正

察衰之也　施爲文也　除爲武也
也　隱　辟地爲襄　視遠
除惡
不成曰宣　惠而内德曰獻　不成也
爲恒　剛克爲發　柔克爲懿　履爲
亂而不損爲靈　由義而濟爲景　失無
以其明所及爲說
□象也　柔質慈民　事有行也　治而生曰平
以其明　和會曰勤勞也
傷也　肇始爲靈　怗恃也　勤勞也　遵循也　與
義治安也　安也　胡　大也
服敗也　康順也　就會也　懷過也　止以
也　糠塵也　欲　聖也　惠愛也　綏安也　肆於
也　康也　式法也　敏疾也　捷克也　載事也
成也　周至也　懷思也　式法也　敏疾也　捷克也　載事也

周書　【卷六】　十

彌久也

[上欄]

壽考曰明〔大其年〕

曰剛　彊毅果敢曰剛　致果殺敵曰剛　彊於仁義曰剛〔追補前過〕

捕獲〔柔德考眾〕　柔德考眾曰靜　寬樂令終〔無失關〕之病也

執事有制曰平〔在位〕　終義　治而清省曰平〔義理之事〕　供己鮮言曰靜

由義而濟曰景〔用義成也〕　布綱治紀曰平〔權之〕　猛以彊果曰威〔彊甚於威〕

克曰貞〔私也〕

守節曰貞〔行清白也〕　大慮克就曰貞　信正曰威〔以刑正邦〕　猛以彊敢曰威

威亦彊其義〔疆也〕　疆毅信正曰威〔剛甚於義曰威〕

故敬畏威〔土也〕　道德純一曰思　思道大而不眚兆民曰思而不殺

〔周書〕　[卷六]　七

外內思索曰思〔言求善也〕　追悔前過曰思〔思而能改也〕

課曰惠〔愛民〕　柔質慈惠曰惠　愛民好與曰惠　能思辯眾曰元

元民說始建國都曰元〔可始也〕　主義行德曰元〔始而能通遠〕

為主作兵甲作曰莊〔武而不遂〕　嚴致兵曰莊　威德剛武曰莊

德政不遂曰莊　兵甲亟作曰莊〔以嚴莅下〕　屢征殺伐曰莊〔以嚴莅下〕

不遂曰莊〔武而不成〕　克殺秉正曰夷〔安心好靜曰夷〕　安心好靜曰夷

夷正也〔不與賢人正也〕　執義揚善曰懷〔慈義短折曰懷〕　慈義短折曰懷

十三　鳳警戒曰敬〔夙夜恭事曰敬〕　夙夜恭事曰敬〔敬身戒懼〕

平曰敬〔法以敬之常而加也〕　合善法典曰敬〔非禮不動何善也〕　述善不克

[下欄]

日丁〔述義不悌曰丁　有功安民曰烈〕　不悌也

立乘德遵業曰烈〔遵世業也〕　剛克為伐曰翼〔不欲成〕　成功曰烈　思慮

功秉德遵業曰烈〔不懈改也〕　剛克為伐曰翼　有功安民曰烈〔武〕

深遠有翼曰剛〔剛德克就曰肅　好治民曰肅〕　執心決〔武〕

斷曰肅〔言嚴肅　剛果敢就曰肅〕　好治民曰肅〔使為戴〕　典禮不塞曰戴

殀而志成曰靈〔知其能〕　愛民好治曰戴　好祭鬼神曰靈

事有違曰靈〔不勤成名曰靈〕　不勤成名曰靈〔見賢〕　不損曰靈

日靈〔有鬼為靈　好祭鬼神曰靈　死見神能〕　短折不成曰殤

天相而不成名曰靈〔隱拂不成曰隱〕　未家短折曰殤〔未家者未〕

主思隱拂不成曰隱〔言隱以其性〕　在國年中早夭曰悼

〔周書〕　[卷六]　八

肆行勞祀曰悼〔縱欲　怙威肆行曰剌〕　恐懼從處曰悼

不思忘愛曰剌〔去禮遠眾曰剌〕　恐懼從處曰悼〔言不悔前過〕

外內從亂曰荒〔官人荒亂〕　好樂怠政曰荒　在國逢艱曰隱

國遭難憂曰隱之〔使民折傷曰隱〕　使民折傷曰隱〔賊害獄在國連憂〕

凶年無穀曰荒〔不勤成就〕　蚤孤短折曰哀〔恭仁短折曰哀〕

日懷〔大眾凶禍亂方作曰厲〕　蚤孤短折曰哀　恭仁短折曰哀〔去禮遠眾〕

威捷行曰魏〔外內從亂曰魏〕　克威惠禮曰魏〔殺戮無辜曰厲〕

報曰煬〔外內從亂則荒政之〕　殺戮無辜曰厲　愎狠遂過曰刺

威惠曰魏〔外內從亂曰魏〕　有威而克曰魏　愎心動懼曰悊〔魏〕精容儀恭美曰

諡法解第五十四

維周公旦、太公望開嗣王業，于牧野之中，終葬，乃制諡、叙法。諡者，行之迹也；號者，功之表也；車服位之章也。古者有大功則賜之善號以為稱也。是以大行受大名，細行受小名。行出於己，名生於人。名謂一人無名曰神，壹善善稱善也。

明書　卷六　五

德象天地曰帝　沃地
靜民則法曰皇　安民
仁義所在曰王　民從之也
口間曰聖　所稱得人所善
得所別得簡　敬賓厚禮曰聖　禮也
德象天地曰聖
惠愛民曰聖
經緯天地曰文　道也
道德博厚曰文　學勤好問曰文
慈惠愛民曰文　愍民惠禮曰文　錫民爵位曰文
平易不疵曰簡
德不解曰簡
剛疆直理曰武　剛無欲強不撓　威疆敵德曰武
克定禍亂曰武　克能也　刑民克服曰武
大志多窮曰武　大志多窮也　德能使眾曰武
武法使民

周書　卷六　六

恭

尊賢貴義曰恭　尊賢敬讓曰恭　尊賢貴
既過能改曰恭　執事堅固曰恭　敬事供上曰恭　安民長
尊長讓善曰恭　執禮敬賓曰恭　芘親之闕曰恭　淵源流通曰恭
照臨四方曰明　譖訴不行曰明
威儀悉備曰欽
柔德安眾曰靖　恭己鮮言曰靖　寬樂令終曰靜
安民立政曰成
聰明叡哲曰獻　溫柔聖善曰懿
五宗安之曰孝　協時肇享曰孝　秉德不回曰孝　慈惠愛親曰孝
大慮靜民曰定　純行不爽曰定　安民法古曰定
深思故遠曰哲
有勞來代育而還曰襄　辟地有德曰襄　甲胄有勞曰襄
立政安民曰成　安樂撫民曰康　令民安樂曰康
布德執義曰穆　中情見貌曰穆　溫柔好樂曰康
聖聞周達曰昭　容儀恭美曰昭　昭德有勞曰昭
彌年壽考曰胡　保民耆艾曰胡　六十曰耆　七十曰艾

愛也綏也安也堅長也耆彊也考成也周至也懷思也式
法也敏疾也捷克也載事也彌久也

十一

日悼　閒地也　不思忘愛曰剌　言從之也　愎佷遂過曰剌　已者必慢　去諫

日愎　官　好樂怠政曰荒　家不理　不治

政在內外從亂曰荒　進兵寇　好樂色故　急

事　雍過不通曰幽　弱損未　不動祭亂常曰幽　易神位而卒

也　在國連憂曰愍　使民折傷曰愍　賊害在國

憂曰愍　大喪　禍亂方作曰愍　使民折傷曰愍　功未

夏曰愍　在國逢難曰愍　之事也　兵寇之事也

也　未知　恭仁短折曰哀　蚤孤短折曰哀　有喪即位即而卒　有位而卒者甲

人　恭仁短折曰哀

行曰魏　克威捷行曰魏　克威惠禮曰魏　有威　去禮遠眾曰煬　有儀可恭　捷

內　好內遠禮曰煬　甄精　外則荒政醜心動懼曰甄　容儀恭美曰勝　象行恭

外

欽定四庫全書　　逸周書　卷六　九

可威德盡曰武　圉也　美威德剛武曰圉　剛克盡　亂　聖善周聞曰宣　閒謂所聞　聖善周聞也

欽定四庫全書　卷六　八

治民克盡曰　思　中外見曰慈　如一也　勝敵壯　裏善事也

志曰勇　不同　照臨四方曰明　有狀古述今曰譽　言直　明有功　偶言人稱

心能制義曰庶　制得好和不爭曰安　少事宜　失在外內真復曰　良人也

白始一也　終　不生其國曰聲　無辜曰厲　失名實

官應不悔前過曰戾　知而不改　溫良好樂曰良　好可樂也　名實可　言人行可

質不與賈曰知人也　凶年無穀曰糠　不務　名實　言人行可

怙威肆行曰醜　肆意　得威政無私曰類　義所在　好變動民

日躁　徒也　慈和徧服曰順　能使人皆　滿志多窮曰惑　自任多

日數　移也　不危身奉上曰忠　服其慈和　思慮深遠曰愍　近於專

息政外交曰攜　明義以　肇敏行成曰直　始疾行成也　言不深　內外賓

義掩過曰堅　明義以　前過　疏遠繼位曰紹　非其次第於正也　彰

服日止　明義以正　好廉自克曰節　自節以情欲也　擇善而

逆天虐民曰煬　道之以政　好廉自克曰節　情欲也　擇善言

從曰比　比方以善　好更改舊曰易　變政故名與實曰謬　名

實哀思厚不與曰愿　不差所思　貞心大度曰匡　心正而　明察也

美而思　辟地為襄　視遠為桓

隱哀之也施為文　除為武　惡辟地為襄　視遠為桓

剛克為發　克為懿　履正為莊　有過為僖　施而不成曰

宣惠而內德曰獻　無內德　治而生青為平　亂而不損

為靈　由義而濟為景　失無闕則以其明餘　闕象也

及為事行也　和會也　肇始也　義

象其事行也諡謂象　安也　怙恃也　康順也就

治也　康安也　怙恃也　享祀也　肇始也　義

會也　懷過也　錫與也　典常也　肆施也　糠虛也　歡聖也惠

上欄

德而不逆曰□　大慮行節曰孝　其言成　執心克莊曰齊　齊能自輔　輕也

就曰齊　而供成也　溫柔好樂曰康　好樂　安樂撫民曰□

康之虞　輕有所輔□　令民安樂曰康　教之安　安民立政曰成　政安以

布德執義曰穆　穆純　中情見貌曰穆　路也　敬以敬慎曰□

無所□昭　德有勞曰昭　能　聖文周達曰□　昭治也

民者乂曰胡　六十曰耆　七十曰□　彌年壽考曰胡　大其　柔德考衆曰靜　性寬

日剛□　自終治而清省曰平　之病也　執事有制曰平　在位平

布綱治紀曰平　由義而濟曰景　義成而　布義行剛曰景

清白守節曰貞　行清白　大慮克就曰貞　志固也

不可□　不隱無屈曰貞　彊毅信正曰威　群土服遠

正則　景義生也　彊以剛果曰威　彊毅

以彊果曰威　坦然　賜土服遠曰威　剛也　群土服遠

道德純一曰思　德一也　不悔前過曰戾　改也

日桓啟土也　亦彊善　一日思　德一也

以彊果日威　於剛　彊信正言曰威　無邪也　群土服遠

不敬外內思索曰桓　言求　追悔前過曰思　改也

民而　敬人故兼土也　道德純一曰思

受課曰惠　以惠　愛惠能思辨衆曰惠　別之使各　行義說民曰□　有次也

恭己鮮言曰靜　寬樂令終曰靜　樂義

下欄

元民義說始建國都曰元　非義不能　可一使也　主義行德曰元　以義為主

作□德　其民義始建國　都曰元

於原野曰莊　武功　兵甲亟作曰莊　以數征　屢征殺伐曰莊　為嚴　敳通克服曰□

克敵克服正曰莊　以嚴　非禮弗履何以安民　安心好靜曰夷　武而不遂曰□

莊以嚴敬　安心好靜曰夷　東正也　好祭鬼神曰靈　正也　執

義揚善曰懷　私人之善　慈義短折曰夷　短未六十　執

敬身善日懷　敬以莊　象方益平曰敬　合善法典曰敬　以善　有功安民曰烈　以武立功

敬以莊　象方益平曰敬　不能象而加以　夙夜恭事曰敬　敬以莊　鳳鳴齊戒曰□

也敬而　合善法典曰敬　以善　夙夜恭事曰敬　有功安民曰烈　以武立功

□改政　剛克為伐曰翼　成功　不悌不自強曰丁　述義不弟曰丁　不悌不

克就曰肅　成其　不欲安民好靜曰肅　執心決斷曰肅　好遠思慮曰翼　自強

戴民好靜曰肅　以治　典禮不塞曰戴　不□　愛民好洽曰□

不損曰靈　好遠思慮曰翼　自強　好遠思慮曰翼　剛德

本性性不　見賢思齊　極知鬼事曰靈　好祭鬼神曰靈　不勤成名曰靈　亂而

也短折不成曰殤　死見鬼能曰靈　有知而未家短折曰殤

顯尸國曰隱　以闇主隱　拂不成曰隱　改其性曰拂　未家短折曰殤　未不

天曰悼　年不肆行勞祀曰悼　肆志　行勞祀曰悼　恐懼從處

謚法解第五十四

維周公旦太公望開嗣王業攻于牧野之中終葬乃制

謚叙法謚者行之迹也號者功之表也車服位之章也

古者有大功則賜之善謚以為福也（名謂謚）

是以大行受大名細行受小名行出於

己名生於人一人無名曰神（不名）壹善稱善闇間曰聖（同）

所稱得人所善敬賓厚禮曰聖（禮也）德象天地曰帝（於）

得實所刑得簡仁義所在曰王（民從）

天地靜民則法曰皇（安静）靖立制及象曰

公志無私曰公（私也）執應八方曰侯（方應之也）壹德不解曰簡（委曲）

平易不疵曰簡（病也）經緯天地曰文（道也）道德博厚曰

文（知無不）勤學好問曰文（不耻下問）慈惠愛民曰文（惠以成政）

愍民惠禮曰文（安人）錫民爵位曰文（與也）剛彊直理曰武

剛無欲彊不撓正無曲理以兵征克定禍亂曰武

武故解也刑民克服曰武（法以正民能使服）大志多窮曰武（行兵）

多所窮敬事供上曰恭（恭奉）尊賢貴義曰恭（尊）

窮賢敬讓曰恭（既過能改曰恭智也）執事堅固曰

恭守安民長悌曰恭（顯長）執禮敬賓曰恭（迎待比親）

恭不移尊長讓善曰恭（推於他人）

之門曰恭淵源流通

日恭性無所照臨四方曰明（以明照之）

恭悉備曰欽諮訴不行曰明（逆知）

不威儀悉備曰欽（威可畏儀可象）大慮靜民曰定（思樹安民）

行威儀備曰欽純行不二曰定

大慮行節曰定安民法古曰定（不失舊）

不謀慮不威曰辟地有德曰襄

不傷有伐而還曰襄

有勞謀成曰襄（甲胄）質淵受諫曰釐

受慈惠愛親曰釐

能博聞多能曰獻

明啟哲溫柔賢善曰懿（性純淑）

受惠聰知聖善曰懿五宗安之曰

明啟哲獻五宗安之曰

孝（宗也）協時肇享曰孝（協合肇始）東德不回曰孝（順）

平易協時肇享曰孝

好廉自克節　自勝其清欲

逆天虐民抗　背尊大而逆之

好更改舊易　變故改常

名與實爽繆　言名美而實傷

愛民在刑克　道之以政齊之以法

擇善而從比　比方善而從之

除殘去虐湯

隱哀也景武也施德為文除惡為武辟地為襄服遠為

欽定四庫全書　史記正義　諡附錄法解　九

桓剛克為僖施而不成為宣惠無內德為平亂而不損

為靈由義而濟為景餘皆象也　以其所為諡　和會也勤　象其事行

勞也尊修也爽傷也肇始也怙恃也享祀也胡大也秉

順也就會也錫與也典常也肆放也康虛也嚴聖也惠

愛也綏安也堅長也耆彊也考成也周至也懷思也武

法也布施也敏疾也速也載事彌文以前周書諡法周

代君王並取作諡故全寫一篇以傳後學

欽定四庫全書

好樂怠政荒　淫於聲樂怠於政事
怙威肆行醜　肆意行威
在國遭憂愍　仍多大喪
雍遏不通幽　弱損之
在國逢艱愍　之兵寇
蚤孤鋪位幽　鋪位即位而卒
禍亂方作愍　位亂國無政動長亂
勤祭亂常幽　易神之班

使民悲傷愍　苛政賊害受人
柔質愛諫慧　以廉受人
貞心大度匡　心正而用祭少
名實不爽質　不傷言相應
德正應和莫　應其德言其信
溫良好樂長　言其人可好可樂
施勤無私類　無私唯能使人
慈和徧服順　服其慈和

　史記正義謚法解

十七

欽定四庫全書

思慮果遠明　自任多近於專
博聞多能憲　雖多能不至於大道
嗇於賜與愛　言貪惜
滿志多窮惑　自足者必不惑
危身奉上忠　辟難不避所
思慮不爽厚　思而有戚而得
克威捷行魏　敏行有成
好内遠禮煬　朋淫於家不奉禮
克威惠禮魏　顯威不
去禮遠眾煬　逆禮不率禮不親長
教誨不倦長　教之以道
内外賓服正　服之以正言正
肇敏行成直　始疾行成言不深
彰義掩過堅　明義以蓋前過
疏遠繼位紹　非其弟過繼之
華言無實夸　誕版之

　史記正義謚法解

十八

右欄（欽定四庫全書　十五）

剛克為伐翼　伐也功
剛德克就蕭　成其敬使為終
思慮深處翼　小心
執心決斷蕭　言嚴
外內貞復白　正而復
不生其國聲　生於外家
不勤成名靈　任本性不見賢惠群
未家短折傷　未家未娶
死而志成靈　志事不
愛民好治戴　好民治
死見神能靈　有鬼不為屬
典禮不愆戴　無過
亂而不損靈　治而不損亂以
短折不成殤　有知而天殤
好祭鬼怪靈　瀆鬼神不致遠
隱拂不成隱　改其性不以隱括

（史記正義　删削諡法解）

左欄（欽定四庫全書　十六）

極知鬼神靈　其智能聰徹
不顯尸國隱　以間主國
見美堅長隱　美其令過
殺戮無辜厲
肆行勞祀悼　救心勞祀言不修德
愍恨遂過剌　去諫曰去反是曰愎
官人應實知　知人能官
不思忘愛剌　忘其愛已者
年中早夭悼　稱志年不早夭知
蚤孤短折哀　早未知人事
恐懼從處悼　從處言險妃把
恭仁短折哀　體恭質仁功未施
凶年無穀荒　耕稼不務
好變動民躁　挑移家不治
外內從亂荒　官不治
不悔前過戾　知而不改

（史記正義　删削諡法解）

欽定四庫全書　史記正義 謚例謚法解

辟土兼國桓　闢人故啓土無
治民克盡使　克盡無思惠
能思辯衆元　別之使各有次
好和不爭安　生而少斷
行義說民元　其說民說
道德純一思　德一大而
始建國都元　非善之長可以始之
大省兆民思　大親民而不殺民

主義行德元　以義為主行德故
外內思索思　言求行德故
聖善周聞宣　闡謂所聞善事也
追悔前過思　能改思而
兵甲亟作莊　以數征為嚴
行見中外慤　表
叡圉克服莊　通邊使能服
狀古述今譽　立言之稱

十三

欽定四庫全書　史記正義 謚例謚法解

勝敵志強莊　不撓故勝
昭功寧民商　明有功者
死於原野莊　非嚴何以死難
克殺秉政夷　秉政不任賢
屢征殺伐夷　夷之不柔
安心好靜夷　改不爽
武而不遂莊　武不成功不成
執義揚善德　稱人之善

柔質慈民惠　知其性
慈仁短折懷　短未六十折未三十
愛民好與惠　施與謂
述義不克丁　成義不能
夙夜警戒敬　急戒敬身
有功安民烈　以武立功
秉德尊業烈　使能立功
合善典法敬　非敬何以善之

十四

欽定四庫全書　史記正義附謚法解

執心克莊齊　能自嚴

布德執義穆　故穆

資輔就共齊　資輔佐而共成

中情見貌穆　性公

甄心動懼甄　精

容儀恭美昭　行恭可象有儀可美

敏以敬慎頃　疾於所

昭德有勞昭　能勞謹

彔德安眾靖　成眾使安

聖開周達昭　通合聖

恭己鮮言靖　恭己正身少言而中

治而無眚平　無眚也

寬樂令終靖　性寬樂義以善自終

執事有制平　不任

威德剛武圉　御亂

布剛治紀平　施之政事

十一

欽定四庫全書　史記正義附謚法解

彌年壽考胡　久也

由義而濟景　用義而成

保民耆艾胡　六十曰耆七十曰艾

耆意大慮景　也

布義行剛景　行義以剛

追補前過剛　勤善以補過

清白守節貞　行清白執志固

猛以剛果威　猛則少寬果敢行

大慮克就貞　能大慮非而何

猛以彊果威　強甚於剛

不隱無屈貞　恒然無私

彊義訊正威　問正言無邪

辟土服遠桓　以武正定

治典不殺祁　敬以乘常不衰

克敬勤民桓　敬以使之

大慮行節孝　言成其節

十二

純行不爽定　行一不傷
學勤好問文　不恥下問
安民大慮定　以應安民
慈惠愛民文　成政以惠
安民法古定　不失舊意
愍民惠禮文　有禮而惠取人
辟地有德襄　取之以義
賜民爵位文　升與同

欽定四庫全書　史記正義　刑制謚法解　九

甲冑有勞襄　亟征
綏柔士民德　安民以居安士以事
小心畏忌僖　思所忌當思
剛彊直理武　剛無欲強不屈
質淵受諫釐　懷忠深故正曲直
諫爭不威德　不以威拒諫故
有罰而還武　拒難而退
威彊敵德武　與有德者敵

溫柔賢善懿　性純淑
克定禍亂武　以兵故能定
心能制義度　制事得宜
刑民克服武　法以王民能使服
聰明叡哲獻　有通知之聰
夸志多窮武　大志行兵多所窮極
知質有聖獻　有所通而無蔽
安民立政成　安政以定

欽定四庫全書　史記正義　刑制謚法解　十

五宗安之孝　五世之宗
淵源流通康　性無
慈惠愛親孝　周愛族親
溫柔好樂康　好豐年勤民事
秉德不回孝　順於德而不違
安樂撫民康　無四方之虞
協時肇享孝　協合肇始而成
合民安樂康　富而教之

謚法解

惟周公旦太公望開嗣王業建功于牧野終將葬乃制

謚遂叙謚法謚者行之迹號者功之表（古者有大功則賜之善號以為稱也）

車服者位之章也是以大行受大名細行受細名行

出於己名生於人（名號謚）

欽定四庫全書　史記正義　謚法解　七

靖民則法皇（安）

民無能名神（不名）

一德不懈簡（一不）

平易不訾簡（不信毀）

德象天地帝（同於天帝）

尊賢貴義恭（尊貴賢人）

仁義所往王（民往歸之）

敬事供上恭（供奉）

立志及眾公（志無私也）

尊賢敬讓恭（敬有德讓有功）

執應八方侯（所執行八方）

既過能改恭（言自知）

賞慶刑威君（能行四者）

執事堅固恭（守正不移）

從之成羣君（民從之）

愛民長弟恭（順長接弟）

揚善賦簡聖（所稱得人所善賦得簡）

執禮御賓恭（迎待賓也）

敬賓厚禮聖（禮賢於賓）

欽定四庫全書　史記正義　謚法解　八

比親之闕恭（修德以益之）

照臨四方明（照以明）

尊賢讓善恭（不專己善推於人）

譖訴不行明（逆知之故不行）

威儀悉備欽（威則可畏儀則可象）

經緯天地文（成其道）

大慮靜民定（思樹）

道德博聞文（知無不）

法也布施也敏疾也速也載事彌文以前周書諡法周

代君王並取作諡故全寫一篇以傳後學

彰義掩過曰堅 明以義掩過 蓋前過

疏遠繼位曰紹 非其第 過得之

華言無實曰夸 誕

好廉自克曰節 情欲 自勝其

逆天虐民曰抗 背尊大 而逆之

好更改舊曰易 變故 改常

名與實爽曰繆 言名美 而實傷

愛民在刑曰克 道之以政 齊之以刑

欽定四庫全書 〔史記 正義論例〕 十九

除殘去虐曰湯

擇善而從曰比 方善 而從之

隱哀也景武也施德為文除惡為武辟地為襄服遠為

桓剛克為傳施而不成為宣惠無內德為平亂而不損

為靈由義而濟為景餘皆象也以其所為諡

勞也尊循也肇始也怙恃也享祀也胡大也秉

順也就會也錫與也典常也肆放也康虛也惠

愛也綏安也堅長也考成也周至也懷思也武

欽定四庫全書 〔史記 正義論例〕 二十

好變動民曰躁 徙移

外內從亂曰荒 家不治

不悔前過曰戾 知而不改

好樂怠政曰荒 淫於聲樂

怙威肆行曰醜 行威肆意

在國遭憂曰愍 仍多大喪

壅遏不通曰幽 弱損

在國逢艱曰愍 兵寇之事

欽定四庫全書 史記正義論例

蚤孤鋪位曰幽 鋪位即卒

禍亂方作曰愍 國無政

動祭亂常曰幽 易神之班

使民悲傷曰愍 賊害

柔質愛諫曰慧 以虛受人

貞心大度曰匡 心正而察少

名實不爽曰質 不爽言相應

德正應和曰莫 正其德應其和

十七

溫良好樂曰良 言其人可好可樂唯

施勤無私曰類 無私唯義所在

慈和徧服曰順 能使人皆慈和

思慮果遠曰明 自任多近

博文多能曰憲 難多能不至於大道

晝於賜與曰愛 忿言貪

滿志多窮曰感 自足者必不感險

危身奉上曰忠 險難

欽定四庫全書 史記正義論例

思慮不爽曰厚 思而得不差所

克威捷行曰魏 敏行有威而

好內遠禮曰煬 朋淫於家

克威惠禮曰魏 奉禮難威不

去禮遠眾曰煬 送禮不率禮

教誨不倦曰長 以道教之不親長

內外賓服曰正 言以正服之

肇敏行成曰直 言不深始疾行成

十六

有功安民曰烈　以武立功

秉德尊業曰烈

合善典法曰歌　非歌何以善之

剛克為伐曰翼　伐也

剛德克就曰肅　使為敬成其敬

思慮深遠曰翼　小心翼翼

執心決斷曰肅　言嚴

外內貞復曰白　正而復始而復一

欽定四庫全書　史記正義論例

不生其國曰聲　住本性不外家

不勤成名曰靈　見賢思齊

未家短折曰傷　志事不聚

死而志成曰靈　希命

愛民好治曰戴　好民

死見神能曰靈　有鬼不屬為治

典禮不愆曰戴　無過

亂而不損曰靈　治損亂不能以

短折不成曰殤　有知而夭殤

好祭鬼怪曰靈　瀆鬼神不致遠

隱拂不成曰隱　改其性不以隱括

極知鬼神曰靈　其智能聰徹

不顯尸國曰隱　以問主國

見美堅長曰隱　其過美令

發戮無辜曰厲

官人應實曰知人　能官

欽定四庫全書　史記正義論例

愎佷遂過曰刺　去諫曰愎反是曰佷

肆行勞祀曰悼　放心勞淫祀言不偌德

不思忘愛曰刺　志未已者

年中早夭曰悼　年不稱志

蚤孤短折曰哀　蚤未知

恐懼從處曰悼　險祀從處言

恭仁短折曰哀　功未施體恭質仁

凶年無穀曰荒　耕稼不務施

欽定四庫全書

史記
正義論例

行義說民曰元　民說其義

好和不爭曰安　生而少斷

能思辯衆曰元　別之使各有次

治民克盡曰使　克盡恩惠．

辟土兼國曰桓　兼人故

大慮行節曰孝　言成其節

克殺動民曰殺　敬以使之

治典不殺曰祁　秉常不衰

道德純一曰思　非善之大而

始建國都曰元　何以始之

大省兆民曰思　大親民

主義行德曰元　以義為主行德政

外內思索曰思　言求

聖善周聞曰宣　聞謂所聞善事也

追悔前過曰思　思而能改政

兵甲亟作曰莊　以數征為嚴

十三

欽定四庫全書

史記
正義論例

屢征殺伐曰莊　以嚴韙之

克殺秉政曰夷　秉政任賢

死於原野曰莊　非嚴何以死難不

昭功寧民曰商　明有功者

勝敵志強曰莊　故勝不捷何

狀古述今曰譽　立言之稱

戲圉克服曰莊　通邊圉使能服

行見中外曰慈　表

安心好靜曰夷　政不典

武而不遂曰莊　武功不成

執義揚善曰德　稱人之善

柔質慈民曰惠　性知其

慈仁短折曰懷　短未六十折未三十

愛民好與曰惠　與謂

述義不克曰丁　不能成義

夙夜警戒曰敬　數身急成

十四

欽定四庫全書
史記正義論例
十一

安樂撫民曰康 無四方之虞
協時肇享曰孝 協合肇始
合民安樂曰康 富而教之
執心克莊曰齊 能自嚴
布德執義曰穆 故自穆
資輔就共曰齊 資輔佐而共成
中情見貌曰穆 性公露
甄心動懼曰頃 甄精
容儀恭美曰昭 有儀可象
敏以敬慎曰頃 疾於所行恭可美
昭德有勞曰昭 能勞謹
柔德安眾曰靖 使眾安
聖聞周達曰昭 通合
恭己鮮言曰靖 恭己正身少言而中
治而無眚曰平 無災罪也
寬樂令終曰靖 性寬樂義以善自終

欽定四庫全書
史記正義論例
十二

執事有制曰平 不任意
威德剛武曰圉 禦亂
布綱治紀曰平 施之政事
彌年壽考曰胡 久也
由義而濟曰景 用義而成
耆意大慮曰景 耆強
保民耆艾曰胡 六十曰胡七十曰艾父
布義行剛曰景 以剛行義
追補前過曰剛 勤善以補過
清白守節曰貞 行清白執志固
猛以剛果曰威 猛則少寬果敢行
大慮克就曰貞 能大應非
猛以彊果曰威 強甚於剛應非何
不隱無屈曰貞 恬然無私
彊義執正曰威 問正言無私
辟土服遠曰桓 以武正定

欽定四庫全書

史記正義論例

經緯天地曰文 成其道

大慮靜民曰定 思樹

道德博聞曰文 惠無不

純行不爽曰定 行一不傷

學勤好問曰文 不恥下問

安民大慮曰定 以應

慈惠愛民曰文 成政 安民 以惠

安民法古曰定 不失舊意

愍民惠禮曰文 有禮而惠

辟地有德曰襄 取之以義

賜民爵位曰文 與同

甲冑有勞曰襄 亟征 升

綏柔士民曰德 安民以居 安士以事

小心畏忌曰僖 當忌 思所

剛彊直理曰武 剛無欲強不屈 懷忠恕正曲直

質淵受諫曰釐 深故 能愛

九

欽定四庫全書

史記正義論例

諫爭不威曰德 不以威拒諫

有罰而還曰釐 知難而退

威彊敵德曰武 與有德 者敵而有德

溫柔賢善曰懿 性純淑

克定禍亂曰武 以兵故能定

心能制義曰度 制事得宜

刑民克服曰武 法以正民 能後服

聰明叡哲曰獻 有通知之聰

夸志多窮曰武 大志行兵多所窮極

知質有聖曰獻 有所通而無蔽

安民立政曰成 政以安定

五宗安之曰孝 五世之宗

淵源流通曰康 性無

慈惠愛親曰孝 周愛族親 恩

溫柔好樂曰康 好豐年勤民事

秉德不回曰孝 順於德而不違

十

諡法解

惟周公旦太公望開嗣王業建功于牧野終將葬乃制
諡遂叙諡法諡者行之迹也號者功之表也古者有大功則賜之善號以為稱也車服者位之章也是以大行受大名細行受細名行
出於己名生於人　名謂號諡

欽定四庫全書　【史記正義論例】

民無能名曰神　不名
一德不懈曰簡　一不善
靖民則法曰皇　安
平易不訾曰簡　訾毀
德象天地曰帝　同於天帝
尊德貴義曰恭　尊事賢人寵貴義士
仁義所往曰王　民往歸之
敬事供上曰恭　供束也

七

欽定四庫全書　【史記正義論例】

立志及衆曰公　志無私也
尊賢敬讓曰恭　敬有德讓有功
執應八方曰侯　所執行八方應之
既過能改曰恭　言自知
賞慶刑威曰君　能行四者
執事堅固曰恭　守正不移
從之成群曰君　民從
愛民長弟曰恭　順長接弟
揚善賦簡曰聖　所稱得人所賦得簡
執禮御賓曰聖　迎待賓也
敬賓厚禮曰聖　禮得厚於
茈親之闕曰恭　備德以
照臨四方曰明　以明照之
尊賢讓善曰恭　不專己推於人善
譖訴不行曰明　逍知故不行
威儀悉備曰欽　威則可畏儀則可象

八

諡法解異本

願一

弱無立志曰願

要一

以勢致君曰要

新改致讀曰善用兵者致人而不致於人之致

潔一

不汙不義曰潔

讀作孟子所謂不屑不潔之潔此謂不以不義為汙
者惡諡也沈潔法中惟有此而已後人誤以為清潔
之潔而妄增之非也

欽定四庫全書　諡法 卷四

諡法卷四

僣不信也舊法有作朁者梁晉陵太守止黄侯蕭睦
亦諡朁其説亦曰言行相遺蓋僣之誤為朁久矣言
行遺其義非朁故正之

自下陵上曰僣

項三

堕覆社稷曰頊

震動過懼曰頊

劉熙曰頊惑之頊也若陳不占者也

欽定四庫全書　〔諡法　卷四〕

隂靖多謀曰頊

舊法曰慈仁和敏曰頊其説曰民頊而就之也敏而
敬慎曰頊已以事人也古未有善人而諡頊者皆頊
公齊項公皆不善人也則古以頊為惡諡耳

亢二

高而無民曰亢

知存而不知亡曰亢

易乾上九文言曰貴而無位高而無民賢人在下位

而无輔又曰亢之為言也知進而不知退知存而不
知亡知得而不知喪

干一

犯國之紀曰干

禍一

心險不容曰禍

專一

違命自用曰專

欽定四庫全書　〔諡法　卷四〕

比一

事君有黨曰比

新改孔子曰君子周而不比小人比而不周非善諡
也

輕一

薄德弱志曰輕

哥一

煩酷傷民曰哥

煬三
逆天虐民曰煬
遠禮遠正曰煬
好內怠政曰煬

戾一
不悔前過曰戾

剌二
暴慢無親曰剌

欽定四庫全書　〔謚法　卷四〕

妄愛曰剌
劀熙曰不思賢人妄愛奸佞也

愛一
嗇於恩予曰愛

虛一
凉德薄禮曰虛

榮二
寵祿光大曰榮

先利後義曰榮

蕩三
好內遠禮曰蕩
好智不好學曰蕩
孔子曰好智不好學其蔽也蕩
狂而無據曰蕩
孔子曰古之狂也肆今之狂也蕩

閭一

欽定四庫全書　〔謚法　卷四〕

色取仁而行違曰閭
孔子云見達註

墨一
貪以敗官曰墨
晉大夫叔向曰已惡而掠美為昏貪以敗官為墨殺
人不忌曰賊

僭二
言行相違曰僭

敬不中禮曰野

倫一

菲薄廢禮曰倫

新改賀瑑舊以倫為善諡夫倫而中禮則不曰倫矣

惟倫而不中禮乃得為倫

夸一

華言無實曰夸

攜一

欽定四庫全書

怠政外交曰攜

躁二

好變動民曰躁

未及而動曰躁

伐一

剛克好勝曰伐

靈三

亂而不損曰靈

好祭鬼神曰靈

死而志成曰靈

幽二

壅遏不達曰幽

君勞臣強壅遏上下不能自達故曰幽

動靜亂常曰幽

厲二

暴慢無禮曰厲

欽定四庫全書

愊狠遂過曰厲

荒二

縱樂無度曰荒

昏亂紀度曰荒

桀一

賊人多殺曰桀

紂一

殘義損善曰紂

折所以為衰者以其重不幸也懷義亦同

隱三

違拂不成曰隱

劉熙曰若魯隱公讓志未究而為讒所拂違使不得

成其美故曰隱

不顯尸國曰隱

懷情不盡曰隱

易一

好更故舊曰易

欽定四庫全書　謚法卷四　六

懼一

思慮深遠曰懼

聲一

不主其國曰聲

強臣專國君權已去有君之名無君之實故曰聲

息一

謀慮不成曰息

意欲為之而謀不成以止故曰息

丁一

述義不克曰丁

丁當也述義而不克者適丁其時之不臧也

紹一

疎遠繼位曰紹

劉熙曰此無它德以世族當繼先祖之後者如漢立

蕭何後之類也

欽定四庫全書　謚法卷四　七

舒一

舉事而遲曰舒

沖一

幼少短折曰沖

野二

質勝其文曰野

孔子曰質勝文則野文勝質則史文質彬彬然後君

子

詩曰淑人君子其儀一兮

獻敏成行曰革
革一

治而無眚曰平
平一
眚災也罪也治而無大眚耳非甚治也此非平之
平乃平常之平也周平王晉平公漢平帝以今觀之
皆非取其平正則古人以平諡為平常之平耳惟晏
欽定四庫全書　[四]
平仲若取其平正者然人之情亦有不肯諡平正之
人為平哭故不取

懷二
慈行短折曰懷
失位而死曰懷
新政古有晉懷公圉樂懷子盈楚懷王槐皆以失國
而其民悲之故諡曰懷未有以能懷來而諡曰懷者
則主人以懷諡為懷之思懷也

悼三
未中身夭曰悼
肆行勞祀曰悼
肆行不顧而勤於祭祀以求福神不顧享以至夭閼
君子以其知欲避禍而不免為人所傷故曰悼恐懼徙
處義同
恐懼徙處曰悼
劉熙曰遇災不能修德恐懼徙處以死故曰悼

愍一
在國逢難曰愍
或作閔史記魯閔公宋愍公之類皆作湣義同

哀二
恭仁短折曰哀
早孤短折曰哀
哀亦悼爾然悼者悼其不幸而已哀者有所懷恩深
切之稱也故未中身夭曰悼恭仁短折曰哀早孤短

行見中外曰獻

獻等也中外如一之謂也亦作戲戲善也

素一

達禮不達樂曰素

記曰達於禮而不達於樂謂之素達於樂而不達於

禮謂之偏

勤一

能脩其官曰勤

欽定四庫全書　謚法　卷四　二

謙一

甲而不踰曰謙

友一

睦於兄弟曰友

新改舊法有孝而無友賀琛以友為朋友之友易之

云耳

震一

治典不殺曰震

治其典法雖不殺而人自震恐

祁一

治定不陂曰祁

祁大也

俶一

象方益平曰俶

居安能戒此四方所以益平也

攝一

攝者能自檢攝也

追補前過曰攝

欽定四庫全書　謚法　卷四　三

廣二

美化及遠曰廣

所圍能行曰廣

大戴禮曰行其所聞則廣也

淑一

言行不回曰淑

齊二

執正克莊曰齊

輕輶恭就曰齊

劉熙曰輈亦輕行輕恭以就事速疾使功齊等故曰齊

深一

秉心塞淵曰深

溫一

欽定四庫全書　諡法卷三

德性寬和曰溫

讓一

推功尚善曰讓

密一

追補前過曰密

諡法卷三

欽定四庫全書

諡法卷四

宋　蘇洵　撰

莫一

莫然和靖之稱也左傳成鱄云見明註

德正應和曰莫

介一

執一不遷曰介

新改

欽定四庫全書　諡法卷四

新改

厚一

強毅敦樸曰厚

新改

純一

中正精粹曰純

新改

敵一

欽定四庫全書

史部

諡法卷一至

諡法卷四

詳校官編修臣曹錫齡

編修臣程嘉謨覆勘

總校官降調編修臣倉聖脈

校對官主事臣雷純

謄錄監生臣彭之村

欽定四庫全書

諡法

史部十三

政書類二儀制之屬

提要

臣等謹案諡法四卷宋蘇洵撰洵字明允眉
山人官秘書省校書郎以霸州文安縣主簿
修太常因革禮書成而卒事迹具宋史本傳
自周公諡法以後歷代言諡者有劉熙來與
沈約賀琛王彥威蘇冕扈蒙之書然皆雜糅

欽定四庫全書

提要

附益不為典要至洵奉詔編定六家諡法為
取周公春秋廣諡及諸家之本刪訂考證以
成是書凡所取一百六十八諡三百十一條
新改者二十三條新補者十七條別有七去
八類於舊文所有者刋削甚多其間如堯舜
禹湯桀紂乃古帝王之名並非諡號而沿襲
前訛縣行載入亦不免疎失然較之諸家義
例要為嚴整後鄭樵通志諡略大都因此書

而增補之且稱其斷然有所去取善惡有一
定之論實前人所不及蓋其斟酌損益審定
字義皆確有根據故為禮家所宗雖其中間
收僻字今或不能盡見諸施行而歷代相傳
之舊典猶可以備參考焉曾鞏作洵墓誌載
此書作三卷而此本實四卷始後人所分析
歟乾隆四十六年十一月恭校上

欽定四庫全書　提要

　　　　總纂官臣紀昀臣陸錫熊臣孫士毅
　　　　總校官臣陸　費墀

二

欽定四庫全書

諡法卷一

宋　蘇洵　撰

神一
聖不可知曰神
新政孟子曰可欲之謂善有諸已之謂信充實之謂
美充實而有光輝之謂大大而化之之謂聖聖而不
可知之謂神舊法諸說雖多而不出於此故取之

聖二
行道化民曰聖
新補
窮理盡性曰聖
夫堯不能窮理盡性安能行道古之所謂行道者堯
舜而已如孔子則窮理盡性而道不行者也故兩著
焉且聖者大名也而舊法以敬祀享禮揚善賦謀通
達先知當之不足於聖故皆不取

賢一

行義合道曰賢

新改賢者賢於人之謂也故不可以一行當之惟其
行事舉合於道而後可以為賢也苟以一行當賢行
賢者不可勝舉矣凡舊法智而好謀彰善掩過之類
皆歸之他諡而不以賢命之

堯一

大而難名曰堯

欽定四庫全書 卷一

新改舊法冀善傳聖曰堯有子可傳而時無舜則堯
不得為堯矣此因己然之迹而論堯者不可用孔子
曰惟天為大惟堯則之蕩蕩乎民無能名焉民不知
所以名堯而徒見其堯堯然者故曰堯

舜一

聖盛明曰舜

舜充也記曰舜好問而好察邇言隱惡而揚善執其
兩端用其中於民鄭康成曰舜之言充也蓋言取天

下之善以充諸其身云爾

禹二

淵原通流曰禹

受禪成功曰禹

此二者皆因禹之功以為義也

湯二

雲行雨施曰湯

除殘去虐曰湯

欽定四庫全書 卷一

湯者瀚濯天下殘毒之稱也

文八

施而中理曰文

新補舊法曰施為文除為武文者文理之謂也施而
不中理由未得為文也蓋文之為義廣古之文王乃
得當之惟其施而無不中理云耳下而至於孔文子
公叔文子仲尼皆以文許之是一節中理者也故觀
其諡而考其所以諡而文之大小乃見蓋行之中理

而可以為文者其實不可勝廣也故取舊法之所謂
文而不害於義者著之而後世之君子苟有施而中
於理者皆可以文謚之雖法之所不及可也
經緯天地曰文
國語單子曰經之以天緯之以地經緯不爽文之象
也　晉大夫亦云見明注
敏而好學曰文
語云孔文子何以謂之文也孔子曰敏而好學不恥
下問是以謂之文也
脩德來遠曰文
孔子曰遠人不服則脩文德以來之
忠信接禮曰文
劉熙以為本之以忠信繼之以禮樂斯為文矣
道德博聞曰文
博聞而無德固不得為文有道德而聞不博亦扶可
以為德而未可以為文也惟道德博聞而後文

欽定四庫全書　謚法　卷一　四

剛柔相濟曰文
新政舊法曰寬而不慢廣而不劇曰文又曰寬立不
慢堅強不暴曰文能剛柔相濟之謂也
修治班制曰文
衛公孫枝辛其子戍請謚于君君曰昔者衛國凶儀
夫子為粥與國之餓者是不亦惠乎昔者衛國有難
夫子以其死衛寡人不亦貞乎夫子聽衛國之政修
其班制以與四鄰交衛國之社稷不辱不亦文乎故
謂夫子貞惠文子

武　六

克定禍亂曰武
保大定功曰武
既以武克敵又能保有其大安定其功此武之大成
也左傳楚莊王為武者有七德此其二也
威彊叡德曰武
劉熙曰叡智也威而強果加之以謀故曰武

欽定四庫全書　謚法　卷一　五

剛強以順曰武

新改舊法剛強理直曰武師衆以順曰武并之以此

闢土斥境曰武

折衝禦侮曰武

成五

刑名克服曰成

新補

欽定四庫全書　諡法　卷一　六

劉熙以為以法加民而民服治德以成故曰成

持盈守滿曰成

詩序言曰兒驚守成也言太平之君子能持盈守成

謂成王也

遂物之美曰成

通達強立曰成

康二

撫民安樂曰康

溫良好樂曰康

溫良愷悌不擇所處安之故曰康

獻二

聰明睿智曰獻

獻賢也

嚮德內德曰獻

今文尚書云爾注家皆云嚮德元其義不當通以

書為信劉熙以為獻者軒軒然在物上之稱也內亦

欽定四庫全書　諡法　卷一　七

嚮也八能曰嚮於德惠則為衆所推仰軒軒然在上

矣

懿一

柔克有光曰懿

今文尚書曰柔克曰懿剛克曰伐

元三

體仁長民曰元

新補易曰元者善之長也君子體仁足以長人

始建國都曰元

劉熙曰此元首之元也

思能辯衆曰元

思慮能辯衆之所疑是識其要也曰元

章三

法度明大曰章

敬慎高亢曰章

出言有文曰章

欽定四庫全書　諡法　卷一　八

蠡二

質淵受諫曰蠡

小心畏忌曰蠡

蠡福也樂也廣也其質如淵虛以受諫與小心畏忌

二者皆深自抑損以求無過者此所以受福也　急並同　傳以或作

景二

耆意大圖曰景

布義行剛曰景

今文尚書曰景武之力也又曰猶義而濟曰景

宣三

施而不私曰宣

施止其所私則不廣不廣非宣矣

善聞周達曰宣

誠意見外曰宣

新補

欽定四庫全書　諡法　卷一　九

明七

照臨四方曰明

詩云維此王季帝度其心貊其德音其德克明克

克類克長克君王此大邦克順克比比于文王其德

靡悔晉大夫成鱄曰心能制義曰度德正應和曰莫

照臨四方曰明勤施無私曰類教誨不倦曰長慶賞

刑威曰君慈和徧服曰順擇善而從之曰比經緯天

地曰文此即所謂九德者也

任賢致遠曰明

總集殊異曰明

與我異者能不疑而總集之非明者不能也

獨見先識曰明

諝惎不行曰明

子張問明子曰浸潤之譖膚受之愬不行焉可謂明

也己矣浸潤之譖膚受之愬不行焉可謂遠也己矣

能揚仄陋曰明

欽定四庫全書　〔謚法 卷一　十〕

察色見情曰明

新補

昭二

明德有功曰昭

劉熙為能明明德而任之則有功而昭顯

聖聞周達曰昭

謚法卷一

欽定四庫全書

謚法卷二

宋　蘇洵　撰

正一

內外賓服曰正

正不正之相去甚遠然不正之人無有肯自服

之者如此則邪正終不可辨也故舉其劭曰惟其正

之所同服者正也天下之議惟衆為最公苟其不正

欽定四庫全書　〔謚法 卷二〕

雖有服者不能服內外

敬六

畏天愛民曰敬

齊莊中正曰敬

夙夜就事曰敬

受命不遷曰敬

死不忘君曰敬

陳善閉邪曰敬

孟子曰責難於君謂之恭陳善閉邪謂之敬吾君不
能謂之賊

恭五
　甲以自牧曰恭
　新禰恭之所以異於敬者恭為謙恭敬為恭敬也禰
　法不知辨故特著之

欽定四庫全書　（諡法　卷二）　三

不懈為德曰恭
治典不易曰恭
　孟子云見敬注
　責難於君曰恭
既過能改曰恭
　楚子審將卒召大夫而告之請諡為靈若厲以其常
　喪師于鄢也及辛謀諡大夫曰君有命矣子囊曰君
　命以恭若之何毀之赫赫楚國而君臨之撫有蠻夷
　奄征南海以屬諸夏而知其過可不謂恭乎請諡之
　大夫從之故後世因以既過能改曰恭

莊　三
　嚴敬臨民曰莊
　威而不猛曰莊
　履正志和曰莊
肅　三
　剛德克就曰肅
　劉熙曰以剛禦下人畏而明令故肅
　執心決斷曰肅

欽定四庫全書　（諡法　卷二）　三

　正己攝下曰肅
穆　三
　布德執義曰穆
　劉熙曰穆和也德義人道之貴能布行之以此致雍
　和之化故曰穆
　中情見貌曰穆
　詩曰穆穆文王於緝熙敬止又曰穆穆魯侯敬明其
　德夫惟有於內而見於外而後可以為穆也

戴二

典禮不愆曰戴

劉熙以為戴者為民所瞻仰也典禮不愆此詩謂其

容不改出言有章者也

愛民好治曰戴

翼一

思慮深遠曰翼

詩曰小心翼翼思慮深遠之謂也

欽定四庫全書　謚法 卷二　四

襄二

闢土有德曰襄

劉熙曰襄除也除殄四方夷狄得其土地故曰襄

因事有功曰襄

烈二

安民有功曰烈

東德遇業曰烈

桓一

克亞成功曰桓

新政舊法曰克亞動民曰桓武定四方曰桓克亞動

民行惡謚也武定四方行善謚也桓者剛勇亞切不

害之稱也不可遂為惡亦不可遂許其善故合之曰

克亞成功曰桓齊桓用管仲刑名之術以伯天下而

謚為桓則克亞成功之故歟

威三

賞勸刑怒曰威

欽定四庫全書　謚法 卷二　五

新補

強毅執正曰威

以刑服遠曰威

勇一

率義共用曰勇

晉狼瞫為右先軫黜之狼瞫怒其友曰盍死之吾與

汝為難瞫曰周志有之勇則害上不登於明堂共用

之謂勇吾以勇為右死而不義非勇也

強　五

和而不流曰強

中立不倚曰強

守道不變曰強

記曰和而不流強哉矯國無道至死不變強哉矯

不變塞焉強哉矯國有道

死不遷情曰強

晉太子申生之奔新城其傅杜原款謂之曰死不遷

情強也守情說父孝也殺身以成志仁也死不忘君

恭也申生乃死

自勝其心曰強

新補老子曰勝人者有力自勝者強

毅　二

致果殺敵曰毅

強而能斷曰毅

剛　一

欽定四庫全書　諡法　卷二　六

強毅果敢曰剛

克　二

秉義行剛曰克

柔克則克伐怨欲則克者好勝人之謂也然書有剛克

語稱克伐怨欲則克亦能也舊法如此故從之

變民作刑曰克

壯　二

勝敵克亂曰壯

武而不遂曰壯

劉熙曰志存節義事有窘迫功不得成者也春秋原

心故諡曰壯

果　一

好力致勇曰果

圉　一

威德剛武曰圉

或作圉

欽定四庫全書　諡法　卷二　七

魏一

克威捷行曰魏

能威而逮民所不能測視之魏魏然高且大也故曰

魏

安二

兆民寧賴曰安

好和不爭曰安

欽定四庫全書　諡法　卷二

定五

安民大慮曰定

安民法古曰定

大慮慈民曰定

劉熙曰不爭小利務在養全以安定之故曰定

劉熙曰大慮其害而為之防以安之故曰定

絕行不爽曰定

追補前過曰定

過而能改君子以其過為誤而以其能改為出於性

也性固定矣故從其性謂之定以為此乃其人之實

簡四

治典不殺曰簡

治其典法使民不犯以至不殺簡之至也

正直無邪曰簡

正直無邪則事自簡故記曰直道必簡

一德不懈曰簡

欽定四庫全書　諡法　卷二

平易不訾曰簡

劉熙以為君能平易不信譽毀使民易知則治亦自

簡

貞三

固節幹事曰貞

易曰貞固足以幹事

圖國忘死曰貞

清白守節曰貞

節二

好廉自克曰節

謹行節度曰節

白二

內外貞復曰白

貞復謂反覆皆正也

涅而不緇曰白

匡二

欽定四庫全書　謚法　卷二

貞心大度曰匡

以法正國曰匡

質二

名實不爽曰質

中正無邪曰質

靖二

寬樂令終曰靖

恭仁鮮言曰靖

十一

舊有作靜及靚靖者並同

真二

肇敏行成曰真

真誠也始肇之則敏行之則成此誠能之者也故

曰真肇之敏而行之不成斯偽矣

不隱無屏曰真

諸家皆云不隱無屏曰貞於義不通世有書號師春

者載古謚法百餘字與諸家名同其一曰不隱無藏

欽定四庫全書　謚法　卷二

曰真於義為允故取之真與貞相近自誤爾

順二

慈和徧服曰順

和比於理曰順

商一

昭功寧民曰商

商商度也度有功者而賞之以寧民也劉熙以為漢

高帝誅丁公而賞雍齒即其事理或然歟

十二

原一
思慮不爽曰原
思慮根於中如泉源也

夷一
安民好靖曰夷

思三
追悔前過曰思
謀慮不愆曰思
念終如始曰思

考一
大慮方行曰考
考稽也稽考其事而後行之則成故曰考

胡二
保民畏慎曰胡
胡老也與民相保終老畏慎故曰胡
稱年壽考曰胡

此壽考而人安樂之者也人樂其壽故從其壽而諡
之曰胡

昌一
綜善典法曰昌
昌明也

使一
治民克盡曰使
此能盡民力者也

顯一
行見中外曰顯

和四
柔遠能邇曰和
號令悅民曰和
不剛不柔曰和
推賢讓能曰和

欽定四庫全書　諡法卷二

德覆萬物曰高
高一

光三
功格上下曰光
能紹前業曰光
居上能謙曰光
新改易曰讓尊而光甲而不可踰

欽定四庫全書　　謚法卷二

大一
則天法堯曰大

含和無欲曰玄

謚法卷二

欽定四庫全書

謚法卷三

宋　蘇洵　撰

英一
出類拔萃曰英
新改舊法曰德正應和曰英又曰道德應物曰英左
傅有德正應和曰莫英莫字相類蓋誤耳道德應物
蓋後人因誤所為之也詩曰彼其之子美如英毛彥
云萬人為英行英者有大過之詞也故取孟子論孔
子出乎其類拔乎其萃以充之

睿一
可以作聖曰睿
新改舊法曰睿衢有睿聖武公而見於
謚法者惟此謚法有眾方蓋平曰睿衢有睿聖武
但不知做何由為睿耳家方蓋平於睿義亦不通睿
者可以為聖而謂之聖則不可洪範有貌言視聽思

此五者人莫不有人莫不有者性也恭從明聰睿此

五者聖賢則有之聖賢而後有者才也肅乂哲謀聖

此五者各因其才而至焉德之大成也故曰可以作

聖曰睿

博一

多聞強識曰博

憲三

博聞多能曰憲

欽定四庫全書　謚法 卷三

賞善罰惡曰憲

行善可記曰憲

記曰凡養老五帝憲三王有乞言憲者記其善言以

為法也

世一

不遷則能久久行世

承命不遷曰世

軍一

治典不殺曰軍

治其師旅之法使天下畏而不敢為亂以至於不殺

者是古者為軍之本意

堅一

磨而不磷曰堅

趡一

意深慮遠曰趡

趡者取其警而後行深慎之稱也趡或作畢

欽定四庫全書　謚法 卷三

孝六

慈惠愛親曰孝

能養能恭曰孝

劉熙曰以已所慈所惠之心推以事親孝之至也

新補子夏問孝子曰色難有事弟子服其勞有酒食

先生饌曾是以為孝乎子游問孝子曰今之孝者是

謂能養至於犬馬皆能有養不敬何以別乎

繼志成事曰孝

孔子曰武王周公其達孝矣乎夫孝也者善繼人之

志善述人之事者也

協時肇享曰孝

幹蠱用譽曰孝

新補易曰幹父之蠱用譽象曰幹父用譽意承考也

以意承之而已其事有不可者亦不從也

秉德不回曰孝

欽定四庫全書　諡法　卷三

人有孝於其親而秉德不回以陷於患難不終其養
者以為不孝君子閔之曰是亦孝也故記以戰陣
無勇為非孝何者恐以不義辱親也晉周處與賊戰
而死有老母在賀循諡之曰孝君子題之然而人必
先有孝德也而後秉德不回乃得為孝如徒曰秉德
不回者是為貞也非孝也

忠四

臨患不忘國曰忠

盛衰純固曰忠

推賢盡誠曰忠

廉公方正曰忠

惠一

愛民好與曰惠

孔子以子産為惠人而孟子亦譏其惠而不知為政

然則惠者結愛於人而不知禮者也

仁六

欽定四庫全書　諡法　卷三

蕢義豐功曰仁

孔子重以仁與人然其取於人以為仁者甚廣矣
三仁去就死生不齊而皆得為仁則仁之為義廣矣
故其蕢義豐功於前而引其別於後蓋亦不能偏舉
也

慈民愛物曰仁

新補

克己復禮曰仁

顏淵問仁子曰克己復禮為仁請問其目子曰非禮

勿視非禮勿聽非禮勿言非禮勿動

貴賢親親曰仁

殺身成人曰仁

能以國讓曰仁

智六

尊明勝患曰智

鄭大夫叔詹曰尊明勝患智也發身殞國忠也言尊明德者以勝患也

有明德者以勝患也

欽定四庫全書　諡法卷三　六

默行言當曰智

推芒折廉曰智

臨事不惑曰智

察言知人曰智

擇任而往曰智

慎二

敏以敬曰慎

沈靜寡言曰慎

禮二

奉義順則曰禮

恭儉莊敬曰禮

義五

制事合宜曰義

見利能終曰義

新補易曰知至至之可與幾也知終終之可與存義

也王弼曰通物之始者義不若利成物之終者利

若義然則所貴乎義者取其不後於利而有所重為

也

除去天地之害曰義

先君後已曰義

新補孟子曰未有仁而遺其親者也未有義而後其

君者也

取而不貪曰義

周二

欽定四庫全書　諡法卷三　七

行歸忠信曰周

詩曰行歸于周萬民所望周忠信也

事君不黨曰周

敏一

應事有功曰敏

信二

守命共時曰信

鄭太子華言於齊桓欲以鄭為内臣訪於管仲管仲

欽定四庫全書　[謚法　卷三]　八

曰父子不奸之謂禮守命共時之謂信乃不許子華

由是得罪於鄭

出言可復曰信

有子曰信近於義言可復也

達二

質直而好義曰達

子張問如之何斯可謂之達者曰在家必聞在邦必

閔子曰是聞也非達也夫達也者質直而好義察言

而觀色慮以下人在邦必達在家必達夫聞也者色

取仁而行違居之不疑在邦必聞在家必聞

疏通中理曰達

寛一

含光得象曰寛

理一

才理審諦曰理

凱一

中心樂易曰凱

欽定四庫全書　[謚法　卷三]　九

清一

避遠不義曰清

新改伯夷與其鄉人立其冠不正望望然去之而孟

子以為清故云

直二

治亂守正曰直

新改孔子曰直哉史魚邦有道如矢邦無道如矢君

子哉蘧伯玉邦有道則仕邦無道則可卷而懷之蓋

以史魚為過矣

不隱其親曰直

新政叔向議獄而尸其弟叔漁孔子曰叔向古之遺

直也治國制刑不隱於親□義也夫蓋亦以為過矣

欽一

敬事節用曰欽

益二

遷善改過曰益

易益之象曰君子以見善則遷有過則□

取於人以為善曰益

新改孟子之稱舜曰自耕稼陶漁以有天下莫非取

於人者取人以為善也孔子曰益者三

友損者三友直友諒友多聞益友善柔

友便佞損矣又曰益者三樂損者三樂節禮樂樂

道人之善樂多賢友益矣驕樂樂佚遊樂宴樂損

矣凡所謂益者皆取於人以為善之謂也

良一

小心敬事曰良

度一

心能制義曰度

左傳成鱄云見明注

類一

勤施無私曰類

基一

德性溫恭曰基

詩曰溫溫恭人惟德之基

慈一

視民如子曰慈

鼎一

追政前過曰鼎

易曰革去故鼎取新

諡法

색인

索
引